gegenwärtig, noch nicht fertig

Haus der Religionen – Dialog der Kulturen

Wir danken allen, die am Prozess und an der Herausgabe
dieses Buches mitgewirkt haben. Besonders gilt dieser Dank
Hanspeter und Esther Bisig für die Gestaltung,
Doris Rothen und Annemarie Friedli für die Korrekturarbeit.

Impressum:
© Edition Haus der Religionen, Bern 2012
Alle Rechte vorbehalten
Redaktion, verantwortlich: Hartmut Haas
Gestaltung: Atelier Hanspeter Bisig, Sursee
Bildbearbeitung und Druck: SWS Medien AG Print, Sursee
ISBN 978-3-033-03693-2

www.haus-der-religionen.ch/edition

Inhaltsverzeichnis

	Das Übungsfeld	Walter Däpp	7
	Der erste Tag einer neuen Zeit	Lukas Hartmann	9
	Zwischen Hoffen und Bangen – eine Chronik	Peter Abelin	21

Die Weltreligionen

Die Aleviten – Dreiklang Natur, Mensch, Welt	Cemal Tunc	39
Die Baha'i – Die Menschheit, eine Familie	Stefan Maurer	43
Die Buddhisten – Vielfalt, Pfade und Siegel	Marco Röss	49
Die Christen – Reise nach Jerusalem	Abebaw Hunegnaw	55
Die Hindus – Suche nach Herkunft und Zukunft	Sasikumar Tharmalingam	59
Die Juden – Lebenslanges Lernen	René Benesch	63
Die Muslime – Vom Wert der Gemeinschaft	Hamit Duran	67
Die Sikh – Leben mit fünf K	Stefan Maurer	71

Die andere Schweiz – Exkursionen — Hartmut Haas

Das Mäuerchen und die Menschenrechte		75
Zwischen Tal und Hügel – eine Grenztour		83
Baukunst der Religionen – ein Spaziergang		93
Muslime am Monte Moro Pass – eine Bergwanderung	Bernhard R. Banzhaf, Marc Renfer	103

Herausforderungen und Erfahrungen

Wie schmeckt das Paradies?	David Leutwyler und Gerda Hauck	111
Gemeinsam trauern – gemeinsam hoffen	Hartmut Haas	119
Jeder kennt nur einen Teil der Wahrheit	Rifa'at Lenzin, Willy Spieler, Wolfgang Zieger	123
Zuwandernde und etablierte Kultur	Maja Wicki-Vogt	131
Friedenssuche zwischen Bern und Jerusalem	Peter Abelin und Hartmut Haas	137

Von der Kunst und Notwendigkeit des Dialogs

Was ist Dialog? – Eine islamische Perspektive	Ramazan Mercan	149
Kontrapunkt zu Krieg und Gewalt	Edith Olibet	153
Von der Dringlichkeit des Dialogs und dem Wert der Traditionen	Bernhard Pulver	157
Eine Utopie für die Schweiz	Annemarie Huber-Hotz	161
Auf dem gleichen Planeten	Wolfgang Lienemann, Franz Xaver Stadelmann	167

Grundlagen und Perspektiven

Abschiede und Aufbrüche zu einer Ökumene der Religionen	Klaus-Peter Jörns	173
Fliehend, bleibend, am Horizont	Hartmut Haas	187
Auf gute Nachbarschaft – Lokale und globale Herausforderungen	Konrad Specker	199

Dankesseite	215

Das Übungsfeld

Walter Däpp

‹Haus der Religionen, Dialog der Kulturen›: In Bern wird Realität, was seit Jahren Vision ist. Das heisst: Die Realität wird visionär bleiben – die Vision ist längst Realität. In provisorischen Räumen ist das Haus der Religionen schon gebaut worden, immer wieder neu und immer wieder anders. Der Weg war steinig, doch da fanden sich auch die Bausteine. Von Steinbrüchen und Baustellen erzählt dieses Buch, zwischen denen der Dialog stattfindet. Und so soll es im ‹Haus der Religionen› weitergehen. In einem Haus, das nichts Festgefügtes sein wird, sondern etwas Aufbaubares, Ausbaubares, Umbaubares. Denn für den Dialog sind starre Mauern hinderlich, er braucht neben schützenden Nischen offene Türen.

Unlängst trainierten auf einem Stoppelfeld bei Bern Hornusser. Sie versuchten, die Hartgummischeibe, den ‹Nouss›, mit dem Stecken weit ins Feld, ins ‹Ries›, zu schlagen – dorthin, wo die Gegner Holzschindeln in die Luft warfen, um das Geschoss zu stoppen. Es ‹abzutun›, wie sie sagten. Nebenan, vor einer Baracke, beobachteten Asylbewerber das seltsame und aus ihrer Sicht wohl eher exotische Treiben. In einer Pause ging ein junger Hornusser auf die fremden Leute zu, streckte einem von ihnen, einem Schwarzafrikaner, den Stecken hin – lud ihn ein, ‹es auch mal zu versuchen›. Der Fremde wich zurück, war verblüfft. Doch dann stand er auf, nahm das Angebot an. Sein zaghafter Versuch, sich als Hornusser zu betätigen, misslang zwar. Und doch war er ein Erfolg. Für alle. Für ihn, den Afrikaner, der sich in diesem Augenblick nicht mehr ganz so fremd vorkam im fremden Land. Und für den jungen Einheimischen, der spontan Zugang zum Fremden fand und so mit wenigen Schritten eine grosse Distanz überwand.

Für solche Begegnungen, für den Dialog der Kulturen eben, ist das ‹Haus der Religionen› da. Als Übungsfeld. Für Menschen, die sich fürs Andere, fürs Fremde, interessieren. Die sich für ein offenes, friedliches und respektvolles Miteinander engagieren. Und die auf diese Weise andere zum Mitdenken, Mitdiskutieren und Mittun animieren.

2002

Tiefgarage und Industrieareal sind das Zuhause der Berner Muslime oder Hindus. In der Image-Studie des Stadtbauamtes Bern schlägt Christian Jaquet im November 1998 Abhilfe durch ein ‹einzigartiges Haus der Kulturen und Religionen› vor.
Grosses Bild: Stefan Maurer

Der erste Tag einer neuen Zeit

Der erste Tag einer neuen Zeit

Lukas Hartmann

Die Gründungsversammlung des Vereins ‹Haus der Religionen – Dialog der Kulturen› fand am 25. April 2002 in der Bibliothek der Schule Schwabgut in Bern-Bümpliz statt. Vertreterinnen von Baha'i, Buddhisten, Christen (vier Konfessionen), Hindus, Juden und Muslimen sowie die Quartierkommission Bümpliz-Bethlehem waren daran beteiligt. Als juristischer Berater diente Advokat Ueli Friedrich.

Letzten Sonntag war ich am Verzweifeln. Ich suchte nach einem Konzept, nach den ersten Sätzen für diesen Beitrag. Aber mir fiel nichts ein. Nichts als das, was ohnehin auf der Hand lag.
Da hatte mich vor Monaten ein freundlicher Mensch gebeten, die Nacht der Religionen mit einer persönlichen Utopie einzuleiten. Auf mich war er gekommen, weil ich einen Roman mit dem Titel «Die letzte Nacht der alten Zeit» geschrieben hatte. Da war es naheliegend, an den ersten Tag der neuen Zeit, zumindest an den Tagesanbruch, an die Morgenröte am Horizont zu denken. Ich hatte zugesagt und war sicher gewesen, die guten und originellen Ideen würden dann rechtzeitig nur so sprudeln.

Meine Gedanken bewegten sich hilflos in abstrakten Räumen. Am ersten Tag einer neuen Zeit würde plötzlich, dachte ich, weltweit ein anderer Geist wehen, jener der Toleranz, des gegenseitigen Respekts zwischen den Menschen und den Religionen, der Geist der Offenheit, der Neugier, die danach trachtet, voneinander zu lernen. Es wäre eine Absage an Machtgier, Gewalt und Zerstörungsdrang, es wäre die Einsicht, dass uns, als Geschöpfe Gottes, weit mehr miteinander verbindet als voneinander trennt. Was für schöne Worte! Doch schöne Worte, denen keine Taten folgen, sind hohl. Seit Jahrhunderten werden sie sonntags gepredigt und werktags missachtet; seit Jahrhunderten wird, im Namen der Religionen, zum Frieden aufgerufen. Und seit Jahrhunderten werden, ebenfalls im Namen der Religionen, Kriege geführt, Unschuldige abgeschlachtet, die höchsten Werte wie Liebe und Menschenwürde mit Füssen getreten.

Predige nicht!, befahl ich mir selber, werde konkreter, stelle dir Menschen vor, die verwirklichen könnten, was du dir wünschst! Nun gut, ich stellte mir den Papst vor, der sich mit dem Dalai Lama trifft, den russischen Patriarchen im Gespräch mit einem muslimischen Führer: alte Herren, die einander zulächeln und es ohne Zweifel gut meinen, wenn sie von Versöhnung und Friedfertigkeit sprechen. Sobald es allerdings um die Substanz ihres Glaubens geht, ums dogmatische Gebäude, in dem sie sich eingerichtet haben, dann sind sie, obwohl sie weiterlächeln, zu keinen Zugeständnissen bereit.

Wie naiv wäre es ja, von einer Konferenz der religiösen Oberhäupter sozusagen eine geistige Revolution von oben zu erwarten! Wie blauäugig zu hoffen, dass ihre Anweisungen und Ratschläge zum Beispiel Israelis und Palästinenser, Muslime und orthodoxe Christen im Balkan dazu bewegen könnten, am ersten Tag der neuen Zeit den Schutt

Das ‹Haus der Religionen› ist noch eine Idee, doch es findet rasch seinen Grundstein. Beim ersten Fête KultuRel in der Schule Schwabgut wird aus vielen Einzelsteinen die Friedenswand erstellt. Bundeskanzlerin Annemarie Huber-Hotz würdigt dies als ein Zukunftsschritt in Verbindung mit der 100-jährigen Geschichte des Roten Kreuzes. *Grosses Bild:* Franz Hohler schreibt seine Geschichte mit der Taube auf.

jahrzehntealter Vorurteile wegzuräumen und sich einander ernsthaft anzunähern! Ich dachte an die vielen, die genau dies trotz allen Widerständen Tag für Tag versuchen, und dann doch immer wieder viel zu wenige sind, um die Mehrheit der eigenen Glaubensgemeinschaft auf ihre Seite zu bringen. Ich dachte an Mahatma Gandhi, der, trotz seines unbedingten Einstehens für Gewaltlosigkeit, die blutige Trennung des indischen Subkontinents nicht verhindern konnte, ich dachte an Frauen und Männer, die im Namen Gottes, ihres Gottes, auch heute den Frieden wollen und deswegen niedergeschrien, gefoltert, ermordet werden. Man darf die Hoffnung nicht aufgeben, sagte ich mir, die Hoffnung auf eine bessere Welt ist ein Kernelement der grossen Religionen. Aber wo beginnt sie? Wo erhellt sie den ersten Tag der neuen Zeit? Wo zeigt sich meine persönliche Hoffnung?

Es war diese Stunde am Sonntagmorgen, als mir in meiner Ratlosigkeit drei kleine Geschichten einfielen. Sie sind, im Blick aufs Weltgeschehen, unbedeutend, sie erzählen von kleinsten Schritten, aber ich vertraue ihrer Ansteckungskraft. Und darum sind sie mir wichtig.

Da ist Herr M., Schweizer, 57-jährig, frühpensioniert, verwitwet, wohnhaft in Bümpliz. Er sitzt abends am Küchentisch, vor sich den Stimmzettel und den Kugelschreiber. Minarett-Initiative: ja oder nein? Eigentlich ist Herrn M. schon lange klar, dass er ein Ja hinschreiben wird. Zwei Stockwerke unter ihm lebt eine muslimische Familie, die Frau trägt ein Kopftuch, die Kinder lärmen oft im Treppenhaus, der Mann grüsst kaum einmal. Die wollen sich gar nicht integrieren, da ist Herr M. ganz sicher. Und gerade solcher Leute wegen muss man jetzt ein Zeichen setzen. Die sollen nicht meinen, sie könnten hier Türme in den Himmel wachsen lassen und gar die Scharia einführen. Dennoch zögert er noch, das Ja schwungvoll hinzusetzen. Warum eigentlich? Nun ja, die Frau ist eigentlich sehr nett, sie hat schon einmal einen Teller Gebäck heraufgebracht. Das war zwar viel zu süss, aber immerhin, man konnte es essen. Herr M. entschliesst sich, noch einen kleinen Spaziergang zu machen. Draussen herrscht Nieselwetter, die Wege sind glitschig vom nassen Laub. Herr M., tief in Gedanken, achtet zu wenig darauf; nicht weit vom Hauseingang gleitet er aus, fällt unglücklich hin, merkt, dass er nicht von allein aufstehen kann. Ein paar Passanten – Papierchristen wie Herr M. vermutlich – hasten vorüber und tun so, als ob sie den Hingefallenen nicht sehen würden. Zum Glück sind Kinder in der Nähe, auch die zwei Söhne der Familie aus dem Kosovo. Einer ruft den Vater herbei. Und

der ist überraschenderweise äusserst besorgt um Herrn M. Er hilft ihm auf die Beine, er fragt ihn – und dies sogar in verständlichem Deutsch –, was ihm wehtue, und Herr M. antwortet, er habe wohl den Knöchel verstaucht. Der Nachbar führt den hinkenden Herrn M. zum Lift, er begleitet ihn bis zu seiner Wohnung, fragt mit Worten und Gesten, ob er eine Salbe benötige, Verbandsstoff. Nein, nein, sagt Herr M.; und dann lässt er es trotzdem zu, dass die Frau ihn verarztet. Eine halbe Stunde später sitzt er, mit geschwollenem und dick eingebundenem Knöchel, wieder am Küchentisch. Ja oder nein? Die spontane Nachbarschaftshilfe hat allerdings nichts mit der Minarett-Problematik zu tun. Oder vielleicht doch? Gehen die Nachbarn überhaupt in die Moschee? Der Blick von Herrn M. fällt auf das alte gerahmte Foto, das an der Küchenwand hängt. Es zeigt seine Grossmutter aus dem Wallis: Eine alte gebeugte Frau mit zerfurchtem Gesicht steht vor einem noch älteren Holzhaus. Sie trägt ein geblümtes Kopftuch. Hat Herr M. sie, die strenggläubige Katholikin, je ohne Kopftuch gesehen? Er denkt lange nach. Leer einlegen, sagt er sich, das kann ich ja auch. Oder am Ende doch ein Nein? Damit würde Herr M. sich selber am meisten überraschen.

Vielleicht stehen am Anfang einer neuen Zeit Fragen, auf die es keine vorgefertigten Antworten gibt. Vielleicht lösen Augenblicke der Unsicherheit manchmal nicht bloss Angst aus, sondern die Einsicht, dass der fremde Nachbar mit seiner fremden Lebensweise einem näher steht, als man je gedacht hat. Bei Herrn M., vermute ich, kommt ein Lernprozess in Gang, der noch eine Weile dauern wird. Sein langes Zögern bedeutet vielleicht, dass er für sich selbst in einen neuen Zeitabschnitt eingetreten ist.

Die zweite Geschichte: Sophie ist zu Besuch bei ihrer Schwester und deren Mann. Sie war kürzlich in Burma und hat versprochen, einen Film von dieser Reise zu zeigen. Nach dem Abendessen ist es so weit; auch der fünfjährige Sohn, Julian, darf zuschauen. Die Bilder von Rangoon und der goldenen Pagode langweilen ihn ein bisschen, auch die Mönche in safrangelben Gewändern, die in die Kamera lächeln, interessieren ihn nicht besonders. Dann aber kommt eine Reihe von Gläubigen ins Bild, die in tiefer Versunkenheit vor einem Schrein mit einer Buddhastatue sitzen, darunter auch zwei Kinder, jünger als Julian. Er deutet auf sie, fragt die Tante, was die Kinder hier tun. «Sie beten oder sie meditieren, ich weiss es auch nicht so genau», antwortet die Tante. «Aber schau nur, sie sitzen ganz still da, eine Stunde oder länger. Könntest du das

Zum Fest der Religionen und Kulturen werden die Räume der Schwabgutschule leergeräumt. Hindus, Muslime, Juden, Baha'i und Christen ziehen ein, feiern und informieren Tür an Tür. Alle Sicherheitsbedenken erweisen sich als überflüssig. Es wird ein grosses Fest, welches auch in Nachfeiern und vielen neuen Begegnungen weiterklingt.

auch?» «Das glaube ich kaum», sagt Julians Mutter. «Er muss sich doch dauernd bewegen, keine zwei Minuten hält er's am gleichen Platz aus.» «Gar nicht wahr», protestiert Julian und betrachtet fasziniert die zwei Kinder vor dem Schrein. «Was ist das, meditieren?» Der Vater, der schon lange aus der Kirche ausgetreten ist, versucht es ihm zu erklären, es gehe darum, nicht mehr zu denken, sagt er, das sei aber schwierig, man müsse die Augen schliessen und einem einzigen Wort wie einem roten Faden folgen, zum Beispiel «Om» und es dauernd wiederholen. «Siehst du», sagt die Tante, «das ist nichts für dich. In Burma lernen das die Kinder eben schon sehr früh.» «Ich will es probieren», sagt Julian. Er setzt sich im Schneidersitz auf den Teppich, er legt, wie er es im Film gesehen hat, die Hände vor dem Gesicht aneinander, er schliesst die Augen und bewegt leicht seine Lippen. Die Tante stellt den Projektor ab, ein wenig verlegen schauen die drei Erwachsenen auf den Fünfjährigen am Boden, der etwas tut, was er noch nie getan hat. Ganz ernsthaft sitzt er da, reglos; er atmet tief ein und aus, als habe er es schon lange gelernt. Die Minuten vergehen, Julians Mutter flüstert ihrer Schwester zu: «Jetzt hält er's dann gleich nicht mehr aus.» Aber Julian bleibt sitzen, der Vater schüttelt staunend den Kopf: «Ich habe gedacht, er macht es bloss zum Spass.» Die Zeit zieht sich für die Erwachsenen in die Länge. Als der Vater ungeduldig wird, tippt er Julian auf die Schulter: «Nun? Willst du wieder bei uns sein?» Julian lässt die Arme sinken, er schüttelt sich leicht und öffnet die Augen.

«Und?», fragt die Tante. «Wie war es?»

«Es war schön», sagt Julian und strahlt seine Tante an. «Es war wie in einem Boot, ich bin einen Fluss hinuntergefahren, weiter und immer weiter.» Die Eltern schauen einander verwirrt an. Kann es sein, dass sie eben eine neue und unbekannte Seite ihres Sohns kennengelernt haben? Kann es sein, dass dies auch in ihnen etwas in Schwingung bringt, wonach sie schon lange suchen? Gerade von Kindern können wir lernen. Und in solchen Momenten, meine ich, dürfen sie uns Vorbild sein.

Und noch eine Geschichte mit Kindern. Sie wurde mir erzählt wie die beiden vorherigen, und ich erzähle sie weiter.

Nihal, elfjährig, ist neu in der Schulklasse, er stammt aus Sri Lanka, und weil er hier aufgewachsen ist, spricht er, neben Tamil, Berndeutsch ohne Akzent. Die beiden Anführer unter den Jungen, ein Schweizer und ein Portugiese, zögern

Die Friedenswand als Grundstein für das ‹Haus der Religionen› bleibt ein Anziehungspunkt. Immer wieder ziehen Gruppen und Klassen dorthin, um sich mit den Texten auf der Steintafel auseinanderzusetzen.

nicht lange, Nihal klar zu machen, wer hier den Ton angibt. Ob er an Gott glaube, fragen sie Nihal; Tamilen wie er hätten doch Götter, die sie anbeten würden. Es ist grosse Pause, einige andere aus der Klasse hören ihnen zu. Nihal weiss nicht, was er antworten soll.

«So ist es doch», sagt Stefan. «Ihr betet zu einem Elefantengott, das weiss ich.»

«Du meinst Ganesha», sagt Nihal vorsichtig. «Er bringt uns Glück.»

«Bullshit», lacht der Portugiese und versetzt Nihal einen Stoss. «Elefanten gehören in den Zoo.» Die Kinder ringsum stimmen in sein Lachen ein. In den nächsten Tagen wird Nihal dauernd wegen Ganesha gefoppt; einer hat herausgefunden, dass der Elefantengott ausgerechnet auf einer Maus reitet. Das macht es noch viel lustiger und absurder. Es kommt vor, dass Nihal seine Tränen verstecken muss. Zu Hause erzählt er nichts davon. Aber die grauhaarige Lehrerin fragt Nihal nach der ersten Woche, warum er so bedrückt sei. Zuerst schweigt er, dann gibt er zu, dass ein paar aus der Klasse ihn wegen Ganesha ständig hänseln. Die Lehrerin war schon einmal in Südindien, sie weiss, wer Ganesha ist und was er bedeutet. Für den nächsten Tag bereitet sie eine Lektion über Ganesha vor. Sie bringt ihre Ganesha-Skulptur mit, sie erzählt die spannende Legende von seiner Geburt. Darin geht es um Leben und Tod, um Zorn und Mitleid, um Wunder und Wiedergutmachung. Gebannt hören die Viertklässler zu; es klingt wie eine Heldensage aus der Ritterzeit. Oder wie eine Geschichte aus dem Alten Testament.

Dann versucht die Lehrerin zu erklären, dass Ganesha in Indien und in Sri Lanka verehrt werde als Verkörperung von Weisheit und Klugheit, als einer, der ein neues Haus mit Glück segne. Es gebe noch viele andere Göttergestalten, aber hinter allen Gesichtern der Götter stehe immer der eine, der höchste Schöpfergott, den wir auch bei uns verehren würden. Das begreifen die Kinder nur halb, aber sie haben gemerkt, dass die Lehrerin es ernst meint, und sie haben verstanden, dass es unfair ist, Nihal zu verspotten. Ein Mädchen bietet Nihal einen Kaugummi an, zwei Jungen laden ihn ein, mit ihnen zu spielen.

Eine unspektakuläre Geschichte, werden Sie sagen, aber sie hat sich ereignet, sie hat durch Erzählen und Zuhören etwas verändert, sie dürfte sich, wenn es nach mir ginge, tausendfach wiederholen. Mehr voneinander und übereinander zu wissen, bereitet den Boden vor für die mögli-

Das ‹Fête KultuRel› bekommt das Etikett eines ‹einzigartigen Event- und Bildungsanlasses›. Intensive Vorbereitungen und Auswertungen gehören dazu. *Grosses Bild:* Stille Betrachterin des EPIL-Projektes.

che neue Zeit, er ist hart, dieser Boden, man muss ihm die Vorurteile abringen, Quadratzentimeter um Quadratzentimeter. Vielleicht ist ja der Moment des Hinhörens und Staunens schon der erste Glanz des neuen Tages – nicht weltweit, aber immerhin in einem Schulzimmer in Bern-West.

Von der grossen Sehnsucht nach dem einen ersten Tag der neuen Zeit müssen wir uns, glaube ich, verabschieden; es gibt viele Anfänge, so viele, wie es Menschen und Gruppen mit unterschiedlichen Auffassungen gibt. Auch wenn solche Anfänge zaghaft oder kaum wahrnehmbar sind, auch wenn sie immer wieder überschattet werden von nächtlicher Finsternis, von Dogmatismus, Sturheit, Gewalt, kann aus ihnen allmählich ein neuer Tag entstehen.

Ich bin überzeugt, dass nur aus dem Kleinen in Vielheit letzlich etwas Grösseres wächst. Und dabei kommt es nicht so sehr auf den Papst oder den Dalai Lama oder die Ajatollahs an, sondern auf uns alle, auf dich und mich. Das zu sagen, darauf zu setzen, ist möglicherweise ebenso naiv wie der Wunschtraum, dass die Grossen der Welt, die Fundamentalisten und Scharfmacher jeder Couleur ihrem Machtgebaren abschwören. Aber wenn wir uns dem Kleinräumigen, dem Möglichen zuwenden, sind wir als Einzelne auch gemeint, und das bindet mich und dich in die Verantwortung ein, uns selber zu befragen, uns selber zu überwinden, selber auf Andersdenkende und Andersgläubige zuzugehen, vielleicht sogar über den eigenen Schatten zu springen. Und natürlich heisst es auch, achtsam zu sein und nicht wegzuschauen, wenn andere einen Schritt auf uns zukommen. Dies alles bedeutet aber zugleich, dass ich dort, wo ich ihn erkenne, blindem Fanatismus und allen terroristischen Tendenzen entschieden entgegentrete. So naiv darf meine leise flackernde Hoffnung nicht sein, dass ich einen Wert wie die Menschenwürde dem religiösen Frieden zuliebe aufgebe.

Auch das ‹Haus der Religionen›, das in Bern entsteht, ist ein Zeichen der Hoffnung. Der Tag seiner Einweihung wird auf seine Weise in eine neue Zeit hineinleuchten, er wird einer von vielen ersten Tagen sein, der Keim zum Anbruch des neuen Tags, der Anfang einer neuen Zeit.

Die reformierte Zeitschrift ‹saemann› lädt in Abstimmung mit dem Murugen-Verein zu einer Weihnachtsfeier in den Hindutempel ein. Die Industriebrache ist so der Stall, in dem heute das Christkind zur Welt kommen könnte, irgendwo in den Hinterhöfen, in denen Migranten mit ihrer fremden Kultur nicht stören. *Grosses Bild:* Das Fest folgt dem Fest. Im Vordergrund Rabbiner Michael Leipziger.

Zwischen Hoffen und Bangen

Zwischen Hoffen und Bangen – Haus der Religionen in Bern

Peter Abelin
Eine Chronik

‹Dialog der Kulturen statt Clash of Civilizations›, ‹In der Nähe wächst der Religionsfriede›, ‹Utopia küsst Ausserholligen wach›, ‹Luftschloss wird realisiert› – so lauten einige Schlagzeilen von Beiträgen, in denen die Berner Lokalpresse das Projekt für ein ‹Haus der Religionen› in Bern in den letzten Jahren begleitet hat. Doch auch überregionale Medien wussten zu berichten: ‹Nur der Himmel ist grenzenlos›, titelte das renommierte GEO-Magazin aus Hamburg in seiner Schweizer Ausgabe im Mai 2006, ‹Buddha, Jesus, Mohammed & Co unter einem Dach›, überschrieb die ‹Neue Zürcher Zeitung› im Dezember 2006 einen ganzseitigen Beitrag über das Vorhaben, das ‹von der Vision zum Vorzeigeobjekt› geworden sei. Die Zeitungstitel drücken ebenso die hohen Erwartungen wie auch die leisen Zweifel aus, welche mit dem Projekt verbunden wurden, das am Europaplatz im Westen der Schweizerischen Bundesstadt Wirklichkeit werden soll.

Die Vorgeschichte des offenbar in dieser Form weltweit einzigartigen Projekts hat mit der Pionierrolle zu tun, welche die Stadt Bern im interreligiösen Dialog spielt. So bestand seit 1993 ein ‹Runder Tisch der Religionen›, an dem sich Vertreterinnen und Vertreter christlicher, muslimischer, hinduistischer, jüdischer und buddhistischer Glaubensgemeinschaften regelmässig zur Besprechung von Problemen trafen, welche die Ausübung ihrer Religionen im Alltag mit sich bringt. An der Sitzung vom 30. November 2000 im Gemeindehaus der Jüdischen Gemeinde Bern war ‹die Vision eines Hauses der Religionen und Kulturen in Bern-Bümpliz› erstmals ein Thema. ‹Der Runde Tisch ist bereit, dieser Vision auf die Beine zu helfen›, vermeldet das Protokoll. Zur Konkretisierung dieser ‹Geburtshelferdienste› wurde eine sechsköpfige Projektgruppe gebildet. Mit dabei waren schon damals mit Christian Jaquet der Ideengeber und mit Hartmut Haas der unermüdliche Koordinator und Förderer des Projekts.

Image-Studie Bern-West 1998

Im November 1998 hat der Wirtschaftswissenschafter und Soziologe Christian Jaquet, ehemaliger Studienleiter Visuelle Kommunikation an der Hochschule der Künste Bern (HKB) und zuvor Leiter des Design-Centers Langenthal, im Auftrag des Stadtplanungsamts Bern eine Image-Studie über den Stadtteil Bern-West verfasst. Unter dem Eindruck der unwürdigen Kulträume in Tiefgaragen und Fabrikhallen der in diesem Stadtteil besonders stark vertretenen Gemeinschaften der Moslems und Hindus gipfelt der Bericht im Vorschlag, ‹ein einzigartiges Haus der Kulturen und Religionen› zu errichten. «Vermutlich musste der

Die Kirchen gestalten an der Expo 02 in Murten ‹sieben Hütten des Glaubens› und laden die Vertreter der Berner Weltreligionen zu einer Begegnung ein. Priester, Pfarrer, Rabbiner und Imam kommen ins Gespräch.

Anstoss zu dieser grossen Idee von aussen kommen – Theologen jedenfalls und Kirchenführer hätten kaum so unbefangen einen solchen Vorschlag auf den Tisch gebracht», meinte Hartmut Haas, Pfarrer der Herrnhuter Brüdergemeine. Diese evangelische Freikirche beschloss im Frühsommer 1999, sich im Sinne ihrer Geschichte und Theologie mit einem Friedenswerk in der Schweiz zu engagieren.

Vereinsgründung und Grundsteinlegung 2002

Der nächste Schritt bestand in der Gründung des Vereins ‹Haus der Religionen – Dialog der Kulturen› am 25. April 2002 im Schulzentrum Schwabgut in Bern-Bümpliz. Vertreten waren Personen aus folgenden religiösen Gruppierungen: Baha'i, Buddhismus, Christentum, Hindugemeinschaft, Islam und Judentum. Zum Präsidenten wurde Hartmut Haas gewählt. Gestützt auf die Uno-Deklaration 53/22 vom November 1998 zum ‹Jahr des Dialogs zwischen den Kulturen› umschrieben die Statuten den Vereinszweck in drei Punkten:

– «Er plant und projektiert ein ‹Haus der Religionen› als gemeinsamen Ort, in dem unterschiedliche religiöse Gemeinschaften in Würde ihre Gottesdienste, Rituale und Feste gestalten können.

– Er entfaltet den Dialog der Kulturen. Er führt Informationsveranstaltungen, Begegnungen und Seminare durch.

– Der Verein unterstützt nach aussen Aktivitäten kultureller, sozialer und interreligiöser Art und kann mit anderen Organisationen ähnlicher Zielsetzung zusammenarbeiten.»

«In den Anfängen mussten wir zunächst eine Vertrauensbasis erarbeiten, was nicht immer einfach war», blickt ein Vorstandsmitglied auf die ersten Treffen zurück. Einen Durchbruch bildete diesbezüglich das Fest der Religionen und Kulturen (Fête KultuRel) vom 30. Mai bis 2. Juni 2002 im Schulhaus Schwabgut, wo der Verein erstmals an die breitere Öffentlichkeit trat. Höhepunkt war eine symbolische Grundsteinlegung. In ihrer bemerkenswerten Festansprache bezeichnete Bundeskanzlerin Annemarie Huber-Hotz diesen ‹Grundstein ohne Grundstück› als wichtiges ‹Zeichen einer Utopie›. In einem Schreiben vom 3. Juli 2002 gab auch der Berner Stadtpräsident Klaus Baumgartner dem Projekt den behördlichen Segen.

Damit war die Zeit gekommen, die konkrete Planung an die Hand zu nehmen. Es erwies sich als Glücksfall, dass dabei die Zusammenarbeit mit dem Berner Architekturbüro bauart gewählt wurde. Die im Dezember 2002 vorgelegte Mach-

*Zum Jahresfest im Berner Hindu-Tempel kommt es zur interreligiösen Begegnung mit muslimischen und christlichen Gästen.
Im Bild rechts neben Imam Dikman, Taner Ileri und Priester Sukamaran die 2004 verstorbene Brigitte Morgenthaler.
Grosses Bild:* Expo 02 – der Brahmane berührt die Segen spendenden Hände.

barkeitsstudie zeugt von einer ungewöhnlich gründlichen und einfühlsamen Auseinandersetzung mit dem Thema. «Wir hoffen, unsere grosse Faszination für dieses völlig neuartige Projekt ist allen Beteiligten deutlich geworden», schreiben die Planer in ihrem Bericht.

Der erwähnte Glücksfall hat einen Namen: Marco Ryter, Partner im Büro bauart, ist zusammen mit Christian Jaquet und Hartmut Haas zu einer der treibenden Kräfte im langwierigen Prozess geworden, der dem Projekt noch bevorstehen sollte. Sein Engagement geht weit über das rein professionelle Interesse hinaus. So absolvierte der gelernte Hochbauzeichner und Architekt in den Jahren 2005/06 zum Beispiel den anforderungsreichen Lehrgang ‹Moderation und Mediation im interkulturellen und interreligiösen Dialog›, den die Berner Fachhochschule zusammen mit dem Verein ‹Haus der Religionen – Dialog der Kulturen› anbot (und auch weiterhin anbietet). Aber auch andere Mitarbeiter des Architekturbüros wurden vom Auftrag ‹gepackt›. So übernahm mit Stefan Graf ein bauart-Architekt zielbewusst die interne Projektleitung. Und die damals dort als Praktikantin tätige Monica Knechtle wirkte an der Machbarkeitsstudie massgeblich mit und machte das Projekt später zum Thema ihrer Master-Arbeit an der Ecole Polytechnique Fédérale Lausanne, für die sie den Preis für das beste architektonische Konzept erhielt (‹Une maison des religions à Berne – un centre de culte et de culture›).

Standort Europaplatz 2004

Die Machbarkeitsstudie wurde bis zum Frühling 2004 zu einer Baustudie mit drei Varianten ausgebaut. Dabei kristallisierte sich der Standort Europaplatz gegenüber den Alternativen Glockenstrasse und Bahnstrasse als Favorit heraus. Baurechtlich waren die Voraussetzungen ideal, und das Vorhaben liess sich mit dem Gewinnerprojekt des städtebaulichen Europan-Wettbewerbs von 1999, verfasst vom Architekturbüro urbanoffice in Amsterdam, kombinieren. Klar war damit auch, dass die Finanzierung über die bisher vom Stadionbau her bekannte kommerzielle Mantelnutzung sichergestellt werden sollte. Die Modelle für den nun definitiven Standort Europaplatz wurden am zweiten ‹Fête KultuRel› vom 9. bis 12. September 2004 in der Schulanlage Steigerhubel vorgestellt. An dem erfolgreichen Fest sagte Edith Olibet, Direktorin für Bildung, Umwelt und Integration, die offizielle Unterstützung durch den Gemeinderat der Stadt Bern zu. Die intensiven Vorarbeiten mündeten schliesslich in die Eingabe des Baugesuchs im August 2005.

2003

In gemeinsamer Anstrengung bewegen und steuern Männer und Frauen der Hindu-Gemeinschaft den Wagen des Gottes Murugen um den Hindutempel und die Kehrichtverbrennungsanlage in Bern. So segnen sie das Quartier und umschreiben symbolisch den ganzen Kosmos.

Betriebskonzept erarbeitet — 2005

Gleichzeitig erarbeitete Barbara Zollinger für den Verein ‹Haus der Religionen – Dialog der Kulturen› ein Betriebskonzept, das vom Vorstand intensiv besprochen wurde. Darin wird festgehalten, dass die einzelnen Religionsgemeinschaften ihre Räumlichkeiten eigenverantwortlich und auf eigene Kosten führen und sich gleichzeitig an der gemeinsamen Aufgabe des Dialogs beteiligen sollen. Der Verein seinerseits widmet sich in eigenen Räumlichkeiten dem Dialog der Kulturen, indem er – zusammen mit weiteren Partnern – Begegnungen, Vorträge und Ausstellungen organisiert. Weitere Dokumente, die auch zur Gründung einer Stiftung führten, wurden an einer Retraite im Jura im Januar 2006 während dreier Tage erarbeitet. Inzwischen steht fest, dass die Stadt Bern im Rahmen der Kulturförderung bereit ist, sich mit jährlich 200 000 Franken an den Betriebskosten zu beteiligen.

Stiftung und Provisorium — 2006

Ein weiterer Schritt auf dem Weg zur Realisierung war der am 26. Januar 2006 mit 45 zu 15 Stimmen, bei 7 Enthaltungen, erfolgte Beschluss des Berner Stadtparlaments, auf einen Anteil des Baurechtszinses für das ‹Haus der Religionen› zu verzichten. Am 3. März 2006 erfolgte dann die Gründung der Stiftung ‹Europaplatz – Haus der Religionen›. Diese wird präsidiert von Fürsprecher und Notar Guido Albisetti, der als Vorsitzender der Geschäftsleitung der Von Graffenried-Gruppe beste Beziehungen zur Wirtschaft hat. Dem Stiftungsrat gehören ausserdem die damalige Regierungsstatthalterin Regula Mader, Christoph Reichenau (ehemaliger Kultursekretär der Stadt Bern), der Islamwissenschafter Marc Renfer als Vertreter des Vereins ‹Haus der Religionen – Dialog der Kulturen›, und seit dem Jahr 2007 auch der frühere Berner Stadtpräsident Klaus Baumgartner an. Der Stiftung kommt die Aufgabe zu, das Geld für den Rohbau und die Gebäudehüllen aufzubringen.

Das dritte ‹Fête KultuRel› vom 11. bis 14. Mai 2006 wurde mit einer eindrücklichen interreligiösen Feier in der Synagoge der Jüdischen Gemeinde Bern farbenfroh eröffnet. Mit Mario Annoni nahm der Regierungspräsident des Kantons Bern an der Abschlussveranstaltung teil und zeigte sich begeistert von der harmonischen Atmosphäre. Wenig später, am 23. Juni 2006, wurde dem Verein ‹Haus der Religionen – Dialog der Kulturen› der Integrationspreis der Stadt Bern verliehen. In der Laudatio wird gewürdigt, dass der Verein «eine ausgezeichnete und bislang einmalige Plattform für verschiedene Kultur- und Religionsgemeinschaften» bilde.

Das ‹Haus der Religionen› beteiligt sich am europäischen Projekt interkulturelles Lernen, EPIL. Vier Länder auf zwei Kontinenten werden besucht. Hier lernt die Gruppe, wie man in Bosnien die Folgen des Bürgerkriegs zu verarbeiten sucht. *Grosses Bild:* Der Besuch in einer bosnischen Synagoge gehört auch dazu.
Bilder:
Friederike Kronbach-Haas

Seit seiner Gründung war der Trägerverein stets auf zwei Ebenen tätig: Einerseits wurde das längerfristige Ziel eines ‹physischen› Hauses der Religionen verfolgt, andererseits war auch der Weg dazu selbst ein Ziel. Dabei ist nicht nur an die im Zweijahres-Rhythmus durchgeführten ‹Fêtes KultuRel› zu denken, sondern primär auch an die Gespräche und Auseinandersetzungen in Vorstand und Verein. Ausserdem beteiligte man sich an diversen interreligiösen Aktionen. Erwähnt seien eine Vortragsreihe über Begegnungen zwischen den Religionen des Collegium Generale der Universität Bern 2004, eine Veranstaltungsreihe über Heilige Texte bei den einzelnen Religionen, organisiert in Zusammenarbeit mit der Offenen Kirche, eine Reihe zu den Weltreligionen bei der Volkshochschule Bern 2004 bis 2006, die Mitwirkung an der interreligiös gestalteten Gedenkfeier anlässlich der Tsunami-Tragödie 2005 im Berner Münster, eine Ausstellung im Rahmen des Festivals ‹Science et Cité› vom Mai 2005 in der Französischen Kirche Bern oder eine interreligiöse Feier von Christen, Moslems und Juden 2006 im Berchtoldhaus.

Eine neue Dimension nahm dieser Teil der Arbeit im September 2006 an, als die Stadt Bern dem Verein einen ehemaligen Werkhof des Tiefbauamtes an der Schwarztorstrasse als provisorischen Standort zur Verfügung stellte. Die unterteilbare grosse Halle mit einer Fläche von 500 Quadratmetern bot ‹ganz neue Möglichkeiten, den Dialog der Kulturen zu entfalten›, wie Hartmut Haas es damals euphorisch formulierte.

Euphorie und offene Fragen 2007

In dieser Situation kam die nach langem Warten und der Bereinigung zweier Einsprachen am 26. März 2007 durch den Berner Regierungsstatthalter erteilte Baubewilligung für das Projekt am Europaplatz einem Befreiungsschlag gleich. Die Medienkonferenz vom 11. April 2007 fand gesamtschweizerisch ein breites Echo. In Anspielung auf die Fussball-Weltmeisterschaft von 1954 verwendete Regula Mader das Wort von einem ‹neuen Wunder von Bern›. Architekt Marco Ryter zeigte sich optimistisch bezüglich der Finanzierung des damals auf 51 Millionen Franken geschätzten Bauvorhabens, das zwei Untergeschosse, das Erdgeschoss und zehn Obergeschosse umfassen sollte, mit einer nutzbaren Fläche von rund 20 000 Quadratmetern. Für ein Hotelprojekt der Kette Accor von rund 13 Millionen Franken mit 95 Zimmersuiten lag bereits eine feste Zusage vor; mit Interessenten für Wohnungen, Büros, Praxen etc. waren Verhandlungen im Gang. Den Baubeginn sagte Marco Ryter für April 2008 voraus.

Nach einem Büro in einer Privatwohnung hat der ‹Verein Haus der Religionen – Dialog der Kulturen› ein erstes eigenes Veranstaltungslokal. Es befindet sich im Progr – dem als Provisorium angelegten Kulturzentrum am Waisenhausplatz. Das Provisorium etabliert sich, auf dem Weg wird Religion in eine kritische Beziehung zu Kultur gesetzt – ein Dauerthema.

Weniger eindeutige Aussagen konnte Hartmut Haas für den Bereich machen, für den der Verein ‹Haus der Religionen – Dialog der Kulturen› zuständig ist. «Die Herausforderungen, vor denen wir jetzt stehen, sind enorm», sagte er an der Medienkonferenz. Er appellierte an die ‹gesellschaftlich tragenden Kräfte›, auch ihren Beitrag zur längerfristigen Sicherung des Projekts zu leisten.

Jetzt wurden auch rechtsverbindliche Verträge erforderlich. Die religiösen Gruppen weisen aber sehr unterschiedliche Grössen und Organisationsstrukturen auf und haben deshalb höchst ungleiche Voraussetzungen:

– Die muslimische Gemeinschaft, welche gemäss Volkszählung des Jahres 2000 in der Stadt Bern ca. 5000, im Kanton Bern gegen 30 000 Personen umfasst, hat dringenden Bedarf nach spirituellen Räumen. Verhandlungspartner war der 2005 gegründete islamische Kantonalverband Bern (Umma), in dem elf vorwiegend sunnitische islamische Vereine zusammengeschlossen sind. Zuvor hatte der Türkisch-Islamische Verein den bis dahin zur Verfügung stehenden Raum von 550 Quadratmetern beansprucht.

– Die Berner Hindu-Gemeinschaft (Murugen-Verein) ist auf einen Ersatz für den in einer Lagerhalle neben der Kehrichtverwertungsanlage (KVA) im Jahr 2002 eingerichteten Tempel angewiesen, da das Gebäude in absehbarer Zeit abgebrochen wird. Ihre Mitglieder sind vorwiegend aus Sri Lanka stammende Tamilen. Diese Bevölkerungsgruppe umfasst in der Stadt Bern ca. 3000, im Kanton Bern ca. 6000 Personen. Im ‹Haus der Religionen› sollten auch ihnen ca. 550 Quadratmeter zur Verfügung stehen.

– Die christlichen Kirchen vertreten gemäss Volkszählung rund 75 Prozent der Stadtberner Bevölkerung von knapp 130 000 Personen und ca. 85 Prozent der Kantonsbevölkerung von ca. 960 000 Personen. Die Protestanten (49 Prozent in der Stadt, 67 Prozent im Kanton Bern) stellen die Mehrheit, der Römisch-Katholischen Landeskirche gehören ca. 25 bzw. 16 Prozent der Bevölkerung an. Als Vertragspartnerin für das ‹Haus der Religionen› war die ökumenische Arbeitsgemeinschaft der Kirchen im Kanton Bern (AKB) vorgesehen. Zur Diskussion stand ein Raum von 150 Quadratmetern, dessen Nutzung noch nicht festgelegt war. Die Herrnhuter Brüdergemeine ist bereit, in den ersten zehn Jahren für die Miete aufzukommen.

– Die seit 1996 im Kanton Bern öffentlich-rechtlich anerkannte Jüdische Gemeinde Bern (JGB) betreibt an der Kapellenstrasse seit über hundert Jahren eine Synagoge und seit 1971 ein Gemeindehaus. Ihr gehören ca. 340 Mitglieder an; im

Ramazan Merkan wirkte gut drei Jahre als Imam für den türkisch-islamischen Verein in Bern. Vor seiner Rückkehr in die Türkei vermittelt der Verein ‹Haus der Religionen› einen Ausflug ins Emmental. Der Imam steht rechts neben dem Schaukäser aus Affoltern. Susanne Sadri und Roja Najafi-Hiltbrunner sind Mitglieder der Baha'i. Der Gründer, der im 18. Jahrhundert in Persien entstandenen Religion, ist im Hintergrund abgebildet.

ganzen Kanton Bern bezeichneten sich bei der Volkszählung 807 Personen als jüdisch. Die JGB unterstützt die Idee eines ‹Hauses der Religionen›, hat aber weder Bedarf an zusätzlicher Infrastruktur noch entsprechende finanzielle Ressourcen.
– In der Schweiz lebten im Jahr 2000 gemäss Volkszählung rund 21000 Buddhisten – Zahlen für Stadt und Kanton Bern liegen nicht vor, auch bestanden hier keine verbindlich organisierten Gruppierungen. An der Schulhausstrasse in Zollikofen haben aus Vietnam stammende Buddhisten 1997 ein Haus gekauft, in dem sie die Pagode ‹Tri Thu› eingerichtet haben. Im Verein ‹Haus der Religionen – Dialog der Kulturen› haben – zumindest zeitweise – auch Vertreter des Tibet-Instituts Rikon und solche aus dem europäisch geprägten Zen-Dojo-Zentrum Bern mitgewirkt. Die Form der buddhistischen Präsenz im ‹Haus der Religionen› war noch offen.
– Seit 1962 besteht in Bern ein geistiger lokaler Rat der Baha'i-Religion. In der Schweiz gehören rund tausend Personen dieser Bewegung an, in Bern sind es ca. 50. Diese treffen sich meist im privaten Rahmen; im Kirchenfeldquartier besteht ein Baha'i-Zentrum, wo das nationale Sekretariat untergebracht ist. Von Anfang an waren die Baha'i im Verein ‹Haus der Religionen – Dialog der Kulturen› vertreten, und sie waren auch an Räumen im ‹Haus der Religionen› interessiert.

– Zu den sechs Weltreligionen, deren Vertreterinnen und Vertreter von Anfang an im Verein ‹Haus der Religionen – Dialog der Kulturen› mitwirkten, haben sich nachträglich zwei weitere Gruppen gesellt. 1984 waren Tausende von Sikhs aus Nordindien in den Westen geflüchtet, einige hundert davon in die Schweiz. Die Aleviten stammen mehrheitlich aus den kurdischen Gebieten der Türkei und erlebten dort die Bedrohung ihrer kulturellen und religiösen Identität.

Wenige Monate vor dem damals vorgesehenen Baubeginn waren demnach rund um den zukünftigen Betrieb im ‹Haus der Religionen› noch viele Fragen offen. Es bleibe das Ziel, «dass alle Religionen wie auch die Idee der Menschenrechte räumlich im Projekt sichtbar werden», betonte Hartmut Haas an der Medienkonferenz vom 11. April 2007. Im Hinblick auf die bevorstehenden grossen Herausforderungen wählte der Verein an der Jahresversammlung vom 4. Juni 2007 mit Gerda Hauck-Hieronimi eine neue Kraft an die Spitze; bis zu ihrer Pensionierung war sie als Leiterin der Koordinationsstelle für Integration der Stadt Bern bisher Ansprechperson der Stadt für den Verein.

Eine Zwischenbilanz fünf Jahre nach der Vereinsgründung fiel zurückhaltend aus:

Sehr viele Vertreterinnen und Vertreter namhafter Institutionen erscheinen zu einer Finanzierungskonferenz im Käfigturm Bern. Mit eingeladen haben die Bundeskanzlerin Annemarie Huber-Hotz, Gemeinderätin Edith Olibet und Repräsentanten der Landeskirche. Das Interesse ist vorhanden, die Mittel allerdings nicht.

«Das Projekt ‹Haus der Religionen› beackert Neuland. Ob daraus jemals eine blühende Pflanze entspringt, wird sich zeigen. In einer Zeit der Ausgrenzung und der Intoleranz hat es aber schon in der bisherigen, oft turbulenten Projektierungsphase, ein Zeichen gesetzt und Hoffnungen geweckt. Diese Hoffnungen sind allerdings mangels Erfahrungswerten recht diffus. Sie beziehen sich allgemein auf ein friedliches Nebeneinander und Miteinander der Religionsgemeinschaften und damit einhergehend auf eine Erleichterung des interreligiösen Dialogs.»

Inzwischen ist aber innerhalb des nach wie vor kleinen Kreises der Engagierten eine gewisse Ernüchterung eingetreten. Kein Wunder, denn je näher die geplante Eröffnung rückt, umso konkreter werden die sich stellenden finanziellen und organisatorischen Probleme – und umso unvermeidlicher kommt es auch zu Konflikten. Positiv ist dabei zu werten, dass diese Konflikte bisher kaum je etwas mit den beteiligten Religionen zu tun hatten. Eher schon verliefen die Fronten innerhalb einzelner Gemeinschaften, oder dann waren es ganz einfach persönliche Unvereinbarkeiten, wie sie jede Teamarbeit beeinträchtigen können.

Zur Ernüchterung beigetragen hat wohl auch der bisherige Betrieb im provisorischen ‹Haus der Religionen›, das von Hartmut Haas einmal treffend als ‹Spielwiese, auf der wir das Projekt ausprobieren können›, bezeichnet worden ist. Die grosse organisatorische Kleinarbeit steht oft in keinem Verhältnis zum meist recht geringen Publikumsinteresse. Insbesondere bleiben die Angehörigen der einzelnen Religionsgemeinschaften bei ‹ihren› Anlässen meist weitgehend unter sich. Auch dies zeigt: Wenn das ‹Haus der Religionen› seine Tore geöffnet hat, steht die eigentliche Bewährungsprobe erst bevor.

Firma Halter steigt ein — 2008

Zu einer solchen Bewährungsprobe hätte der überraschende Rückzug des Islamischen Kantonalverbandes aus dem Bauprojekt werden können, den Umma-Präsident Hasan Irmak an der Jahresversammlung vom 3. Juni 2008 mit der Unmöglichkeit begründete, eine eigentliche Moschee in das Vorhaben zu integrieren. Einige Monate später trat der Dachverband dann auch aus dem Trägerverein aus. Rasch sprangen jedoch die Aleviten sowie der Muslimische Verein Bern in die Bresche. Auf Einladung von Imam Mustafa Memeti wohnte Bundespräsident Pascal Couchepin am 9. September 2008 ohne Begleittross dem Fastenbrechen an der Schwarztorstrasse bei, wo der Muslimische Verein während des ganzen Monats den Ramadan feierte. Viel

2004

In den Hallen der neuen Hochschule der Künste Bern an der Fellerstrasse kommt es zur ersten faszinierenden Begegnung von Kalligrafen aus Buddhismus, Judentum, Islam und Christentum. Die Gruppe um Henri Mugier, Marco Röss und Marc Renfer begleitet zusammen mit dem 2010 verstorbenen Fred Balmer viele Anlässe des Projekts ‹Haus der Religionen – Dialog der Kulturen›.

Arbeit hinter den Kulissen verursachte dem Vorstand die Erarbeitung neuer Statuten, welche der Entwicklung seit der Vereinsgründung auf administrativer Ebene Rechnung tragen. So geben sie den Religionsgemeinschaften, welche im ‹Haus der Religionen› einen Kultusraum betreiben wollen, ein stärkeres Gewicht.

Das vierte ‹Fête KultuRel›, vom 28. bis 31. August, stand unter dem Motto ‹Inspiration›. Dort schaffte die Mitteilung frischen Mut, dass ein Generalunternehmen verbindliche Zusagen zur Realisierung des Bauprojekts geleistet hatte. Dieses outete sich dann an der ausserordentlichen Mitgliederversammlung als die Zürcher Firma Halter Entwicklungen.

Nachdem zu Beginn des Jahres negative Schlagzeilen wie ‹Dialog der Kulturen harzt› oder ‹Baubeginn verzögert sich› zu lesen gewesen waren, schlug sich der positive Stimmungswandel nun auch in der Presse nieder: ‹Von der Vision zum Business›, lautete etwa der Kommentartitel im ‹Bund›. Einen Schub für die Grundidee des geplanten ‹Hauses der Religionen› gab auch der grosse Publikumsaufmarsch an der ersten Berner Nacht der Religionen vom 8. November 2008. Auf Anhieb wurde diese zur erfolgreichsten Veranstaltung im Rahmen der gesamtschweizerischen Woche der Religionen, veranstaltet von der Interreligiösen Arbeitsgemeinschaft (Iras-Cotis).

Raumaufteilung und Strukturen   2009

Der Optimismus kippte bald wieder und machte einer wachsenden Skepsis in der Öffentlichkeit Platz. Ein Grund war, dass sich eine ursprünglich für den 11. Dezember 2008 angekündigte Medienkonferenz der Firma Halter immer mehr verzögerte und auch sonst wenig Informationen über den Stand des Projekts an die Öffentlichkeit gelangten. Zwar erklärte der Projektleiter gegenüber dem ‹Bund› im Januar 2009, man sei ‹mit vollem Elan an der Sache dran›, doch kam dies eher wie eine Durchhalteparole rüber – ebenso wie die Aussage von Vereinspräsidentin Gerda Hauck, sie rechne mit dem Spatenstich im Verlauf des Jahres. Wenige Monate später wurde der vorgesehene Baubeginn auf das Jahr 2010 datiert, während gleichzeitig bekannt wurde, dass das provisorische ‹Haus der Religionen› einem Neubau weichen muss und zudem im Betriebsbudget grosse Lücken klafften. ‹Kein Grund zur Panik›, versuchte Hartmut Haas auf eine weitere Medienanfrage hin zu beruhigen. Und der Halter-Kommunikationschef begründete die anhaltende Verzögerung der offiziellen Information im September mit den Worten: ‹Gut Ding will Weile haben›. An der Mitgliederversammlung 2009

wurde die vorgesehene Raumaufteilung bekannt:
– Je rund 500 Quadratmeter für die Moschee und den Hindubereich.
– Je 160 bis 210 Quadratmeter für Aleviten, Buddhisten und Christliche Gemeinden.
– Rund 1000 Quadratmeter für den Dialogbereich mit Halle, Restaurant und Seminarräumen. Zudem haben die einzelnen Religionsgemeinschaften im Verlauf des Jahres intern die erforderlichen Strukturen geschaffen, «um mit uns verlässliche Mietverträge eingehen und ihr kultisches Eigenleben in den Räumen gestalten zu können», wie es im Jahresbericht hiess. Dabei gab es allerdings einen weiteren Wechsel: der Verein Saivanerikoodam übernahm die Trägerschaft für den Hindu-Bereich. Die Buddhisten organisierten sich neu im ‹Interkulturellen Buddhistischen Verein›, die Christen gründeten den Verein ‹Kirche im Haus der Religionen›. Als Vertragspartner für den Dialogbereich standen nun definitiv die Baha'i, die Juden und die Sikhs fest.

Positive Schlagzeilen und neues Provisorium — 2010

Am 29. April 2010 lud die Firma Halter Entwicklungen endlich zu der immer wieder in Aussicht gestellten Medienkonferenz. «Die Schaffung eines tragfähigen Fundaments für die angestrebte Mischnutzung dauerte länger als ursprünglich angenommen», lautete die Begründung für die Verzögerung. Diese hatte also eher mit der Planung und den Verhandlungen für die Nutzung des Mantelteils beim 80-Millionen-Projekt zu tun, als mit dem ‹Haus der Religionen›, welches mit 3300 Quadratmetern nur 18 Prozent der gesamten Bruttogeschossfläche belegt. Diese Informationen und attraktive Modellbilder führten nun wieder zu positiven Schlagzeilen wie ‹Haus der Religionen nimmt Formen an› und ‹Projekt ist so konkret wie noch nie›, doch so ganz trauten die Journalisten der Sache immer noch nicht, wie aus der Bildlegende der ‹Berner Zeitung› hervorgeht: ‹Am Europaplatz lässt sich, so Gott will, in drei Jahren beten, shoppen, arbeiten, wohnen und übernachten.›

Mit einem Fest unter dem Motto ‹Das Beste zum Schluss› wurde vom 24. bis 17. Juni 2010 der Abschied von der Schwarztorstrasse gefeiert. Im Oktober folgte die Eröffnung des Pavillons an der Laubeggstrasse 21 beim Rosengarten.

Finanzierung auf der Kippe — 2011

Kurz vor dem Jahresende wirkte dann ein Artikel in der ‹Neuen Zürcher Zeitung› wie ein Schock. Unter dem Titel ‹Haus der Religionen in kritischer Phase› wurde berichtet, dass die Finanzierung der Baukosten durch die ‹Stiftung Europaplatz –

‹Fête KultuRel› 2004 auf dem Areal der beruflichen Schulen GIBB, der Kirchgemeinde Frieden und der Schulen Steigerhubel. Ikonen und Mandalas, Schulklassen und Bewohner des Seniorenstifts finden zusammen.

Haus der Religionen› erst zur Hälfte gesichert sei und bis Ende Januar 2011 noch fünf Millionen Franken aufgetrieben werden müssten. Diese Frist wurde von der Firma Halter Unternehmungen dann zwar mehrmals verlängert, doch herrschte an einer ausserordentlichen Mitgliederversammlung vom 19. Januar und einem öffentlichen Anlass im Käfigturm vom 24. Januar 2011 dennoch Ratlosigkeit, wie das notwendige Geld aufgebracht werden sollte. «Es gab sehr, sehr viele Absagen», sagte Stiftungspräsident Guido Albisetti, der über 80 Unterstützungsgesuche an Stiftungen, Vereine und Einzelpersonen verschickt hatte. ‹Haus der Religionen ohne Religionen?›, titelte denn auch die ‹Berner Zeitung› leicht resigniert.

Doch dann nahm das im Zusammenhang mit dem ‹Haus der Religionen› schon früher beschworene ‹zweite Wunder von Bern› seinen eigentlichen, unverhofften Lauf. Den Anstoss gab die Verleger-Witwe Ursula Streit, welche nicht nur aus der Familienstiftung drei Millionen Franken für das Projekt zur Verfügung stellte, sondern zudem in einem Offenen Brief einen flammenden Appell an andere potenzielle Geldgeber richtete, das ‹einmalige Projekt›, welches Zeichen setze für die Schweiz und Europa, nicht aus finanziellen Gründen scheitern zu lassen. Seitens des Vereins ‹Haus der Religionen – Dialog der Kulturen› wurde eine eigene Sammelaktion lanciert, welche eine ungeahnte Solidarität weckte und Dutzende von Zusagen von Privatpersonen und Institutionen in der Gesamthöhe von gut 1,2 Millionen Franken einbrachte. Die Parlamente der Katholischen und Reformierten Gesamtkirchgemeinden Bern sprachen langfristige Darlehen von je einer Million Franken, so dass die Schlagzeilen wieder Optimismus ausstrahlten (‹Millionen herbeigezaubert›) und an der Jahresversammlung vom 14. Juni 2011 verkündet werden konnte: ‹Das Bauprojekt am Europaplatz ist auf der Zielgeraden›. Der Endspurt stand aber noch aus. Nach anfänglichem Zögern genehmigte dann der Grosse Burgerrat der Burgergemeinde Bern im Herbst einen Beitrag von 0,9 Millionen Franken, um so ‹zu einer friedlichen Koexistenz der Religionen in einer immer vielfältiger werdenden Gesellschaft› beizutragen, wie er verlauten liess. Damit kam es zum finalen Showdown im Kantonsparlament. Der vom Regierungsrat beantragte Kredit von 2,2 Millionen Franken aus dem Lotteriefonds war im Vorfeld des Entscheids nicht unbestritten. In einem Interview mit dem ‹Bund› warnte Guido Albisetti vor einer Kürzung des Betrags, wie ihn die SVP beantragen wollte. Eine solche wäre ‹fast noch schlimmer› als ein Nein, da sie faktisch dieselbe Wirkung hätte, ‹doch kei-

Bauart-Architekten haben für das ‹Fête KultuRel› am Steigerhubel Modelle und Infotafeln zu den Weltreligionen und dem geplanten ‹Haus der Religionen› erstellt. Sie bilden eine nachhaltige Projektgrundlage.

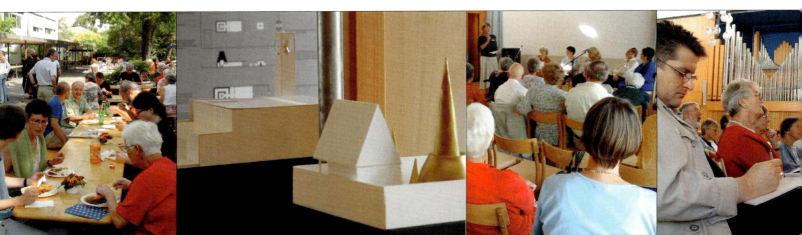

ner übernähme die Verantwortung›. Am Nachmittag des 1. Dezember 2011 behandelte der Grosse Rat des Kantons Bern das Geschäft als letztes des Jahres. ‹Das Haus der Religionen rettet nicht gerade den Weltfrieden, aber zusammen reden ist sicher immer besser als einander die Köpfe einschlagen›, fasste der Sprecher der Finanzkommission deren Haltung zusammen. ‹Das Ganze ist ein kleines Pulverfass›, warnte dagegen der SVP-Sprecher. Er wurde aber nur von der EDU und einzelnen Mitgliedern anderer Fraktionen unterstützt, während sich FDP, BDP, CVP, EVP, SP und Grüne mehrheitlich für die Vorlage aussprachen. Der Kürzungsantrag der SVP wurde denn auch mit 80 zu 52, bei zwei Enthaltungen, abgelehnt, worauf sich der Rat mit 78 zu 49 Stimmen, bei fünf Enthaltungen, für den Kredit entschied. Ein farbiges Transparent mit der Aufschrift ‹Hurra! Es wird gebaut!› wurde darauf am Rathaus aufgehängt, und mit einem spontanen Fest auf dem Rathausplatz gaben Initianten und unterstützende Politiker ihrer Erleichterung Ausdruck. Am nächsten Tag fand die ‹Berner Zeitung› die passende Schlagzeile: ‹Das Haus der Religionen ist abgesegnet.› In dem Artikel sprach Stadtpräsident Alexander Tschäppät von einem ‹Freudentag für die Stadt Bern›.

Arbeit beginnt bei Null — 2012

Zehn Jahre nach der Gründung des Vereins ‹Haus der Religionen – Dialog der Kulturen› sind damit aber erst die Voraussetzungen geschaffen, dass das Experiment überhaupt gestartet werden kann. Mit der erfolgreichen Finanzierung beginnt die Arbeit wieder bei Null. Der Spatenstich am Europaplatz vom 27. Juni 2012 bildet den Auftakt zur Realisierungsphase, in der die einzelnen Religionsgemeinschaften wie auch der Verein erneut stark gefordert sein werden.

Schülerinnen aus Wil im Kanton St. Gallen berichten von ihren Erfahrungen des Zusammenlebens. Grazy David führt auf seine Art Protokoll.

Die Weltreligionen

Die Aleviten – Dreiklang Natur, Mensch, Welt

Cemal Tunc

Das Alevitentum ist während eines jahrhundertelangen Prozesses entstanden. Dieser begann, nachdem der Islam in die Weltgeschichte trat. Jedoch gibt es kein zentrales Ereignis wie etwa die Geburt Christi oder die Offenbarung Mohammeds. Somit erklärt weder ein genaues Datum noch ein bestimmtes Geschehen die Entstehung des Alevitentums.

Einige historische Überlieferungen schreiben die Geburtsstunde des Alevitentums Ali Bin Talibs Kampf um die Herrschaft über das Kalifat in der Nachfolge Mohammeds zu. Ali war sein Schwiegersohn. Aufgrund dieser traditionellen Erzählungen sehen sich die Aleviten als Anhänger Alis. Obwohl der Kult von Ali und seinen Nachkommen (zwölf Imame) einen zentralen Platz in der alevitischen Glaubensrichtung einnimmt, erhält er eine andere Bedeutung, als er im Islam innehat. Das Gleiche gilt auch für andere islamische Glaubenselemente.

So ist beispielsweise Ali für die sunnitischen Muslime der vierte Kalif der muslimischen Herrschaft. Die Schiiten hingegen sehen in ihm den einzigen Führer, ihren Imam, der nach dem Tod Mohammeds die Deutung des Korans sicherstellen konnte. Die Aleviten wiederum halten den von ihnen verehrten Ali für den Ausdruck Gottes auf Erden. Für einige alevitische Gemeinschaften ist er sogar Gott selbst.

Das Alevitentum kennt neben dieser mit dem Islam verbundenen Beziehungsebene viele andere Einflüsse. Sie stammen aus Zoroastrismus, Buddhismus, Hinduismus, Schamanismus, Christentum, Manismus oder verschiedenen Naturreligionen.
Alle diese Elemente sind Teil der alevitischen Philosophie und Religion. Neben den Einflüssen verschiedener Religionen gibt es zwei weitere wesentliche Grundlagen, die zum Verständnis des Alevitentums gehören.

Einerseits sind das verschiedene mittelalterliche Bewegungen, die ein auf Gleichheit basierendes soziales System anstrebten. Diese Bewegungen begannen mit den Mazdeken (5. Jahrhundert), gefolgt von den Khurremiden (9. und 10. Jahrhundert) und Baba Ilyas (13. Jahrhundert) bis hin zu Schach Bedrettin (15. Jahrhundert). Gemeinschaften verschiedener ethnischer Herkunft, die das Alevitentum bildeten, waren Teil dieser Bewegungen und engagierten sich für ihre politischen Ziele. Sie waren nach deren Unterdrückung jahrhundertelang den Repressionen meist islamischer Herrscher ausgesetzt und mussten während dieser Zeit stark leiden.

Impressionen ‹Fête KultuRel›

Andererseits ist es der Neoplatonismus, der das Alevitentum stark prägt. Er ordnete die verschiedenen Glaubenselemente des Alevitentums in eine Systematik ein.

Nach neuplatonischer Auffassung gibt es eine Transzendenz und einen perfekten Urzustand, aus welchem sich das ganze Universum ausdehnt. Der Transzendenz entströmt der Weltgeist, aus welchem wiederum die Weltseele entspringt. Wenn sich diese mit Materie verbindet, gerät sie in Gefangenschaft, weil die Materie verzerrt und schmutzig ist, während die Seele rein und unverdorben ist. Die Seele muss sich deshalb von der Materie befreien und wieder das Ideal erreichen, um Wohlbefinden zu erlangen.

Auf drei Grundlagen basiert das alevitische Verständnis von Natur, Mensch und Welt. Von ihm leiten sich folgende Vorstellungen ab:

Das Gottesbild

Nach alevitischem Glauben sind das ganze Universum und die Menschen eine Manifestation Gottes. Gott steckt auch mitsamt seiner Seele in allen Menschen. Es ist das Heilsziel der Aleviten, die Seele vom Körper zu befreien und sich mit Gott zu vereinen. Um dieses Ziel zu erreichen, gibt es einen vorgeschriebenen Weg.

Das Heilsziel

Um das Heilsziel zu erreichen, muss der Gläubige vier Pforten durchschreiten. Die erste Pforte ist die soziale Ordnung (Sharia). Ein Alevit muss sich dieser anpassen, ihn leiten drei Gebote: Hüte die Reinheit deiner Hände (kein Verbrechen begehen), hüte die Reinheit deiner Zunge (nicht lügen, verleumden oder lästern), hüte die Reinheit deiner Lenden (keine illegitime sexuelle Beziehung haben).

Die zweite Pforte ist der mystische Pfad (Tarikat). Der Gläubige muss anstreben, das Interesse an materiellem Reichtum zu verlieren und sich geistigen Werten zuzuwenden. Mit dieser Haltung kann er die Leiden der Menschen erkennen, daran Anteil nehmen, den Menschen helfen und dienen. Die dritte Pforte ist das Tor der Erkenntnis (Marifet). Hier wird versucht, sich Gott anzunähern. Der Gläubige verbindet sich durch seine eigene Seele mit Gott und ist dadurch im Stande, mit ihm zu kommunizieren und die göttliche Seele in sich zu fühlen.

Die vierte Pforte ist das Tor der Wahrheit (Hakikat). Hier erlangt man die Wahrheit und erreicht die Vollkommenheit. Man vereinigt sich mit Gott und wird selbst zu Gott, denn für Aleviten ist es nach einem ihrer Lehrer, Hallac Mansur, möglich,

Impressionen ‹Fête KultuRel›

das Heilsziel bereits in diesem Leben zu erreichen. Das bedeutet für manche Aleviten, schon in dieser Welt in den Himmel einzutreten.

Das Jenseits
Nach alevitischem Glauben überlebt die Seele den irdischen Tod. Ist sie rein, vereinigt sie sich wieder mit Gott (Hakka yürü-mek, türkisch zu Gott gehen). Für die unreine Seele gibt es, je nach gemeinschaftlicher Interpretation, unterschiedliche Wege. Die einen glauben, die unreine Seele gehe durch Wiedergeburt zu einem anderen Menschen über, um weiter zu leiden. Andere Gemeinschaften sind der Überzeugung, dass die unreine Seele im Jenseits leidet und mit Sehnsucht auf die Vereinigung mit Gott wartet.

Das Verhalten gegenüber anderen
Aleviten glauben, dass alle Menschen und Geschöpfe eine Manifestation Gottes sind und demgemäss Gott allen Lebewesen innewohnt. Ungeachtet ihrer ethnischen, religiösen und geschlechtlichen Zugehörigkeiten sind bei den Aleviten alle Menschen gleichberechtigt und gleichermassen verehrungswürdig. Diskriminierendes Verhalten gegenüber Einzelnen oder ganzen Gemeinschaften ist bei den Aleviten unzulässig. So lehnen sie auch den Anspruch auf den Besitz der absoluten Wahrheit ab. Diese liegt nur bei Gott, und jedes Individuum hat die Möglichkeit, den Weg dorthin selbst zu finden. Nach alevitischem Glauben kann ein Mensch die Nähe eines anderen Menschen zu Gott nicht beurteilen. Die Aleviten glauben, dass auch andere Glaubensgemeinschaften die Wahrheit erlangen können. Darum sind ihnen die Heiligen anderer Religionen auch heilig.

Die Aleviten weltweit
Auf der Welt gibt es rund 25 Millionen Anhänger des alevitischen Glaubens. Davon leben schätzungsweise 20 Millionen in der Türkei, welche die Aleviten jedoch nicht als offizielle Glaubensgemeinschaft anerkannt hat. Zwei bis drei Millionen Aleviten haben sich in Teilen Kurdistans und des Iraks angesiedelt. Zudem gibt es auch kleine alevitische Gemeinschaften, die in verschiedenen Gebieten des Irans und Aserbaidschans leben. Die Gläubigen dieser Länder werden diskriminiert und gezwungen, sich der vorherrschenden Religion anzupassen. In Europa leben ungefähr eine Million alevitische Migranten, davon zirka 30 000 in der Schweiz. Sie sind relativ gut in der Gesellschaft integriert.

Die Gärtner der gewerblich-industriellen Berufsschule Bern haben für sechs Religionen unterschiedliche Kirschbäume gepflanzt.
Für einige Jahre schmücken die Bäume den Pausenhof.

Die Bahá'í – Die Menschheit, eine Familie

Stefan Maurer

Für meine Fotoarbeiten habe ich eine Einladung in die Bahá'í-Gemeinde Bern erhalten. Auf meinen Reisen war ich schon Menschen dieses Glaubens begegnet und wusste von ihrer schwierigen Lage im Iran, die bis heute andauert. Überraschend war ich hier in Bern auf ihre Spur gekommen und machte mich an einem Novembertag auf, um bei einer Bahá'í-Familie den Geburtstag Bahá'u'lláhs zu feiern.

Zur Geschichte der Bahá'í

Es gibt über fünf Millionen Bahá'í, die sich aus mehr als zweitausend ethnischen Gruppen zusammensetzen. Vom Ursprungsland Iran abgesehen, leben sie vor allem in Indien, Schwarzafrika und Südamerika. In der Encyclopædia Britannica ist die erst 160 Jahre junge Religion als sechste Weltreligion aufgeführt, neben Hinduismus, Buddhismus, Judentum, Christentum und Islam.

Zwei Hauptfiguren stehen im Vordergrund der Ursprungsgeschichte der Bahá'í. Sayyid Ali Muhammad (1819 bis 1850), genannt ‹Bab› (arabisch ‹das Tor›), und sein führender Anhänger, Mirza Husayn Ali (1817 bis 1892), genannt ‹Bahá'u'lláh› (was auf arabisch die ‹Herrlichkeit Gottes› bedeutet).

Die Geschichte der Bahá'í ist, wie bei vielen anderen Religionen auch, zuerst eine Verfolgungsgeschichte. Die ersten Spuren der Bahá'í werden heute um das Jahr 1844 in Persien geortet. Dieses Jahr gilt im Kalender der Bahá'í als Jahr eins. In diesem Jahr wurde Bahá'u'lláh ins Gefängnis geworfen und lebte danach die letzten 40 Jahre seines Lebens in Verbannung. In Bagdad, seinem ersten Verbannungsort, erhob er 1866 öffentlich den Anspruch, der verheissene Offenbarer zu sein, und stiftete zusammen mit den ersten Anhängern die Bahá'í-Religion. Bahá'u'lláhs Verbannung aus Persien führte ihn danach über Edirne und Istanbul weiter zur letzten Station seines langen Exils in die Festungsstadt Akko im heutigen Israel. Dort, am Ort seiner Grabstätte, befindet sich heute das geistige Zentrum der Bahá'í-Gemeinde.

Ein besonderes Geburtstagsfest

An einem Novembertag treffen sich ungefähr zwanzig Bahá'í in einem Privathaus in Boll bei Bern. Sie feiern gemeinsam den Geburtstag des Religionsstifters Bahá'u'lláh. «Das Ridván-Fest und der Geburtstag Bahá'u'lláhs sind die beiden wichtigsten der neun Feiertage in der Bahá'í-Religion», sagt Almut Papkalla und erklärt weiter: «Ein Fest besteht bei uns in der Regel aus drei Teilen: aus Gebeten, Gedankenaustausch und geselligem Beisammensein.»

‹Fête KultuRel› Steigerhubel mit Friedensfahnen, dem Jugendsinfonie-Orchester und Folkmusik.

Sobald alle Gäste versammelt sind, beginnt die Feier mit von Musik unterlegten Zitaten aus den Schriften der Bahá'í. Der Laptop zur Wiedergabe der DVD steht auf dem Kaminsims neben brennenden Kerzen und einem Portrait von 'Abdu'l Bahá, ältester Sohn des Religionsstifters und massgebender Ausleger seiner Schriften. Nach der DVD-Vorführung singt der Sohn der Gastgeberfamilie Gebete aus einer Bahá'í-Schrift. Anschliessend wird ein Buch herumgereicht. Einige der Anwesenden lesen daraus abwechselnd Geschichten vor.

Der Ablauf ist frei gestaltet, es gibt keine vorgegebenen Formen für Gebet, Lesungen oder andere Aktivitäten. Auch gottesdienstliche Rituale gibt es nicht. In den Häusern der Andacht der Bahá'í wird aus den Heiligen Schriften aller Weltreligionen rezitiert. Der Kultus wurde von Bahá'u'lláh auf ein Minimum beschränkt und lässt viel individuellen Gestaltungsfreiraum. Die Bahá'í sehen das als Teil des universellen Charakters ihrer Religion.

Es beginnt der gesellige Part des Festes: Ein Ehepaar macht Musik. Er ist Amerikaner, spielt Gitarre, sie ist Schweizerin, singt dazu. Die Lieder sind so vielfältig wie die Menschen, die sich versammelt haben. Lieder der Bahá'í und solche mit arabischen Texten, ‹Alláh'u'Abhá›, das jüdische ‹Schalom Chaverim›, ‹When The Saints Go Marchin' in›, auch Mani Matters ‹Dr Sidi Abdel Assar vo El Hama›, und am Schluss sogar eine Hymne auf das ‹Chuchichästli›. Anschliessend wird zusammen gegessen. Dazu erklärt Almut Papkalla: «Das gemeinsame Essen ist ebenso wichtig wie andere Aktivitäten. Das kommt daher, dass die Bahá'í aus einem orientalischen Land stammen, wo Gastfreundschaft und das gemeinsame Essen wichtige Teile der Kultur darstellen.» Nach Essen und Kaffee werden im Wohnzimmer die Stühle beiseitegestellt um zu tanzen. Um 23 Uhr verabschieden sich die Gäste, Bahá'u'lláhs Geburtstagsfest ist zu Ende.

Immer wiederkehrende Gottesoffenbarung

Die Religion der Bahá'í lehrt eine ‹fortschreitende Gottesoffenbarung›. Gott offenbare sich der Menschheit nicht einmalig, sondern progressiv, zyklisch wiederkehrend. Gott schickt den Menschen innerhalb bestimmter Zeiträume göttliche Erzieher, um sie zur Reife zu entwickeln.

So seien alle grossen Religionen göttliche Stiftungen und ihre heiligen Bücher Zeugnisse der Wahrheit, die aus derselben Quelle stammen. Nach dem Glauben der Bahá'í ist Bahá'u'lláh der jüngste dieser göttlichen Erzieher, aber nicht der letzte.

2005

Zusammen mit der Hochschule Soziale Arbeit kann erstmals ein Jahreskurs ‹Moderation und Mediation im interreligiösen Dialog› durchgeführt werden. Die Teilnehmenden kommen aus allen nur denkbaren religiösen, kulturellen und auch sozialen Richtungen, andauernde Freundschaften entstehen.

Bilder: Franziska Scheidegger

Mit den zahlreichen Originalschriften Bahá'u'lláhs besitzen die Bahá'í eine eigene zentrale Offenbarungsquelle. Seine Gebote sollen die Grundlage für eine funktionierende Gesellschaft bilden und dazu führen, dass «dem Körper dieser Welt eine lebendige Seele geschenkt wird und dieses zarte Kind, die Menschheit, zur Stufe der Reife gelangt».

Schöpferischer Antrieb und Ursache allen Seins sei die göttliche Liebe. Als ‹erstes Gebot der Religion› bezeichnete 'Abdu'l Bahá, der Sohn des Religionsstifters, die Nächstenliebe. Religion, die zu Zwietracht führt, verfehle ihren Zweck. In diesem Fall sei es besser, ohne sie zu leben.
Der zentrale Gedanke der Einheit manifestiert sich auf drei Ebenen: in der Einheit Gottes, in der mystischen Einheit der Religionen und in der Einheit der Menschheit. 1912 strich 'Abdu'l Bahá in Ansprachen in Paris die elf folgenden Prinzipien aus den Lehren Bahá'u'lláhs besonders heraus.

Diese elf ethischen Grundsätze bilden das Gerüst der Bahá'í-Lehre. Die Gläubigen versuchen, diese im täglichen Leben umzusetzen.

«Wir sind hier, um die Welt ein bisschen besser zu hinterlassen, als wir sie vorfanden.» Sagt Almut Papkalla, Mitglied des Lokalen Geistigen Rates der Bahá'í-Gemeinde Bern, im Laufe des Abends. Beeindruckt von der Herzlichkeit, dem Engagement und der bewegten Geschichte dieser vergleichsweise jungen Religion kehre ich in meine Welt zurück.

I.	Suche nach Wahrheit
II.	Einheit der Menschheit
III.	Religion soll Liebe und Zuneigung hervorrufen
IV.	Die Beziehung zwischen Religion und Wissenschaft
V.	Überwindung der Vorurteile
VI.	Gleiche Daseinsmöglichkeiten
VII.	Gleichheit der Menschen vor dem Gesetz
VIII.	Universaler Friede
IX.	Religion soll sich nicht mit Politik befassen
X.	Gleichstellung der Geschlechter – Erziehung
XI.	Die Kraft des Heiligen Geistes

Der Hindutempel ist der klärungsbedürftigste Ort für das künftige ‹Haus der Religionen›. Hier ereignen sich spannende Begegnungen — bei der Vorstellung des Bauvorhabens und bei Besuchen von Gruppen. *Grosses Bild:* Bauart-Architekt Stefan Graf.
Bilder: 1 bis 3: Stefan Maurer

Die Buddhisten – Vielfalt, Pfade und Siegel

Marco Genteki Röss, Bhante Anuruddha

Für die tamilischen Hindus in Bern ist das Jahresfest ein Grossereignis, welches aus der weiten Umgebung Menschen anzieht. Wer in der Nachbarschaft des Tempels wohnt, baut entlang der Umzugsroute eine kleine Andachtsstätte auf und bewirtet die Vorbeiziehenden mit einer kleinen Erfrischung.
Grosses Bild: Fabian von Unwerth

Auf die Frage, welchem spirituellen Lehrer man glauben solle, antwortete der Buddha: «Wenn ihr irgendwelche Lehren hört, dann glaubt sie nicht, nur weil ihr sie gehört habt und weil sie überliefert wurden oder weil andere dieser Meinung sind. Glaubt nicht, nur weil es in heiligen Schriften steht oder weil es sich logisch und vernünftig anhört. Vertraut keinen erdachten Theorien und auch nicht dem, woran viele glauben. Nehmt nicht nur das an, was euch persönlich gut gefällt oder was ein spiritueller Meister gesagt hat.
Wenn ihr selbst erkennt, dass eine Lehre unheilsam ist, weil sie, wenn man sich danach richtet, zu Unheil und Leiden führt, dann sollt ihr sie lassen. Wenn ihr aber eine Lehre als heilsam erkennt, weil sie zu Glück und Wohl führt, wenn man sich danach richtet, dann sollt ihr sie annehmen.»

Die Vielfalt des Buddhismus

Früh nach dem Tod des historischen Buddha bildeten sich mindestens achtzehn verschiedene Lehrrichtungen. Unter dem Druck von Hinduismus und Islam starb der Buddhismus jedoch gegen Ende des ersten Jahrtausends nach Christus in seinem Ursprungsland Indien praktisch aus. Erst durch den demonstrativen Übertritt 1956 von Bhimrao Ramji Anmbedkar, dem ersten Justizminister Indiens, aus der Kaste der Unberührbaren zum Buddhismus, nahm er in Indien wieder zu.

Der Buddhismus wird heute in die drei Hauptrichtungen Theravada, Mahayana und Vajrayana unterteilt, wobei der Vajrayana auch als Teil des Mahayana angesehen wird.

Der Theravada-Buddhismus (Weg der Älteren) ist vornehmlich in Sri Lanka, Burma, Thailand, Laos, Kambodscha anzutreffen. Hier gilt eine starke Betonung der monastischen Praxis und Einhaltung der Regeln. Laien (Haushalter genannt) können die Erlösung vom Leiden nicht direkt erlangen. Sie müssen durch gute Lebensführung Verdienste ansammeln, um im nächsten Leben als Mönch (Hausloser) die Erlösung zu erlangen.

Der Mahayana-Buddhismus (Grosses Fahrzeug) verbreitete sich in China, Vietnam, Korea, Japan, Tibet und der Mongolei. Er spricht die Möglichkeit, das Nirvana zu erreichen, allen Menschen zu. In einem Teil der Mahayana-Richtungen entstanden mit der Zeit zahlreiche transzendente Buddhas und Bodhisattwas, die als übermenschliche Kräfte verehrt und um Hilfe gebeten werden.

Bei der Lehre des Vajrayana-, Tantrayana-Buddhismus (besonders Tibet, Nepal, Butan, Mongolei)

handelt es sich um Richtungen, die auch esoterische Praktiken wie Gesten (Mudras), Mandalas, kraftgeladene Worte (Mantras) und die Visualisierung von Gottheiten verwenden.

Die im Westen wohl bekannteste Mahayana-Schule ist der Chan-Buddhismus. Chan (japanisch Zen) ist ein reformatorischer Buddhismus, der im 6. Jahrhundert angeblich vom indischen Mönch Bodhidharma im chinesischen Shaolin-Kloster gegründet wurde. Chan wandte sich gegen den Schriftgelehrten- und Glaubensbuddhismus jener Zeit und stellte die Praxis der Meditation wieder in den Mittelpunkt (Chan, Sanskrit Dhyana, bedeutet Meditation).

Eine Besonderheit des Chan ist die Pflicht zur Arbeit, die auch als meditative Praxis verstanden wird. Chan-Klöster wurden so grösstenteils zu Selbstversorgern, was vielen während der chinesischen Buddhisten-Verfolgung im 9. Jahrhundert die Existenz sicherte.
Chan ist auch in Vietnam (als Thien) und Korea (als Seon) stark vertreten.

Die Schulen des Reinen Land-Buddhismus verehren den transzendenten Buddha Amitabha, der allen, die ihr Vertrauen auf ihn setzen, die Wiedergeburt in seinem westlichen Paradies ermöglicht. Nach den Buddhisten-Verfolgungen Chinas im 9. Jahrhundert war es neben dem Chan besonders der Amida-Buddhismus, der überlebte und als beim Volk populäre Form zu einer vorherrschenden Tradition in China wurde. Auch in Japan ist er heute noch als Jodo- und Jodoshin-Buddhismus weit verbreitet.

Einige Mahayana-Richtungen überlebten bis heute in Japan, aber verschwanden aus China durch diverse Buddhisten-Verfolgungen. Dazu gehört der Tien-tai-Buddhismus (japanisch Tendai vom 9. Jahrhundert an) und der Nichiren-Buddhismus, die beide das Lotos-Sutra in den Mittelpunkt ihrer Praxis stellen. Aus dem Nichiren heraus bildete sich 1930 eine Laiengruppe namens Soka Gakkai, die in Japan auch politischen Einfluss besitzt. Der ebenfalls in Japan praktizierte Kegon-Buddhismus sieht das Kegon-kyo (Blumengirlanden-Sutra) als wichtigsten Text an.

Erst sehr spät (im 8. Jahrhundert nach Christus) schaffte es der Buddhismus in der Form des Vajrayana bis nach Tibet, wo er im Zusammentreffen mit dem dortigen Schamanismus seine spezielle Ausprägung erhielt, die sich weiter bis in die Mongolei verbreitete.
Der tibetische Buddhismus ist in viele Schulen aufgeteilt. Als Mi-Tsung-Schule kam der Vajraya-

Die Menschenrechtsaktivistin Anne-Marie Im Hof-Piguet (grosses Bild rechts) verbindet mit dem ‹Haus der Religionen› ihre Hoffnung, dass sich auf diesem Weg doch ihre Schule der Menschenrechte in anderer Form verwirklichen lässt. Ihre Lebensgeschichte bewegt und sie führt zu Exkursionen in den französisch-schweizerischen Jura rund um die Ortschaft Chapelle-des-Bois.

na auch nach China, wo er aber nur ein Jahrhundert überdauerte. In Japan wird diese Richtung als Shingon bezeichnet und ist dort seit 823 als eigenständige Schule anerkannt.

Heute ist der Buddhismus auch im Westen angekommen. Auf engstem Raum treffen hier erstmals alle buddhistischen Lehrrichtungen mit den verschiedensten kulturellen Hintergründen aufeinander. Die Zukunft wird zeigen, was für neue Formen daraus entstehen.

Verbindende Grundsätze im Buddhismus

Die buddhistische Vielfalt scheint unüberblickbar zu sein, wurzelt jedoch in wenigen Grundsätzen. Was nicht unseren Wünschen entspricht, ist schwer zu ertragen. Diese Unzufriedenheit wird als Dukkha bezeichnet und auf Deutsch als ‹Leiden› übersetzt. Aber nicht unsere Lebensumstände sind Leiden, sondern es ist die Reaktion unseres selbstzentrierten Geistes. Das Ziel Buddhas war es, einen Weg zur Überwindung von Dukkha zu finden, damit alle Lebewesen glücklich sein können. Alle buddhistischen Lehren und Praktiken sind auf dieses Ziel ausgerichtet.

In seiner ersten Lehrrede fasste der historische Buddha seine Erkenntnis in den Vier Edlen Wahrheiten zusammen.

Die Wahrheit von der Existenz des Leidens (Dukkha: ‹schwer zu ertragen›, ‹Unbefriedigtheit›).
Die Wahrheit von den Ursachen des Leidens (Hass, Gier und Illusionen/Unwissenheit).
Die Wahrheit von der Möglichkeit, das Leiden zu beenden.
Die Wahrheit vom Weg dazu (Achtfacher Pfad).
Der edle achtfache Pfad dient als Richtschnur auf dem Weg der Leidbefreiung und besteht aus folgenden, sich gegenseitig bedingenden Teilen:
Rechte Anschauung – Rechtes Denken – Rechte Rede – Rechtes Handeln – Rechter Lebenserwerb – Rechte Anstrengung – Rechte Achtsamkeit – Rechte Sammlung.

Auf diesem Weg zum Glücklichsein steht uns die Illusion eines beständigen und unabhängigen Wesenskerns im Weg, da sich dieses *Ich* oder Ego dauernd bedroht oder benachteiligt fühlt. Buddha lehnte die Existenz eines solchen Selbsts oder einer Seele mit Verweis auf die Unbeständigkeit aller Dinge ab. Im Gegensatz zum damaligen Verständnis in Indien sprach er deshalb von Anatman (Nicht-Selbst):

Laut Buddha kann nur die Überwindung der *Ich*-Illusion zum dauerhaft leidfreien Geisteszustand des Nirvana führen.

Die Konzepte von Unbeständigkeit, Nicht-Selbst und Nirvana werden als die Drei Dharma-Siegel bezeichnet. Jede Lehre, die diese drei Siegel ausser Acht lässt, wird nicht als authentische Lehre des Buddha betrachtet.

Für das Wissenschaftsfestival ‹science et cité› entstehen in der Französischen Kirche Bern zwölf Geschichten zum sozialen, religiösen und politischen Wandel durch die Jahrhunderte. Die Zuwanderung der Hugenotten ist genauso ein Thema wie die Etablierung des Islams in der Schweiz. Muslime hatten übrigens lange vor den Hugenotten ihre Füsse in der Eidgenossenschaft, wer hätte das gedacht.
Grosses Bild: Der Verein ‹Haus der Religionen› im Wallis unterwegs zum Pass der Mauren (Monte Moro).

Die Christen – Reise nach Jerusalem

Abebaw Hunegnaw

Die Begegnungen innerhalb der eigenen Religion sind im Rahmen des Projektes ‹Haus der Religionen – Dialog der Kulturen› ähnlich spannend wie die interreligiösen Erfahrungen. Im praktischen, gemeinsamen Vorhaben erprobt sich dabei nicht nur das Miteinander von Katholiken und Reformierten, sondern auch die Zusammenarbeit mit den kleinen Gruppen der Lutheraner, Methodisten oder Herrnhuter. Türen öffnen sich zusätzlich zu den Gruppen orthodoxer Kirchen Osteuropas und darüber hinaus zu den orientalischen Kirchen Asiens und Nordafrikas, alle sind sie in Bern zuhause. Was Konzilen vor langer Zeit trennte, findet heute im ‹Haus der Religionen› zusammen.

Einen Schwerpunkt der zwölf Tische stellt das Bibel+Orient-Museum aus Fribourg. Unter der Regie von Thomas Staubli wird die Aufgabe der vertikalen Ökumene vorgestellt, die an der Aufarbeitung der Verwerfungsgeschichten zwischen kanaanäischer Kultur und Judentum, Judentum und Christentum sowie Christentum und Islam interessiert ist.
Grosses Bild:
Franziska Scheidegger

Ich bin in Bichena aufgewachsen. Das ist ein kleiner Ort im Norden der äthiopischen Hauptstadt Addis Abeba. Es ist ein langer Weg, der mich vom Ort meiner Geburt hierher nach Bern geführt hat. Leider geschah das auch nicht freiwillig, denn meine Heimat wurde von Krieg und Gewalt erschüttert. Als ich dreissig Jahre alt war, musste ich fliehen, das war 1993. Damals hatte ich gerade begonnen, mich ein wenig für meine Kirche zu interessieren, die äthiopisch-orthodoxe. Aber eigentlich beschäftigte mich das damals noch nicht sehr, denn ich war ja von Kindesbeinen an mit den Bräuchen der Kirche aufgewachsen. Das gehörte einfach zu unserem Alltag, da stellte man nicht so viele Fragen.

Auf der Flucht aus meinem Heimatland gelangte ich zuerst nach Israel. Dort lebte ich drei Jahre lang in Talpiot, einem Stadtteil von Jerusalem in Richtung Bethlehem. Ich fand Aufnahme in der Auferstehungskirche und lebte fünf Jahre in der äthiopischen Gemeinde. Natürlich war dies eine ganz besondere Erfahrung, an dem heiligsten Ort der Christenheit eine so lange Zeit verbringen zu dürfen. Hier, wo Christus zu Grabe gelegt wurde und für uns noch wichtiger, auferstanden ist, lernte ich so viele unterschiedliche christliche Konfessionen kennen. Ich erlebte die Touristen aus Westeuropa und die Pilgerinnen aus Griechenland und feierte mit sehr vielen unterschiedlichen Menschen aus der ganzen Welt das Weihnachts- und das Osterfest.

Jetzt hatte ich Gelegenheit, die Geschichte meiner eigenen Kirche genauer kennen zu lernen. Sie heisst ja richtig äthiopisch-orthodoxe Tawahedo-Kirche. Tawahedo bedeutet ‹Einheit› und meint die unauflösbare Einheit der beiden Naturen Christi. Darüber waren ja die Christen in den frühen Konzilen in Streit geraten und entwickelten sich so auch nach dem Konzil von Chalcedon unterschiedlich. Von unserem Denken her sind

wir eher mit den Kopten oder den orientalisch-orthodoxen Kirchen verwandt als mit den orthodoxen Kirchen Europas. Wir sind aber auch stolz auf eine noch vor der Entstehung des Christentums zurückgehende Überlieferung, die uns ganz tief mit dem Judentum verbindet. Meine Kirche bewahrt die Bundeslade auf, jenes jüdische Heiligtum, in dem die beiden Steintafeln mit den Zehn Geboten enthalten sind, die einst Mose von Gott mitgeteilt erhalten hatte. Diese Bundeslade kam vielleicht schon viele Jahrhunderte vor Christi Geburt nach Äthiopien und wird in einer Kirche in Auxum aufbewahrt. Viele sagen, diese Geschichte sei eine Legende, aber wenn man sieht, wieviele Traditionen des Judentums bei uns lebendig geblieben sind, ist meiner Überzeugung nach schon sehr viel Wahres daran. Wir sind auch stolz darauf, dass sich unsere Kirche aus den ersten Anfängen der Christenheit heraus entwickelt hat. In den übrigen afrikanischen Ländern ist ja die Christianisierung verbunden mit den kolonialen Eroberungen. Das ist bei uns nicht so. Neben der weit zurückreichenden liturgischen Tradition weisen auch die berühmten Felsenkirchen von Lalibela auf unsere lange Geschichte hin. Vor über 800 Jahren entstanden, ist der Ort unser neues Jerusalem, mit verschiedenen Kirchen, ganz aus dem Fels, aus Monolithen gehauen. Die Landschaft und die Gebäude tragen biblische Namen, so gibt es dort Golgatha, Bethlehem und den Jordan. Gerne hätte ich diesen Ort einmal besucht, wie die vielen Pilger, die jährlich dorthin kommen. Ob ich das einmal erleben werde?

Das beschäftigt mich manchmal. Da ist mein kleines Leben, welches ich mit meiner Frau und meinen drei Kindern führe. Und da ist auch die Geschichte meiner Kirche, die durch so viele Jahrhunderte reicht, als sei die Zeit ein endloses Meer. Beides ist trotz der Unterschiede wie ein Teppich miteinander verwoben. Schon vor so langer Zeit sind Menschen aus Äthiopien in den Norden gereist und haben andere Kulturen und Religionen kennen gelernt. Andere sind in umgekehrter Richtung unterwegs gewesen, haben Schätze gesucht, Handel getrieben und die Geheimnisse meines Landes studiert. Spannende Geschichten erzählen wir uns weiter, wie jene von der Königin von Saba und Salomon, oder jene mit der Bundeslade; ich bekomme Ehrfurcht, wenn ich daran denke. Auf den Wegen der grossen alten Geschichten bin ich gereist. Von Äthiopien kam ich nach Jerusalem, und wie Paulus oder die ersten Wandermönche bin auch ich nach Europa geraten, hierher in die Schweiz. Als ich in Israel keine Aufenthaltsbewilligung erhielt, gelang es mir, als Geschäftsmann in die Schweiz einzureisen. Hier erlangte ich den Flüchtlingsstatus und

2006

Im Atelier bei Gianni Vasari kommt einem die ganze Fülle des Farb- und Holzkünstlers entgegen. Die Idee für ein Kulturprojekt wird geboren. Zusammen mit einer Kleinklasse der BFF wird der Künstler Klangobjekte für das ‹Fête KultuRel› gestalten.

habe heute eine B-Aufenthaltsbewilligung. Ich bin in ein Land gekommen, in dem es sehr viele Kirchen gibt, nur ist keine darunter, die nach unserer orthodoxen Art gestaltet ist.

Ich bin ein einfacher Mensch, fast alles, was ich habe, sind meine Frau, meine Kinder – und mein Glaube. Sollte es so sein, dass ausgerechnet ich armer Mann den ganzen Reichtum meiner Religion in die Schweiz bringe? Als ich hierher kam, reiste ich zuerst nach Zürich, Genf und Lausanne, um mich mit meinen Landsleuten zu treffen und Gottesdienste zu feiern. Dann fand sich auch eine kleine Gruppe im Raum Bern. Wir kamen im Zentrum Karibu in Zollikofen zur Sonntagsschule zusammen, dann für zwei Jahre in der Villa Maria am Hirschengraben, bis wir seit 2006 unseren Platz in der Petruskirche fanden. Auch im Gemeindehaus Burgfeld sind wir regelmässig zu Gast, so können wir jeden Monat einen Gottesdienst nach unserer Tradition feiern.

Natürlich ist uns besonders wichtig, unseren Glauben auch an unsere Kinder weiterzugeben. So ist es ein grosses Ziel, ein Zentrum zu finden, in dem wir den Gottesdienstraum nach unserer Tradition einrichten, in Übereinstimmung mit den Lehren unserer orthodoxen Tewahedo-Kirche Unterricht erteilen, die Geschichte der äthiopischen Christenheit vermitteln und die amharische Sprache und Kultur weitergeben können. Aus diesem Grund beteiligen wir uns am Experiment einer Kirche im ‹Haus der Religionen› und freuen uns darauf, dort eine Ikonostase einzurichten. Wir haben durch Christen aus anderen Konfessionen viel Unterstützung erhalten. Gerne möchte ich sie zum Dank in einen festlich gestalteten Gottesdienst einladen. Es ist spannend, dass bei allen Unterschieden zwischen uns wir doch die Wege nach Jerusalem kennen, die uns im Glauben verbinden. Ich kenne jetzt beide Wege, den von Bichena in Äthiopien nach Jerusalem und den Weg von Jerusalem in die Schweiz. Vielleicht ist es meine Aufgabe, zwischen den Kulturen zu vermitteln und eine Brücke zu schlagen von der orthodoxen Tewahedo-Kirche zu den kirchlichen Traditionen der Schweiz.

Die Baumhölzer sind zugeschnitten, abgestimmt, von Jugendlichen gestaltet und vom Meister abgesegnet. Jetzt dienen sie als Instrumente für ein furioses Konzert der Perkussionisten. Auch Rabbiner Michael Leipziger weiss die Hölzer zu nutzen und verwendet sie als Kanzel.

Die Hindus – Suche nach Herkunft und Zukunft

Sasikumar Tharmalingam

Wie viele junge Tamilen war ich während des Bürgerkriegs allein in die Schweiz gekommen und fand mich als Fünfzehnjähriger in einem Jugendheim in Sumiswald wieder. Bis zur Volljährigkeit galten die Regeln des Hauses, nur an Wochenenden oder in Ferienzeiten war ein Treffen mit der tamilischen Gemeinschaft ausserhalb des Heimes möglich. In Sumiswald lernte ich meine tamilischen Kollegen kennen, die Freundschaft und das gemeinsame Interesse verbinden uns bis heute. Als Heranwachsende beschäftigte uns die Geschichte unserer Herkunft, der Konflikt in Sri Lanka, die Frage, wie wir in der Schweiz mit unseren tamilischen Wurzeln zurechtkommen können – und wir begannen zu fragen, was uns unsere Religion bedeutet.

Darum schlossen wir uns als kleine Gruppe zusammen. Neben mir waren dies Murali Thiruselvam, Tiliban Sanmugalingam, Shivaeerty Thillambalam und Surhes Shivalangam. Wir versuchen seither, unserer Geschichte auf den Grund zu gehen und unsere religiöse Tradition besser kennen zu lernen. Seit 1994 haben wir Texte gelesen, gemeinsame Studien betrieben, unser erstes Lokal an der Länggasse aufgebaut und uns auf Studienreisen nach Indien, Nepal und – nach dem Waffenstillstand 2001 – auch nach Sri Lanka begeben. Den Verein Saivanerikoodam haben wir im Jahr 2000 gegründet, auch mit der Absicht, unser Wissen weiterzugeben.

Besonders beschäftigte uns, dass viele junge Tamilen zu den Zeugen Jehovas abwanderten. Wir wollten darum unseren Landsleuten helfen, ihre eigenen Traditionen und Zeremonien besser zu verstehen. Denn inzwischen hatten wir gelernt, dass hinter jeder Handlung ein starker Bezug zur menschlichen Existenz, zur Natur und auch zu Erkenntnissen der Wissenschaft besteht. Schliesslich wurden wir auch von kirchlichen Kreisen angefragt, Informationen über die tamilische Form des Hinduismus zu vermitteln. Im Jahr 2005 haben wir für diese Arbeit den Preis der Fachstelle Migration der Reformierten Kirchen Bern–Jura–Solothurn erhalten.

In der Länggasse hatten wir eine kleine Wohnung gemietet, in der wir auf eigene Kosten eine kleine Tempelanlage einrichteten. Wir haben dies auch als ein Stück Emanzipation von den Strukturen der tamilischen Gesellschaft verstanden, in der zwar das Kastensystem nicht so massiv Geltung hat wie in Nordindien, aber doch der rituelle religiöse Bereich der Priesterschaft der Brahmanenfamilien vorbehalten ist. Ausserdem lag uns daran, die Rituale neben dem Sanskrit auch in tamilischer Sprache durchzuführen.

Ein besonderes Zusammenspiel bildet den Auftakt des ‹Fête KultuRel›. Mitarbeiter der Firma Blatter verlegen kostenlos ein grosses Sudoku-Spielbrett vor der Berner Synagoge. In ihr versammeln sich neben den jüdischen Gastgebern Christen, Muslime, Hindus und die Vertreter weiterer Religionen.
Grosses Bild: Gianni Vasari in seinem Atelier in Biel.

In dieser Form haben wir uns dann mit einem eigenen Tempelbereich zunächst im provisorischen ‹Haus der Religionen› an der Schwarztorstrasse und heute an der Laubeggstrasse weiter entwickelt. Im Januar 2010 hat uns der befreundete Verein des Murugen-Tempels das Mandat für die Ausgestaltung eines Hindutempels im Rahmen des Projektes ‹Haus der Religionen – Dialog der Kulturen› am Europaplatz Bern übergeben.

Um unsere Arbeit zu verstehen, ist es erforderlich, etwas zur Situation der Tamilen in der Schweiz zu wissen. Seit Mitte des 20. Jahrhunderts schwelte in Sri Lanka ein politischer Konflikt zwischen Singhalesen und Tamilen, der nach einem 26-jährigen Bürgerkrieg im Mai 2009 ein gewaltsames, vorläufiges Ende fand. Seit 1980 kamen sehr viele tamilische Flüchtlinge auch in die Schweiz, obwohl englischsprachige Länder wie England oder Kanada bevorzugt wurden. Heute leben in der Schweiz etwa 30 000 Tamilen.

In Sri Lanka bildet die erweiterte Familie mit Eltern, Kindern, Grosseltern und den verheirateten Töchtern mit ihren eigenen Kindern traditionellerweise eine Einheit. Durch die Exilsituation werden diese erweiterten Familien in den meisten Fällen getrennt und sind oft über verschiedene Länder weltweit verteilt. In der Schweiz leben die Tamilen meist in Kernfamilien, sie pflegen jedoch zu den Verwandten über Ländergrenzen hinweg sehr enge Beziehungen. Weite Reisen werden nicht gescheut, um der Verwandtschaft bei wichtigen Zeremonien die Ehre zu erweisen.

Auch Feiertage des religiösen Kalenders werden im Exil bevorzugt im Kreis der Verwandten gefeiert. Dazu gehören Taippongkal (Fest zu Ehren der Sonne), Dipavali (Lichtfest) und das tamilische Neujahrsfest, welches auch von den Buddhisten gefeiert wird. So dienen die Hindutempel in der Schweiz nicht nur als Ort der Manifestation der göttlichen Mächte, sondern ganz einfach auch als Treffpunkte, an denen die Tamilen und Tamilinnen unter sich sein können. Der Tempel vermittelt so in besonderer Weise ein Stück Heimat.

Religion und religiöse Erziehung der Kinder sind ein wichtiges Mittel im Bestreben, dem gefürchteten Kulturverlust Einhalt zu gebieten. Dabei gibt es zwischen tamilischen Hindus und tamilischen Christen wenig Berührungsängste. Tempel und Kirchen gelten als heilige Orte. Viele Hindus nehmen an Wallfahrten nach Mariastein oder Einsiedeln teil, und in Hausaltären von Hindufamilien findet auch eine Madonnenfigur ihren Platz.

Da in der Schweiz Religion als Privatsache verstanden wird, hat das auch Rückwirkungen auf

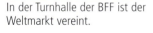

In der Turnhalle der BFF ist der Weltmarkt vereint.

den Umgang der tamilischen Familien mit ihrer Kultur. Im Versuch, sich anzupassen, werden religiöse Riten sehr viel zurückhaltender praktiziert als im Herkunftsland. Da aber die ganze Vielfalt hinduistischer Praxis so nur eingeschränkt in einem gelebten Alltag und Festtag weitergegeben werden kann, fällt es der jungen Generation immer schwerer, die eigene Herkunft zu verstehen und bewusst in ihr zu leben. Auch dort, wo die Eltern konsequent die religiöse Praxis pflegen, fehlt das vertiefende Wissen über den theologischen und sinnstiftenden Gehalt der Rituale.

So stehen viele Jugendliche vor der gleichen Herausforderung, die uns zur Bildung des Vereins Saivanerikoodam veranlasste. Unser Verein und unser Tempel sind Orte, wo wir über unsere Herkunft und Zukunft nachdenken wollen, wo wir Rituale pflegen, sie aber auch erklären und verständlich machen möchten. Wir wollen das Bewusstsein und das Gefühl von Zugehörigkeit und Gemeinschaft vermitteln und dabei individuelle Entfaltung und Freiheit fördern. Wir wollen auch priesterliche Aufgaben allen zugänglich machen und demokratische Grundsätze pflegen. Wir wollen, dass unser Glaube und unsere Kultur auch für die Schweizer Bevölkerung verständlich werden und unser Tempel ein einladender Ort in der Stadt und für die Region Bern ist.

Wenn wir Gebete rezitieren, sprechen wir solche Texte:

«Furchtlosigkeit, Wesensreinheit, in Wissensandacht Festigkeit, Selbstbezähmung,
Opfer, Studium, Busse und Redlichkeit;
Nichtschädigen, Wahrheit, Nichtzürnen, Nichtverleumden, Friede, Verzicht, Milde,
Mitleid mit dem Wesen, Scham, Nichtbegier, Nicht-Unstetsein;
Kraft, Reinheit, Festigkeit, Geduld, Nichtkränken, nicht hochmüt'ger Sinn. –
Die findet sich bei einem, der zum Götterlos geboren ist. Heuchelei und Stolz und Hochmut,
ein rauhes Wesen, Zorn, Nichtwissen auch –
Dies findet man bei dem, der zu Dämonenlos geboren ist.
Drum sei dir Richtschnur das Gesetz bei der Feststellung deines Tuns.
Weisst du, was das Gesetz bestimmt, dann kannst du deine Taten tun.»

Text aus: Bhagavad Gita, ‹Gesang Gottes›, Unterscheidung göttlicher und dämonischer Anlagen.

Information, Austausch, Begegnung – das ‹Haus der Religionen› ist Realität.

Die Juden – Lebenslanges Lernen

René Benesch

Wer sein Haus am Schabbat baut ...

Natürlich hat diese Geschichte rein gar nichts mit dem Haus der Religionen zu tun. Ein kleiner Wink mit dem Zaunpfahl ist sie dennoch inmitten aller Kompromisse, die zu schliessen nötig waren, um den gemeinsamen Bau zu realisieren. Das Ringen um kommerzielle Interessen und religiöse Belange ist jedenfalls nicht spurlos an uns vorbeigegangen.

Die Geschichte ereignete sich vor 200 Jahren in einer Stadt namens Märkisch Friedland im damaligen Preussen. Zu jener Zeit begannen manche Juden, von ihrer Jüdischkeit abzufallen und sich den Nichtjuden anzugleichen – sei es aus Bequemlichkeit oder weil sie sich einen Nutzen davon versprachen.

Da brach eines Tages ein grosses Feuer aus, das viele der eng aneinander gebauten Häuser zerstörte. Zahlreiche Familien haben ihr gesamtes Vermögen verloren. Ihr Rabbiner, der Rabbi Akiwa Eiger, ein grosser Gelehrter seiner Zeit, organisierte schnell Hilfe und den Wiederaufbau. Allerdings verlangte er, dass in den Verträgen mit den nichtjüdischen Baumeistern vereinbart wurde, die Arbeiten am Schabbat und an den Feiertagen ruhen zu lassen.

Schon am ersten Schabbat waren alle bestürzt, als sie sahen, dass einer der Reichsten unter ihnen dennoch bauen liess. Rabbi Akiwa liess den reichen Mann verwarnen, doch dieser stellte sich, als ob er gar nicht wüsste, was der Rabbiner von ihm wollte. Schliesslich baue ja nicht er, sondern ein Nichtjude. Daraufhin verfasste der Rabbiner ein Schreiben, das dieses Bauen verbot, und liess es in der Synagoge vom Synagogendiener verlesen. Doch der Reiche liess nur seine Wut an ihm aus und brachte ihn zum Schweigen. Niemand wagte einzuschreiten und die Ehre des Rabbiners zu verteidigen. Denn viele Menschen waren vom Reichen abhängig, ja sogar die Gemeinde war auf seine Unterstützung angewiesen.

Am nächsten Schabbat sprach Rabbi Akiwa vor der Gemeinde über die Heiligkeit des Schabbats und die göttliche Strafe für dessen Entweihung. Er schloss mit den Worten: «Wer sein Haus am Schabbat bauen lässt – dessen Haus wird keinen Bestand haben!» Doch der Reiche scherte sich nicht darum, liess sein Haus fertig bauen und mit den schönsten Möbeln ausstatten. Stolz und übermütig verkündete er danach: «Seht, nichts ist passiert! Ich muss mich nicht an die Anweisungen des Rabbiners halten.»

Zufrieden und gemütlich sass die Familie des Reichen am Tisch, als es plötzlich im Gebälk zu knistern begann und danach ein grosser Balken mit schrecklichem Getöse neben dem Tisch zu Boden krachte. Es bestand die Gefahr, dass das Dach einstürzen würde. Die Familie musste sich

Musik und Talk, für beides eignet sich die Rotonda bei der Dreifaltigkeitskirche Bern. Ausserdem haben 1000 ‹Frauen für den Frieden› Platz, ein Ausstellungsprojekt, welches vom engagierten Leben mutiger Frauen rund um den Erdball Kenntnis gibt. Fête KultuRel 2006.

erneut in eine Notunterkunft begeben. Bald stellte sich heraus, dass alle Dachbalken von Würmern zerfressen waren. Das Haus war nicht mehr zu retten. Wutentbrannt ging der Reiche zum Baumeister, um das schadhafte Holz zu beanstanden. Doch dieser liess sich nicht einschüchtern: «Mein Herr, Ihre Balken sind die gleichen wie alle anderen in der Stadt, vom gleichen Lieferanten geliefert und im gleichen Wald gewachsen. Wenn Ihr Haus verhext ist, ist es nicht meine Schuld.»

Nach diesen Worten war der Reiche wie vom Donner getroffen: «Verhext, hat er gesagt. Nur mein Haus ist verfault und alle anderen nicht.» Plötzlich klangen in seinen Ohren wieder die warnenden Worte des Rabbiners: «Wer sein Haus am Schabbat bauen lässt – dessen Haus wird keinen Bestand haben!»

Tun und hören

Das jüdische Gesetz, die Halacha, legt uns gemäss der Tora insgesamt 613 Gebote und Verbote auf. Der moderne Mensch fragt sich da: Was haben denn Gesetze und Rechtsvorschriften mit dem Glauben, mit der Religion zu tun? Diese Betrachtungsweise hat dem Judentum die wenig schmeichelhafte Bezeichnung einer ‹Gesetzesreligion› eingebracht.

Das Judentum macht keine Trennung zwischen der Religion und dem ‹normalen›, also dem weltlichen Leben. Das Judentum ist nicht einfach nur eine Glaubensreligion, sondern ein alles umfassendes Konzept, das sowohl das Denken als auch das Empfinden und das Handeln einschliesst. Nicht von ungefähr bezeichnen wir das Judentum auch als eine Religion der Tat. Wir reduzieren das Religiöse also nicht auf den spirituellen Bereich. Für uns ist unsere Religion unsere ganze gelebte Wirklichkeit. Und dies auf der Grundlage der Tora, die sämtliche Lebensbereiche umfasst und für uns der Baum des Lebens ist.

Gesetzestreue und Glaubensfestigkeit kann denn auch in aussergewöhnlichen Lebenssituationen ungeahnte, ja schier übermenschliche Kräfte freisetzen.

Von einem solchen Beispiel erzählt uns die folgende Geschichte.

Was verboten ist, ist verboten

Ein berühmter Rabbiner, der «Tschibiner Raw», war schon im hohen Alter, als er sich unbedingt einer Operation unterziehen musste. Aufgrund seines Alters kam jedoch eine vorgängige Betäubung nicht in Betracht. Der chirurgische Eingriff musste also ohne Narkose stattfinden. Weil der Patient einen schwachen Körper hatte, zögerte der ihn behandelnde Arzt. Er befürchtete, der

Rabbiner könnte wegen seiner schwachen Verfassung einschlafen, was für ihn noch gefährlicher als die Betäubung werden konnte.

Als der Rabbiner das Problem vernahm, dachte er kurz nach und wusste zur Überraschung aller Rat. Man solle ihm doch seine Tefilin, die Gebetsriemen, auf den Kopf legen. Wenn er diese am Körper trage, würde er bestimmt nicht einschlafen. Da es das jüdische Gesetz untersagt, mit Gebetsriemen zu schlafen, war sich der gottesfürchtige Mann ganz sicher, dass es ihm nicht passieren würde, sich auch nur einen Augenblick lang dem Schlaf zu ergeben.

Und so wurde denn tatsächlich die Operation durchgeführt – mit den Gebetsriemen auf dem Kopf und ohne dass dem Rabbiner die Augen zugefallen wären. Wie war dies nur möglich? Für einen vollkommenen Menschen, wie der ‹Tschibiner Raw› einer war, ist es undenkbar, den eigenen Willen oder das eigene Bedürfnis über das Tora-Gesetz zu stellen. Was verboten ist, ist verboten – und mag die Verlockung noch so gross sein.

Immer ist etwas zu reparieren

Im jüdischen Glauben geht es auch um lebenslanges Lernen. So wird von Baal Schem Tow erzählt, dem legendären Begründer des chassidischen Judentums in der Ukraine, dass er einst seine Schüler den Grundsatz lehrte, dass man von jedem Menschen, ob Jude oder Nichtjude, etwas lernen kann, ja sogar lernen muss. Denn nichts geschieht umsonst, und kein Mensch wurde umsonst geschaffen.

Während er so zu seinen Schülern sprach, klopfte es am Fenster: Ein Nichtjude stand draussen auf der Strasse und bot seine Dienste an. Er könne Dinge flicken und verdiene damit seinen Lebensunterhalt. Er wollte wissen, ob unter den Anwesenden jemand etwas zum Reparieren habe. Doch die Schüler gaben ihm zur Antwort, dass sie derzeit nichts zum Reparieren hätten. Enttäuscht gab dieser zurück: «Es ist nicht möglich, jeder Mensch hat doch etwas zum Reparieren!» Er meinte damit natürlich, dass jeder Mensch irgendeinen Gegenstand, ein Haushaltgerät im Besitz hat, das eine Reparatur benötigt. Als er schon fort war, fragten die Schüler einander, was sie gemäss dem Grundsatz ihres Meisters von diesem fremden Menschen gelernt haben sollten. Und plötzlich ging ihnen ein Licht auf: Es gibt tatsächlich keinen Menschen, der nichts zu reparieren, also nichts zu verbessern hätte. Jeder Mensch weist irgendwelche Mängel auf, die er beheben muss. Jemand, der sich für vollkommen hält, ist im Gegenteil weit davon entfernt. Jeder muss an sich arbeiten – sein ganzes Leben lang.

Gespräche, Begegnungen und ein Angklung-Orchester beim ‹Fête KultuRel› 2006.

Die Muslime – Vom Wert der Gemeinschaft

Hamit Duran

Im Hindutempel wird heftig über die Mitwirkung im ‹Haus der Religionen› diskutiert. Einige sind sehr dafür, sich an dem Projekt zu beteiligen, andere sind der Meinung, dass es einen eigenen Ort für einen neuen Hindutempel braucht, mit viel Land drum herum, an einem Ort, wo man weder andere Religionen noch Nachbarn stört.
Grosses Bild: Die Weltreligionen vereint in der Synagoge Bern.
Bilder: Stefan Maurer

Der Islam in der Schweiz hat durchaus eine lange Geschichte. In diesem Buch ist mit einer Exkursion ins Wallis ein Zugang gegeben. Bedeutende muslimische Gemeinschaften in der Schweiz sind aber erst im vergangenen Jahrhundert entstanden. Damals kamen Ende der vierziger Jahre die ersten Türken in die Schweiz. Es handelt sich vorwiegend um die damalige Elite, die sich an den hiesigen Hochschulen ausbilden liess. Die meisten kehrten nach dem Abschluss des Studiums wieder in die Türkei zurück, wenige blieben hier.

Bis Mitte der siebziger Jahre fand dann der grosse Zuzug von vorwiegend türkischen Gastarbeitern statt, die sich grösstenteils – nach dem Nachzug ihrer Familien – für längere Zeit in der Schweiz niedergelassen haben. Dies, obwohl die meisten von ihnen ursprünglich geplant hatten, nur für zwei, drei Jahre im Ausland zu bleiben.

Mittlerweile sind es vor allem Muslime aus dem ehemaligen Jugoslawien, welche rund fünfzig Prozent dieses Bevölkerungsteils ausmachen. Sie leben, wie die Muslime aus der Türkei (etwa 22 Prozent), überwiegend in der Deutschschweiz. Das lässt sich auch daran erkennen, dass die meisten Moscheen in dieser Region von Albanern, Bosniern und Türken unterhalten werden. Im Welschland sind es dann eher Araber aus Nordafrika und dem Nahen Osten, während sich im Tessin nur relativ wenige Muslime aufhalten.

Darüber hinaus gibt es auch bei uns Muslimen eine Art ‹Röschtigraben›, irgendwo durch Bern verläuft auch bei uns eine imaginäre Trennlinie. Dies ist einerseits auf die unterschiedliche Herkunft zurückzuführen, andererseits auch auf simple sprachliche Barrieren. Die Muslime Nordafrikas sprechen Französisch und Arabisch. Muslime vom Balkan und der Türkei hingegen können sich eher noch auf Deutsch verständigen.

Unter den Muslimen ist die Moschee (arabisch Mashschid) die übliche Begegnungsstätte. In der ursprünglichen Form war diese nicht nur Ort des Gebets, sondern auch Schule, Universität, Armenküche oder Krankenhaus, in der oft sogar geistig Behinderte gepflegt wurden. Diese Vielfalt ist in den muslimischen Ländern leider kaum mehr anzutreffen, geschweige denn hier in Europa. In der Schweiz werden schätzungsweise 400 Räumlichkeiten als Moscheen genutzt, selten sind sie äusserlich so erkennbar.

Als Rechtsform wird meistens der Verein bevorzugt. Neben dem Verein wird gelegentlich die Stiftung als rechtliche Form gewählt, während die Form der Genossenschaft bei den Muslimen praktisch unbekannt ist. Die Finanzierung wird vorwiegend durch Mitgliedsbeiträge und Spenden gewährleistet. Moscheen werden nur in Ausnahmefällen durch Regierungen finanziert, zum Beispiel die Moschee in Genf.

Neben den Moscheen gibt es auch Sufiorden, sogenannte ‹Tarîqas›, welche auch in der Schweiz aktiv sind. So zum Beispiel der Orden, der von Scheich Nazim Al-Qibrisî geleitet wird und dem Naqschîbandi-Orden angehört, oder die Internationale Mevlana-Stiftung Schweiz, die von einem Schweizer Muslim, Peter Hüseyin Cunz, verantwortet wird.

Die verschiedenen Moscheen und Vereine unterscheiden sich in erster Linie durch Nationalität oder ethnische Zugehörigkeit ihrer Mitglieder. So werden die Predigten in einer türkischen Moschee meistens nur auf Türkisch, in einer bosnischen auf Bosnisch gehalten. Es wird dabei oft die traditionelle Kultur des entsprechenden Herkunftslandes gepflegt. Daneben existieren Unterscheidungen bezüglich der Glaubensrichtung. Neben den Sunniten, also jenen Muslimen, die sich vor allem auf den Qur'ân und die Tradition des Propheten Muhammad berufen und neunzig Prozent der Muslime ausmachen, gibt es die Schiiten, die sich von den Muslimen nicht in den eigentlichen Glaubensinhalten unterscheiden, sondern in der Frage der Nachfolge des Propheten Muhammad. Beide Gruppen anerkennen sich grundsätzlich. Nun ist es sicherlich interessant zu erfahren, was denn in diesen Moscheen so gemacht wird. Für Muslime ist dies natürlich klar, für Aussenstehende aber nicht so ohne weiteres. Zunächst einmal muss man wissen, dass der Islam sehr grossen Wert auf die Gemeinschaft, die Umma, legt. So nimmt das Gebet, das in der Gemeinschaft verrichtet wird, einen vielfach höheren Stellenwert ein als das Gebet, das alleine verrichtet wird. Die erste Aufgabe einer Moschee ist es deshalb, den Muslimen die Möglichkeit zu bieten, gemeinsam die Gebete verrichten zu können. Es gibt auch Gebete, die nur in der Gemeinschaft gestaltet werden können. Dazu gehören Freitags- und Totengebet sowie die Gebete anlässlich der beiden islamischen Festtage. Ein weiterer wichtiger Aspekt ist die religiöse Unterweisung von Kindern und Erwachsenen. Dies geschieht meist in Form von regelmässigem Unterricht, der, falls vorhanden, von einem ausgebildeten Imam erteilt wird. Daneben finden auch immer wieder ausserordentliche Veranstaltungen statt. Sei dies eine islamische Hochzeit, bei der Geburt eines Kindes oder die Beschneidung eines Knaben. Solche Ereignisse werden meist zum Anlass genommen, um bekannte Gelehrte einzuladen. Weitere Aktivitäten umfassen auch spezielle Anliegen von Frauen. So ist es mittlerweile üblich, dass in fast jeder Moschee eine Frauengruppe existiert, die ein eigenes Programm aufstellt und durchführt, zum Beispiel die Lehre der Qur'ân-Rezitation, Näh- oder Sprachkurse.

Eine wesentliche Etappe ist erreicht. Profilstangen am Europaplatz Bern zeigen an, welche Ausmasse das geplante Gesamtprojekt haben wird, die Stadtbildkommission trifft sich, um die Einbettung des Vorhabens in die Umgebung zu prüfen, die erste Baubewilligung ist eingereicht. Marco Ryter und Stefan Graf, hier im Hindutempel Bern, haben viel dafür getan.

Ich möchte das Augenmerk aber auch noch auf einen anderen Aspekt legen, der sicher nicht nur uns Muslime beschäftigt. Zwar ist die Schweiz ein christliches Land, davon spürt man im Alltag aber meist reichlich wenig. Typisch christliche Werte wie Hingabe zu Gott und Nächstenliebe treten immer mehr in den Hintergrund und machen den ‹modernen› Werten wie Kapitalismus, Egoismus und Säkularismus Platz. Wir leben also mitten in einer Welt, die dem materiellen Wohlergehen höchste Priorität einräumt, während für religiöse Menschen das geistige Wohlergehen Vorrang haben sollte. Wir sehen, dass die Familie zunehmend vom immer stärker um sich greifenden Egoismus in den Hintergrund gedrängt wird, während für uns Familie und Verwandtschaft zentrale Elemente in unserem Leben sind. Manche sagen: Ein Muslim im Orient wendet nur so viel Zeit für die Arbeit auf, wie es zum Leben braucht und widmet den Rest der Familie und der Verwandtschaft. Allein die materielle Absicherung genügt ihm nicht. Vielmehr glauben wir, dass es wichtiger ist, gute Beziehungen zu den Verwandten und Mitmenschen zu haben, denn sie werden einander in der Not auch beistehen.

Der Islam ist fester Bestandteil der Gesellschaft geworden. Das per Volksabstimmung in Kraft gesetzte Bauverbot für Minarette ändert daran nichts. Sowohl Muslime wie Musliminnen wie auch die Mehrheitsgesellschaft müssen Gemeinsamkeiten suchen und die Andersartigkeit der Anderen akzeptieren, solange dies im rechtlich zulässigen Rahmen bleibt – auch wenn dieses Anderssein nicht immer verstanden wird.

Besuch bei der Berner Baha'i-Gemeinde. Mit Lesungen aus eigenen Texten und der Weltreligionen, beim Musizieren, Tanzen sowie dem gemeinsamen Essen wird an der Dufourstrasse in Bern der Geburtstag des Gründers Bahá'u'lláh gefeiert.
Bilder: Stefan Maurer

Die Sikhs – Leben mit fünf K

Eine Begegnung mit Gurbachan Singh, aufgezeichnet von Stefan Maurer

Vaisakhi, ein in Nordindien verbreitetes Erntefest, gilt für die Sikhs als Geburtstag ihrer Glaubensgemeinschaft. Der Sikhismus versteht sich als Weiterentwicklung und Interpretation islamischer und hinduistischer Grundlagen. 1984 flüchteten Tausende Sikhs in den Westen, einige hundert davon in die Schweiz.

Ich betrete einen stilvollen, traditionell eingerichteten Raum. Im hinteren Teil sitzen einige Männer um einen runden Tisch. Ich stelle mich vor und erkundige mich nach Herrn Singh. Die Männer lachen und einer erklärt: «Wir sind alle Herr Singh.»

Als Ausdruck von Geschwisterlichkeit tragen Sikh-Männer den gemeinsamen Nachnamen Singh (Löwe), Frauen heissen mit Nachnamen Kaur (Prinzessin). Es war der zehnte und letzte menschliche Guru Gobin Rai, der am 13. April 1699 die Taufzeremonie vollzog und die verbindliche Gemeinschaft der Sikhs gründete. Mit geheiligtem Wasser taufte er die ersten fünf Männer, um sich schliesslich selbst von ihnen auf den Namen Gobin Singh taufen zu lassen. «So haben wir unsere Identität erhalten», erklärt Gurbachan Singh. «Diese Taufe weckte in uns die Stärke, zu beten und Gutes zu tun. Es ist gleichsam eine Öffnung des Geistes auf beide Seiten hin, nach innen und nach aussen.»

An der Taufe im Jahr 1699 wurde auch die Bewegung der orthodoxen Khalsa-Sikhs gegründet, die sich durch die fünf K auszeichnet. Sie schneiden sich weder Haupt- noch Barthaare (Kes – Haare), tragen einen Kamm bei sich (Kangha – Kamm), tragen, oft unter langen Hosen, knielange Hosen (Kachhera – knielange Hosen), tragen einen Armreif aus Stahl (Kara – Armreif aus Stahl) und am Gürtel einen Dolch (Kirpan – Dolch). «Viele der grossen Heiligen wie Jesus oder Mohammed trugen die Haare lang», sagt Gurbachan Singh und nestelt den Kamm unter seinem Turban hervor. «Lange Haare vereinfachen die Verbindung zu Gott. Sie sind naturgegeben, das sollte nicht geändert werden. Der Turban selber hat keine religiöse Bedeutung. Er dient lediglich dazu, die Haare vor Verunreinigung zu schützen.»

Der Tag der Taufe auf einen gemeinsamen Namen ist auch der wichtigste Feiertag in der Religion des Sikhismus. Er wird jährlich am 13. April als ‹Vaisakhi-Fest› gefeiert. Dabei tragen die Leute neue Kleider und machen sich gegenseitig Geschenke. Auch die Fahne mit dem Symbol der Sikh, dem Doppelschwert (Khanda), erhält als neuen Überzug ein Kleid aus orangefarbenem Tuch. Es wird gebetet, gegessen und getanzt. «In der Schweiz ist das Vaisakhi-Fest eine religiösere Angelegenheit als in Indien. Hier haben wir we-

Wegweisende Retraite des Vorstands in La Chaux-d'Abel. Die Gründung einer Stiftung wird beschlossen, Verträge vorbereitet, das Betriebskonzept für das ‹Haus der Religionen› beraten und weitere Aufgaben in den Blick genommen. *Grosses Bild:* Bei den Baha'i in Bern.

niger Zeit und es hat auch weniger Leute, deshalb wird mehr gebetet als gefeiert und getanzt», sagt Gurbachan Singh und fügt hinzu: «Was aber nicht fehlen darf, ist das gemeinsame Essen. Wenn wir dazu zusammen am Boden sitzen, sind wir alle gleich und es gibt keine Unterschiede in der Hautfarbe, der Sprache oder zwischen Arm und Reich.»

Nach der Tradition bietet jeder Sikh-Tempel (Gurdwara – Schule der Weisheit) freie Speisen für die Besucher und lässt unabhängig von der Kaste das gemeinsame Mahl zu. Eine solche Gurdwara steht in Dänikon im Kanton Solothurn, und im September 2006 wurde eine zweite in Langenthal im Kanton Bern eingeweiht. Der Zweck, gemäss Eintrag im Eidgenössischen Stiftungsverzeichnis, ist folgender: «Die Stiftung fördert Bildung, Unterricht und Erziehung der Sikh-Glaubensgenossen, trägt zur Information und Aufklärung der Bevölkerung und zum Abbau von Vorurteilen bei. Zudem betreibt die Stiftung Suchtprävention und Armenfürsorge und fördert soziale Kontakte und die Integration von Glaubensgenossen.»

Die Zeit der lebenden Gurus und das heilige Buch ‹Guru Granth Sahib›

Guru Nanak, der Begründer des Sikhismus, wurde 1469 in Talwandi im heutigen Pakistan geboren. Guru Nanak folgten neun Gurus, die jeweils ihren spezifischen Beitrag zur Entwicklung des Sikhismus leisteten. Die zehn Gurus wirkten im Zeitraum von 1469 bis 1708. Der zehnte und letzte Guru hat als seinen Nachfolger das Buch Guru Granth Sahib bestimmt. In jeder Gurdwara wird ein Exemplar des heiligen Buches aufbewahrt.

Granth heisst Buch und Sahib bedeutet Herr. Im heiligen Buch sind die religiöse Philosophie und die ethischen Prinzipien des Sikhismus detailliert niedergeschrieben, wobei die Schriften betonen, dass viele Wege zu Gott führen und andere Religionen toleriert und akzeptiert werden sollen. Jede Frau und jeder Mann darf aus dem Guru Granth Sahib öffentlich rezitieren. Ein Auszug aus dem Buch: «Von der Frau wird man geboren, in der Frau wächst man heran, mit einer Frau verlobt und vermählt man sich. Von der Frau erfahren wir Freundschaft; durch die Frau setzt sich der Gang der Welt fort. Wie kann man sie da als minderwertig bezeichnen, wo sie doch Königen das Leben schenkt? Aus einer Frau entsteht eine Frau, niemand wäre ohne die Frau.» Guru Nanak sagt, ganz ohne Frau existiere nur der eine Schöpfer.

Im Dialog üben sich bei der Retraite des Vorstands in La Chaux-d'Abel Sabine Jaggi, Murali Thiruselvam und Thilpan Shanmugalingam, Taner Ileri und Farhad Afshar, Albert Rieger und Karl Graf.

Religion und Lehre des Sikhismus

Der Sikhismus ist eine vor allem in Indien verbreitete monotheistische Religion. Der Sikhismus wird, etwa in der indischen Verfassung, dem Hinduismus zugerechnet. Im Selbstverständnis seiner heutigen Anhänger ist er aber weder Teil des Hinduismus noch eine hinduistische Reformbewegung und auch kein Synkretismus aus Hinduismus und Islam. Der Sikhismus hat heute rund 23 Millionen Anhänger. Die Mehrheit lebt nach wie vor in der Ursprungsregion im indischen Bundesstaat Punjab. In Europa und in Nordamerika leben insgesamt über eine Million Sikhs.

Die Lehre der Sikhs hat ihre Wurzeln in nordindischen religiösen Traditionen. Der Sikhismus lehrt Reinkarnation und Karma und die Erlösung von diesen durch eine spirituelle Vereinigung mit dem Göttlichen. Die sichtbare Welt sei eine Manifestation des Göttlichen und besitze so Heiligkeit und Realität. Diese sei aber weder wahr noch unveränderlich oder ewig, da sie nur ein Teil des Göttlichen und nicht die absolute Realität sei. Nach Guru Nanaks Lehre ist das Haupthindernis für die Erlösung das Hängen an der weltlichen Realität (Maya). Das führt zu einer erneuten Wiedergeburt.

Erlösung kann nur durch strikte und disziplinierte Hingabe an Gott erreicht werden. Äussere Dinge wie Rituale, Pilgerfahrten und Askese sind für die Erlösung unwichtig. Vielmehr wird ein Leben in der Balance von Arbeit, Spiritualität und Wohltätigkeit angestrebt. Optimismus und eine positive Haltung (Chardi Kala) werden als Lebenseinstellung gefordert. Auch religiöse Spezialisten wie Priester oder das Mönchs- und Nonnentum werden abgelehnt. Gott, ‹Wahegur› genannt, ist im Sikhismus eins, unendlich, formlos, ewig und unbeobachtbar.

Im Gegensatz zu anderen monotheistischen Religionen ist im Sikhismus jedoch Gott als Schöpfer auch die Schöpfung selbst und wird nicht als weiblich oder männlich angesehen. Deshalb gilt die Schöpfung als heilig und jedes Geschöpf als beseelt. Das Göttliche ist folglich im Sikhismus sowohl übersinnlich als auch den Dingen innewohnend und allgegenwärtig. Es kann von jedem einzelnen Menschen ohne Vermittlung und unabhängig von der Religion, zum Beispiel durch Meditation, selbst erfahren werden.

Bei der Retraite in La Chaux-d'Abel bleibt Zeit für einen Ausflug in den verschneiten Jura. Glücklich ist, wer Schneeschuhe ergattern konnte, andere liefern unterhaltsame Einlagen beim Entengang durch knietiefen Schnee.

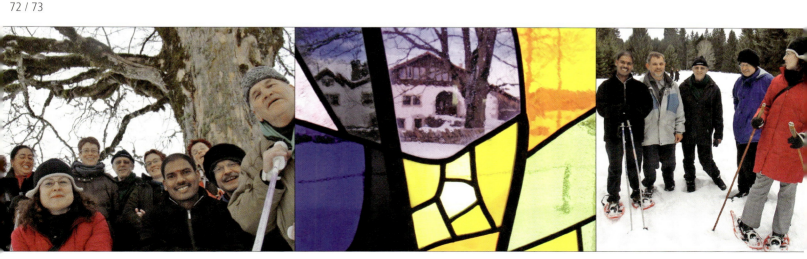

Die andere Schweiz – Exkursionen

Das Mäuerchen und die Menschenrechte

Hartmut Haas
Auf den Wegen von Anne-Marie Im Hof-Piguet (1916–2010)

Für den Ausflug haben wir uns ein Wochenende reserviert. Es wird zu einer Reise im Zeitraffer durch die Geschichte werden und zu einer Begegnung mit ‹Gutmenschen› in einer bösen Zeit. Wir treffen uns am frühen Nachmittag an der Abfahrtsstelle des kleinen Bähnleins von Nyon nach La Cure. Im französischen Jura angekommen, bringt uns ein Taxi auf die nördliche Seite des Forêt du Risoux, vorbei an den Hochmoorseen mit dem Lac des Mortes zu einem der beiden Hotels in Chapelle des Bois.

Nach dem Zimmerbezug und dem Abendessen erfahren wir mehr über den Hintergrund unserer Reise, die eigentlich auch am Fusse der Pyrenäen in dem kleinen Schloss von La Hille hätte beginnen können. Doch auch das wäre nur eine Station auf dem Unheilsweg, dem Menschen in ganz Europa zu jener Zeit zu entkommen suchten. In der Laudatio zur Verleihung des Menschenrechtspreises 1998 an Anne-Marie Im Hof-Piguet heisst es über den Hintergrund unserer Geschichte:

«Anne-Marie Piguet wurde mitten im Ersten Weltkrieg in Le Sentier im Vallée de Joux geboren. Ihr Vater war Forstingenieur, der Kontakt zu Frankreich eine Selbstverständlichkeit. Die Tochter erhielt eine sehr gute Ausbildung; als sie ihr Studium in den Studiengängen Geschichte und Literatur an der Universität Lausanne aufnahm, ertönte aus dem Radio bereits das Geschrei des Führers. Auch nach der Einnahme Frankreichs hielten die Bewohner des Vallée de Joux die Verbindung mit den Dörfern auf der andern Seite des Mont Risoux aufrecht, und bald einmal wurden die ersten Verfolgten über die Grenze gebracht.

Mitten im Zweiten Weltkrieg beendete Anne-Marie Piguet ihr Studium und wusste nur, dass sie es ‹diesem Hitler zeigen wollte›. Sie meldete sich bei der Kinderhilfe des Roten Kreuzes. Danach wurde sie einem Kinderheim in La Hille, einem Schloss in der Nähe von Toulouse, zugeteilt. Die Kinder waren grösstenteils jüdischer Abstammung, Kinder, die vor den Nazis geflohen waren und sich hier, im freien Frankreich, vor ihren Verfolgern sicher wähnten. Nachdem die Deutschen ganz Frankreich besetzt hatten, änderte sich ihre Lage. Deutsche Soldaten durchkämmten das Kinderheim mehrmals. Die Betreuerinnen versteckten ihre Schützlinge und konnten doch nicht verhindern, dass einige aufgegriffen und in Sammellager gebracht wurden.

Anne-Marie Piguet sah nur einen Ausweg. Sie zog mit Kolleginnen und Freunden einen kleinen Ring auf, welcher die Jungen und Mädchen quer durch Frankreich in die Schweiz schleuste. Vom

2007

Die Berner Sikh treffen sich im Sikh-Tempel von Däniken im Kanton Solothurn und versammeln sich um das heilige Buch Guru Granth Sahib.
Bilder: Stefan Maurer

französischen Dorf Champagnole ging es mehrmals den Jura hinauf Richtung Schweizer Grenze. Zuhause in Le Sentier wurden Anne-Marie Piguet und die Flüchtlinge von ihrer Familie erwartet. Eine Depesche aus Deutschland reichte, und das Schweizerische Rote Kreuz verbot seinen MitarbeiterInnen strikt, weitere Flüchtlinge in die Schweiz zu bringen. Anne-Marie Piguet sagte nur: ‹Ich pfeife darauf›, und organisierte die nächste Flucht.»

So machen wir uns heute auf den Weg, um dieser Geschichte nachzugehen. Wir erwandern das letzte Stück des Weges, der für zwölf jüdische Menschen während des Zweiten Weltkriegs zu einer Reise der Hoffnung wurde.

Das Hochmoor, die Seen, das gastliche Haus

Chapelle-des-Bois, auf knapp 1 100 Metern über dem Meeresspiegel gelegen, bietet eine besondere Gelegenheit, die Eigenarten des Faltenjuras kennenzulernen. Einerseits zeigt der Felsabsturz unterhalb des Roche Champion etwas von der Rauheit einer Gebirgslandschaft, andererseits erscheint das langgestreckte Hochtal wie eine liebliche Spielwiese. Obwohl das karstige Gestein bald jeden Wassertropfen zu versickern zwingt, erwartet uns doch eine wunderbare Hochmoorlandschaft im Gebiet der Seen um den Lac des Mortes, denn Mergel- und Tonschichten versiegeln hier den Boden. Wir erwandern diese Gegend, die uns um diese Jahreszeit mit einem besonderen Blütenreichtum von Orchideen, Narzissen, Trollblumen oder Lilien erwartet.

Am Rande dieses wunderbaren, wenig schwierigen Spaziergangs treffen wir auf ein einsam stehendes Haus mit einem roten Dach. Hier wohnten Mutter und Tochter Madeleine und Victoria Cordier, jene beiden Frauen, die entscheidende Hilfe leisteten, damit die letzte Etappe des ‹Fluchtweges durch die Hintertür› funktionieren konnte. Tochter Cordier erkundete und ermöglichte den Weg von Champagnole nach Chapelle-des-Bois, Mutter Cordier gewährte Unterschlupf und Versteck vor dem nächtlichen Aufstieg auf die Schweizer Seite des Risoux. Von dieser Stelle aus erhalten wir die beste Vorstellung, wie es doch möglich war, die steile Felswand am Roche Champion zu überwinden.

Parc Naturel Régional du Haut-Jura

Der Naturpark im französischen Hochjura erinnert an eine skandinavische Landschaft. Im Winter werden Wintersportler mit dem Angebot von 500 Kilometern gespurten Langlaufloipen in das reich bewaldete Dreieck zwischen Chapelle-des-Bois, Foncine-le-Bas und Chaux-Neuve gelockt.

Die Junge Bühne Bern entdeckt das ‹Haus der Religionen› und die Werkhalle an der Schwarztorstrasse. Themen des Zusammenlebens und der Streitkultur werden aufgeführt.
Bilder: Stefan Maurer

Das sollte uns im Frühsommer ausreichend Garantie sein, für eine leichte Wanderung durch den Naturpark auch ein genügend markiertes Wegnetz zu finden, welches uns sicher nach Foncine-le-Bas bringt.

Durch diesen weiten Wald unterhalb des Mont Noir führte der erste Teil des Fussmarsches, den die Gruppe der jungen Flüchtlinge zu unternehmen hatte, nachdem sie mit Zug und Bus aus den weit entfernten Pyrenäen angereist war. Auch wenn uns das Wandern leicht fällt, kommen wir doch auch auf die Spur, was es bedeutet, illegal, für den Winter schlecht ausgerüstet, auf nicht gespurten Wegen der militärischen Sperrzone und der bewachten Grenze entgegenzugehen.

Aufstieg über das ‹Mäuerchen›

Nochmals durchqueren wir die Senke des Hochmoors bei Chapelle-des-Bois, direkt der Juramauer entgegen, die sich 200 Meter über uns erhebt. Dann aber wenden wir uns nach Osten und steigen in sanften Serpentinen zum Jurakamm und zur Grenze zwischen Frankreich und der Schweiz hinauf. Jetzt verstehen wir, weshalb der Traum in den Lebenserinnerungen von Anne-Marie Im Hof für sie so wichtig war:

«Eines Morgens bei Tagesanbruch ist mir ein Bild erschienen. Ich marschierte auf den Höhen einer Kalkwand am Rande des Waldes in meinem Jura der Kindheit. Der Pfad ist eng, ich darf nicht nach rechts ausweichen. Das wäre der Absturz, eine Leiche in der grünen Weide. Ich muss auf den dünnen Lichtstreifen am Ende des Weges zugehen. Schmetterlinge fliegen davon.»

Auch wir bleiben dem Abgrund fern, der sich rechter Hand vor uns auftut. Auch wir fühlen uns auf dem schmalen Weg sicher. Bald haben wir einen freien Blick zum mächtigen Kreuz am Roche Champion und auf die weite Fläche der Moorlandschaft mit dem von uns besuchten Lac des Mortes und den Wäldern um den Mont Noir.

Interreligiöse Feier auf dem Roche Champion

Noch vor Mittag haben wir den höchsten Punkt unseres Ausflugs, den Roche Champion, erreicht. Gelegenheit für eine auch besinnliche Pause. Einige Tagesgäste kommen hinzu, die von der Schweizer Seite her das Strässchen durch den Risoux hinaufgefahren sind.

Wir lesen einige Texte aus den Erinnerungen von Anne-Marie Im Hof-Piguet und ihrer Gefährtinnen, hören von ihrem Ringen um eine Schule der Menschenrechte und besinnen uns auf unsere

Eine internationale Klasse der Berner Berufs-, Fach- und Fortbildungsschule BFF Bern macht sich Gedanken über Menschen zwischen Recht und Unrecht. Sie bilden ihr Ergebnis fotografisch ab und gestalten damit eine Ausstellung im ‹Haus der Religionen›.
Konzept und Bilder: Stefan Maurer

Verantwortung, für Menschlichkeit, Gerechtigkeit, religiöse wie kulturelle Vielfalt und für einen sorgsamen Umgang mit Natur und Kreatur einzustehen.

Wir gehen ein weiteres Wegstück den Kamm entlang und kommen zu einer Holzhütte, dem ‹Hôtel d'Italie›, welches einst für italienische Waldarbeiter gebaut wurde und erste Unterkunft der Flüchtenden auf Schweizer Boden war. Sie ist offen und bietet auch heute im Obergeschoss eine einfache Übernachtungsmöglichkeit. Unten im Hauptraum finden wir ein einfaches Messingschild, auf ihm wird unserer Geschichte gedacht – und auch der Polizist wird erwähnt, der die Flüchtlinge einst hier aufgriff und diese, statt sie des Landes zu verweisen, nach Le Brassus ins Gefängnis steckte – und ihnen somit das Leben rettete. Diesen Weg gehen wir nun auch hinab und lassen so unsere Reise ausklingen.

Ausstellung ‹Menschen und Rechte› in der Werkstatt ‹Haus der Religionen› an der Schwarztorstrasse.
Grosses Bild: Christian Jaquet, Ideengeber für das ‹Haus der Religionen›, im Gespräch mit einer Journalistin.
Bild: Stefan Maurer

Bibliographie:
La filière en France occupée 1942–1944, Anne-Marie Im Hof-Piguet, Yverdon les Bains, 1985.

Fluchtweg durch die Hintertür. Eine Rotkreuz-Helferin im besetzten Frankreich 1942–1944, Anne-Marie Im Hof-Piguet. Frauenfeld 1985.

Die Kinder vom Schloss La Hille, 1943, Sebastian Steiger, Basel 1992.

Die Gerechten der Schweiz, Meir Wagner, Tel Aviv, 1999.

Fred, par Daniel Capt, Vevey, Édition de l'Aire 2005.

Ce que je n'oublierai jamais, Victoria Cordier, Edition Belvédère, Pontarlier 2011.

Zwischen Tal und Hügel

Hartmut Haas
Begegnung mit der ‹jüdischen› Schweiz

Der Berner Stadtpräsident Alexander Tschäppät informiert zur Baubewilligung ‹Haus der Religionen›. Der Baustart wird sich aber um weitere fünf Jahre verschieben. Der israelische Botschafter Ilan Elgar besucht einen Anlass im Gedenken an Teddy Kollek.
Grosses Bild: Guido Albisetti ist seit 2006 Präsident der ‹Stiftung Europaplatz› und eine Säule des Projekts.
Bilder 1 und 2: Stefan Maurer

Wo könnten wir unsere Reise durch die ‹jüdische› Schweiz beginnen? Natürlich wäre es naheliegend, unsere Fahrt in Endingen und Lengnau anfangen zu lassen, jenen beiden einzigen Gemeinden im Surbtal, in denen Juden über 200 Jahre in der Schweiz geduldet waren. Aber einerseits ist dies doch zu gut bekannt, andererseits wollen wir in der beschränkten Zeit nicht nur die Möglichkeit der Erkundung mit dem Auto eröffnen, sondern sportlich Begeisterten auch die Gelegenheit geben, eine wunderbare Landschaft und ein wichtiges Kapitel der Geschichte von Frankreich, Deutschland und der Schweiz mit dem Velo oder zu Fuss zu erkunden. Wenn man die sportlichen Varianten wählt, sollte man die Tour an seine Möglichkeiten anpassen und entsprechende Übernachtungen einplanen. Ausserdem empfiehlt sich dann, zur sportlichen Kleidung geeignete Überziehkleidung mitzunehmen, um die besonderen jüdischen Orte würdig bekleidet besuchen zu können.

So also nochmals, wo beginnen? Wir laden zum Treffpunkt an den Verkehrsknotenpunkt Olten ein. Von dort führen uns Regionalzug und Bus in die äussersten Gemeinden des Baselbiets, nach Wenslingen, Oltingen und Anwil. Um das Baselbieter Lied zu zitieren, durchquert unsere Route so einen ganzen Kanton bis nach Schönenbuch, lässt den Basler Belchen links und den Rhein rechts liegen und schlängelt sich entlang aktueller und historischer Grenzen zwischen Deutschland, Frankreich, der Schweiz, dem alten Fürstbistum Basel und den Kantonen Solothurn, Bern und Jura bis nach Delémont.

Hier, in diesen gemütlichen Dörfern, wo die Welt noch in Ordnung scheint, die Kirche noch so wunderschön und bedeutungsvoll im Ort steht wie in Oltingen, beginnen wir mit unserer Spurensuche jüdischen Lebens in der Schweiz. Ob die Einheimischen etwas davon wissen? Einer von ihnen, Max Wirz-Schaffner aus Wenslingen, hat uns davon erzählt und dies für die Orts-Chronik von Gelterkinden aufgeschrieben.

Ein jüdischer Tuchhändler hatte in der Mitte des 19. Jahrhunderts sein Hauptgeschäft in der Bezirksstadt Gelterkinden. Regelmässig zog er aber auch hinauf in die Dörfer des Oberbaselbietes, wo er in der Dorfbeiz von Anwil ein Zimmer angemietet hatte, um seine Ware vor Ort besser verkaufen zu können. Zu dieser Zeit war es Juden zwar erlaubt, ihren Geschäften nachzugehen, aber sie hatten kein Aufenthaltsrecht im Kanton, so war also übernachten und wohnen illegal. Entsprechend der Stimmung in der Bevölkerung gegenüber Fremden und Juden waren die Kontrollen der Behörden mehr oder weniger streng. Als der

Tuchhändler wieder einmal in seinem provisorischen Lager droben in Anwil geschäftete, hatte der Polizist aus der Kantonshauptstadt den Auftrag, das Verbot des Aufenthalts durchzusetzen. Es galt, den Juden des Landes zu verweisen. Mit einem Befehl oder der Überreichung eines Dokuments war das nicht erledigt. So stellte der Polizist die Erfüllung seines Auftrags dadurch sicher, dass er den Tuchhändler vom Oberbaselbiet bis zur Grenze bei St. Louis begleitete. Was sie sich dabei auf dem Fussmarsch über die Distanz von etwa 40 Kilometern erzählten, ist uns nicht überliefert. Als sie aber an die Grenze kamen, verabschiedete sich der Polizist von seinem unfreiwillig Beaufsichtigten mit den Worten: «So, meine Pflicht habe ich getan, nun mache, was Du willst.»

1866 fiel auch das Aufenthaltsverbot für jüdische Mitbürger mit der Teilrevision der Bundesverfassung, die ihnen die vollen Bürgerrechte gewährte. In der Kantonshauptstadt Liestal entstand um 1871 sogar eine eigene jüdische Gemeinde.

Den Rhein wollen wir auf unserer Reise rechts liegen lassen, sagten wir – und damit auch die Stadt Basel mit ihrer reichen jüdischen Geschichte und dem aktuellen jüdischen Leben. Die Existenz dreier Gemeinden, die Geschichte Theodor Herzels und der Zionistenkongresse, die Beschäftigung mit den Themen Judenmission und des Herausgeberkreises ‹Der Freund Israels› (welcher uns übrigens bis zur Entstehungsgeschichte des Zürcher Lehrhauses führen würde) ist eine Extra-Reise wert. So umfahren wir Basel und benutzen dazu ein kleines Strässchen, welches uns von Liestal aus nach Bad Schauenburg hinaufbringt. Wer es sich leisten kann, findet hier nicht nur Stärkung, sondern auch eine edle Übernachtungsmöglichkeit. Zum Studium der Preise und der Geschichte des Ortes sei die hauseigene Internetseite empfohlen. Wir lesen darin, dass zwischen 1942 und 1944 das Haus orthodoxen jüdischen Emigranten als Unterkunft diente. Hier konnten sie koscher kochen und ihr religiöses wie kulturelles Leben gestalten. Die schmale Strasse, die wir heraufgekommen sind, wurde von ihnen geschaffen, sie soll uns nun auch an unser nächstes Ziel führen.

Auf dem Weg zum anderen Ende des Kantons wollen wir Arlesheim nicht verpassen. Die ‹kleine Kathedrale› und die Eremitage gehören zu den Sehenswürdigkeiten einer ganzen Region. Die Entstehung des Domes führt uns dabei auch in die Wirren der Reformation und in jene, die in Verbindung mit dem Dreissigjährigen Krieg entstanden. Mit dem Frieden von Nimwegen 1678 konnte der Bischofssitz aus dem 150-jährigen Exil in Porrentruy in die Region zurückverlegt werden,

Die Ausstellung ‹Feste im Licht› war dank der Kuratorin Gaby Fierz von Basel nach Bern gekommen.

allerdings blieben die Tore der Stadt Basel und des Münsters weiterhin verschlossen. So entschied man sich für das bisherige Weinbauerndorf Arlesheim. Mit der Entstehung des Domkapitels verfügte der Bischof, dass innerhalb von 14 Tagen die Arlesheimer Juden die Region zu verlassen hätten, da sich ihr Aufenthalt neben der entstehenden Kathedrale nicht zieme. Da auch die im benachbarten Dornach beheimatete grössere jüdische Einwohnerschaft bis Ende des 19. Jahrhunderts immer wieder Anfeindungen ausgesetzt war, ist es verständlich, dass sich kontinuierliches jüdisches Leben nicht entwickeln konnte und auch der jüdische Friedhof in Zwingen in Vergessenheit geriet. Dessen Grabsteine sollen zum Bau der Brücke über die nahe Birs Verwendung gefunden haben. 1996 wurde eine Gedenkstätte in Zwingen eingerichtet.

Ein schöner Frühlingstag zur Zeit der Kirschblüte oder ein Tag im Sommer mit der Kirsch- oder Zwetschgenernte wären ideale Daten für unsere Reise, die wir nun unterhalb der Höhen des Blauen in Richtung Elsass fortsetzen. Doch je schöner unsere Reisezeit, umso stärker wird sie in Kontrast treten zu unserm Thema. Denn auch hier, in den Ortschaften zwischen Therwil und Hegenheim, ist die Beschäftigung mit der Geschichte der jüdischen Minderheit Teil eines traurigen Kapitels der Menschlichkeit. Auch in Oberwil, Schönenbuch und Allschwil lebten Juden. Anna C. Fridrich recherchierte, wie anfangs des 18. Jahrhunderts der Bischof des Fürstbistums Basel einen Vorfall in Oberwil, der einem durchreisenden Juden angelastet wurde, zum Anlass nahm, um die Juden der Region zu vertreiben. Die bestehenden Gemeinschaften, die sich zumindest zeitweise in Allschwil einen eigenen Rabbiner leisten konnten, wurden zerstört.

Mit dieser bedrückenden Erkenntnis verlassen wir den Kanton und das Land und begeben uns auf eine wiederum landschaftlich wunderschöne Grenzschlängeltour im südlichen Elsass.

In Hegenheim suchen wir den jüdischen Friedhof. Am Ortsausgang Richtung Hagenthal-le-Bas gelegen, ist er nicht schwer zu finden. Mit Respekt vor der jüdischen Friedhofsordnung betreten wir entsprechend bekleidet diesen Ort und bleiben auf den schmalen Wegen, die durch das Gelände führen. Es gibt nur wenige Orte, die in ähnlich verdichteter Form die Existenz jüdischen Lebens in Mitteleuropa veranschaulichen könnten. Über 6000 Menschen liegen hier begraben, ihre Grabstätten erzählen eine Geschichte, die vom 17. Jahrhundert bis in die Gegenwart reicht, die ganze Region und auch die Welt umspannt. Der Ort ist auch ein Nachweis für die Intensität jüdischen

Ein zweiter Jahreskurs Moderation und Mediation im interreligiösen Kontext besucht die Ausstellung ‹Feste im Licht›.

An der Schwarztorstrasse entwickelt sich die Frauenarbeit. Das gemeinsame Kochen spielt eine wichtige Rolle, so entsteht die Frauenküche. Essen und Trinken in Verbindung mit dem Ritus sind eine wesentliche Gemeinsamkeit aller Weltreligionen.

Lebens in der Region Basel. Denn bis zur Aufhebung des Aufenthaltsverbots in der Schweiz liessen sich Juden entlang der Grenze vor den Toren Basels nieder, arbeiteten – wie der Tuchhändler aus dem Baselbiet – diesseits der Grenze, während die Familien im Sundgau, dem südlichen Elsass lebten. Hier, in dieser Region, können wir von Ort zu Ort fahren und finden jeweils Spuren jüdischen Lebens, an vielen Orten eben auch jüdische Friedhöfe. Diese Region umfasst auch das Markgräflerland auf der Deutschen Seite des Rheins. Auch hier, in Südbaden, fanden Juden je nach Laune von Bevölkerung und Behörden Arbeit und Unterkunft oder erfuhren Arbeitsverbot und Ausweisung, bis schliesslich die Shoa alle bereits bestehende Judenfeindlichkeit und den weiteren Hass auf Minderheiten entgrenzte.

Hier, vor diesem Gräberfeld in Hegenheim, verdichtet sich das alles. Auch der Abbruch der Verbindung zu Basel ist zu erkennen. Denn mit der Anerkennung der Juden in der Schweiz wurde im Jahr 1903 die Einrichtung eines jüdischen Friedhofs in Basel möglich. Die politischen Wechselfälle mit den Kriegen 1870/71, dem Ersten und dem Zweiten Weltkrieg spiegeln sich darin. Es erscheint darum hoffnungsvoll, dass nun auch wieder neue Gräber zum Bild des Friedhofs gehören, denn auch sie sind Zeichen des jüdischen Lebens, welches zu dieser Region des Oberrheins gehören. Ob es sich unbelastet von der Vergangenheit entwickeln kann? Die bis an die Friedhofsmauer heranreichenden Gräber, hinter der gerade ein Neubau hochgezogen wird, lassen das nicht unbedingt vermuten. Eine jüdische Gemeinde in Hegenheim besteht nicht mehr. Die Synagoge wurde nach dem Ersten Weltkrieg nicht mehr benutzt und der Rabbinatssitz im Jahr 1910 aufgegeben.

Unser Weg führt uns auf der französischen Seite entlang der Schweizer Grenze. Schönenbuch, der andere äusserste Ort des Kantons Baselland, grüsst uns ein letztes Mal. Auch in Hagenthal-le-Bas suchen wir den jüdischen Friedhof, er liegt etwas versteckt an einem als Veloweg markierten Seitensträsschen in Richtung Basel. Längst nicht so gross wie seine Entsprechung in Hegenheim, erzählt er doch die gleiche Geschichte, einschliesslich der wenigen neuen Grabsteine, die eine Verbindung zur Metropole Paris herstellen. Zu Beginn des 19. Jahrhunderts lebten im Elsass etwa 30 000 Juden, in über zwanzig Gemeinden im Département Haut-Rhin finden sich beeindruckende Zeugnisse. Das in die Region gehörende Durmenach galt als ‹Jerusalem des Sundgaus›, dort ist nun ein ‹Haus der Geschichte› im Ent-

stehen, wie die Badische Zeitung im August 2011 berichtete. Man rettete die Ruine eines verfallenden Hauses, in dem einst die grösste und älteste jüdische Familie des Ortes wohnte. Ein Nachbarhaus war bereits abgebrochen worden, in dem sich eine Mikwe – das jüdische rituelle Bad – befand. An der Stelle der ehemaligen Synagoge steht heute die Festhalle des Ortes.

Wir nehmen die Landschaft zwischen den hier auslaufenden Jurahängen auf, die Hügel und Täler, die schon den weiten Blick in die Rheinebene, zu den Vogesen und in den Schwarzwald erlauben. Wir verstehen schnell, wovon auch heute Menschen hier in besonderer Weise leben, von der Obst- und Landwirtschaft, vom Handel mit Vieh, Pferden und handwerklichen Produkten aller Art. Es sind jene Berufe, denen auch die jüdischen Bewohner mehrheitlich nachgingen. In Rodersdorf betreten wir für eine kurze Strecke wieder die Schweiz, beachten das Wegzeichen, welches zum Kloster nach Mariastein hinaufführt, und informieren uns über die Geschichte des Grenzortes, die sich im Hin und Her der Mächte spiegelt und der Dreissigjährige Krieg Wunden schlug. Die Schweden lagerten über Jahre hinweg im Muspachtal und überfielen das Dorf mehrfach, machten ‹die Frauen zu Bräuten und entliessen sie wieder›, wie verharmlosend die Dorfchronik die Vergewaltigungen umschrieb. Bald aber schon sind wir in Biederthal, laben uns an feinem Ziegenkäse oder finden zwischen Wolschwiller, Oltingue oder Kiffis eine gute Portion der Sundgauer Spezialität Carpe frite, gebackener Karpfen mit frittierten Kartoffeln.

Dann erreichen wir das Lützeltal – und müssen aufpassen, wo wir sind. Die Grenze wechselt zwischen der Schweiz und Frankreich hin und her, eigentlich sollten wir auf Schweizer Seite – ja, in welchem Kanton sein? Alles ist möglich, die Kantone Solothurn, Basselland und Jura und sogar der Stadtkanton Basel hat mit der Merian-Stiftung, die mit der Löwenburg grosse Landflächen besitzt, seinen Fuss im Tal. Froh sind wir, dass in diesem stillen Tal kein TGV durchrast, denn nach dem Krieg 1870/71 gab es Pläne, das deutsch gewordene südliche Elsass auf dem Weg zwischen Basel und Paris durch das Lützeltal zu umfahren. Bis heute ist der Bahnhof in Delémont eine Referenz an diesen Abschnitt der Geschichte.

Abgeschieden von der Welt sind wir hier dennoch nicht. Das Wappen der Europäischen Union begrüsst uns an den alten Mauern des Klosters Lucelle und geht eine freundschaftliche Verbindung mit den Schweizer, Französischen und Deutschen Symbolen ein. Wir stehen vor den To-

Der grosse islamische Mystiker Dschalal ad-Din ar-Rumi liefert viel Stoff, um das Gemeinsame zwischen Religionen zu entdecken. Rumi-Kenner Johann C. Bürgel stellt sein Denken vor. Im Gespräch befinden sich Peter Hüseyin Cunz mit Stefan Maurer und Albert Rieger mit Tanzer Ileri.
Grosses Bild: Weltreisender Marco Ryter und Mekka-Pilger Ahmed Omar erzählen sich ihre Reiseerlebnisse.

ren eines europäischen Bildungszentrums, welches sich der Regio-Idee verpflichtet weiss.

Ein grosses Modell in der schlichten Kirche veranschaulicht, wie es hier bis zu Beginn des 19. Jahrhunderts ausgesehen hat. Von der mächtigen Klosteranlage sind zwar noch immer beeindruckende Reste zu sehen, doch der markanteste Teil des mächtigen Kirchenbaus fehlt. Die Zisterzienserabtei mit ihrer 800-jährigen Geschichte, die bis zu Bernhard von Clairvaux zurückreicht, soll bis zum Jahr 1790 über Besançon hinaus für die gesamte Region das bedeutendste Zentrum religiösen Lebens gewesen sein. Mit der Französischen Revolution begann der Niedergang. Das Kloster wurde aufgelöst und in eine Eisenschmiede umgewandelt.

Auf unserem weiteren Weg können wir nun den offiziellen Grenzübergang benutzen und auf der Strasse nach Bourrignon hinaufziehen oder wandernd das Dorf Plaigne ansteuern. Gleich, welchen Weg wir wählen, die Grenzen, denen wir hier folgen oder die wir überschreiten, wurden 1815 auf dem Wiener Kongress bestimmt. Auch der Kanton Bern hatte hier lange Hoheitsrechte. Bald erreichen wir die höchste Erhebung unserer Tour und haben einen weiten Blick ins Land, von der Ferne grüsst der Chasseral. Die kleine Pause ist uns Gelegenheit, noch ein anderes naheliegendes Thema anzusprechen. Hier in dieser Gegend siedelten die Täufer, die im 16. Jahrhundert aus dem reformierten Bern ausgewiesen wurden. Besonders im unwirtlichen Teil des Juras, von 1000 Metern an aufwärts erlaubte der Fürstbischof von Basel deren Ansiedlung und nutzte ihren Fleiss zur Urbarmachung der Jura-Höhenzüge. Im 18. Jahrhundert war es dann der Bevölkerungsdruck im Emmental, der weitere Mennoniten veranlasste, sich auf den Höhen um Delémont niederzulassen. Da ihnen nicht nur an ihrer Religion, sondern auch an ihrer Sprache lag, gründeten sie eigene Schulen. Zusammen mit den Grenzen, die einst in Wien gezogen wurden, trugen auch die Fragen um Sprache und Religion zum politischen Konflikt bei, der zur Gründung des Kantons Jura führte.

Die bewegten Jura-Debatten der letzten sechzig Jahre sind in Delémont, der Hauptstadt des Kantons Jura, allgegenwärtig. Auch die Bedeutung des einstigen Fürstbischofs von Basel ist an den prächtigen Bauten in der gemütlichen Kleinstadt abzulesen. Eines der herausragenden Kulturdenkmäler aus dem Bischofsbesitz muss man heute im Britischen Museum von London suchen, die reich illustrierte Bibel von Moutier-Grandval.

Doch bevor wir uns in Einzelheiten verlieren, erinnern wir uns an das Thema unserer Exkursion

Das Täuferjahr 2007 kommt in den Blick. In einem der alten Täuferverstecke Hinter Hütten in Fankhaus bei Trub entsteht im Bauernhof eine von Paul Hostettler gestaltete Ausstellung, welche die politische, kirchliche und familiäre Geschichte rund um das Gehöft seit der Reformation darstellt. Die Zukunft ist mit dem ‹Dialog der Kulturen› und dem ‹Haus der Religionen› in den Blick genommen.

Die ‹Begegnung und der Dialog mit den Religionen› wird zum grossen Thema der reformierten Kantonalkirchen. In einem mehrjährigen Prozess werden die Fragestellung in den Kirchgemeinden behandelt und Grundsätze in der Kirchenordnung verankert.
Delegierte treffen sich auch im Haus der Religionen mit Synodalratspräsident Andreas Zeller, rechts.

und suchen jüdische Spuren in der Stadt, sie sind nicht schwer zu finden. An der Strasse nach Porrentruy, nur wenige Meter ausserhalb der Mauern des alten Zentrums, steht die im Jugendstil erbaute Synagoge der Stadt. Doch leider sind die Türen verschlossen – wir entdecken dafür ein Hinweisschild, die Synagoge sei nicht mehr von einer jüdischen Gemeinde genutzt. Sie diene allerdings gelegentlich kulturellen Zwecken und könne auf Anfrage hin auch besichtigt werden. Nach einer Renovation befindet sie sich immerhin in einem guten Zustand und zeugt auch so vom jüdischen Leben in dieser Gegend. Im Jahr 1911 erbaut, diente sie nach der Gewährung der Bürgerrechte der jüdischen Gemeinde fast 80 Jahre. Doch die Unsicherheiten, besonders zur Zeit des Nationalsozialismus, die Sogwirkung, welche die Ausrufung des Staates Israel auslöste und die Veränderungen des sozialen und wirtschaftlichen Rahmens führten dazu, dass sich schliesslich nur noch sieben Mitglieder zur jüdischen Gemeinde zählten, fünf Frauen und zwei Männer. Zu wenig, um die notwendige Anzahl von zehn Personen, eigentlich zehn Männern, für den gültigen jüdischen Gottesdienst aufzubringen.

So lassen wir unsere Reise mit einem Filmabend ausklingen. Nochmals ziehen Teile unseres Weges in der einfühlsamen Bilderzählung von Franz Rickenbach an uns vorbei. Er zeigt uns die Synagoge von Delémont zwischen Tälern und Hügeln, durch die wir gekommen sind. Wir erfahren etwas von den Geschäftsleuten und Viehhändlern, den Frauen und Männern des jurassischen Landjudentums, und verstehen auch den Weg besser, den der Leichenwagen mit seiner Trauergemeinde im 19. Jahrhundert für eine jüdische Bestattung zurückzulegen hatte. Denn nur auf den Friedhöfen des Sundgaus, so jenem in Hagenthal-le-Bas, durften sich über lange Zeit hinweg Schweizer Juden bestatten lassen.

Es ist nicht der einfachste Weg, der uns von Oltingen im Baselbiet nach Delémont im Kanton Jura geführt hat, und es ist nicht eine einfache Geschichte, welche Juden mit der Schweiz haben. Manchmal, erfuhren wir, ist es gut, dass es Grenzen gibt, denn sie schaffen dann doch einen Ort für Heimat und Menschlichkeit. Es ist notwendig, dass wir uns erzählen lassen, wie verstockt Menschen und Behörden einst mit Minderheiten umgegangen sind. Es könnte helfen, dass wir heute gegenüber Mitbürgern mit anderen religiösen und kulturellen Wurzeln als unsere eigenen nicht alle Fehler wiederholen, die schon einmal gemacht worden sind – und für die wir uns heute zu schämen haben.

Baukunst der Religionen in Bern

Hartmut Haas
Ein Spaziergang

‹Le chat qui danse› spielt auf und alles setzt sich in Bewegung. Daneben entsteht unter Anleitung von Fabian von Unwerth eine Collage zum Neben- oder Miteinander von Kunst und Religion.
Grosses Bild: Stefan Maurer

Das ‹Haus der Religionen› am Europaplatz in Bern ist auch ein architektonisch anspruchsvolles Projekt im Hinblick auf die Frage etwa, wie sich das Zentrum nach aussen darstellen soll. Wie erkennt man die verschiedenen Religionen, wie das Zentrum für einen Dialog? Wie unterscheidet es sich vom Büro- und Wohngebäude? Auf der Suche danach beginnen wir mit einem historischen Rückblick, den wir mit einem Rundgang durch die Stadt Bern verbinden. Treffpunkt ist die Heiliggeistkirche vor dem Bahnhof. Der Ort ist Schnittpunkt zwischen der Altstadt mit dem Wahrzeichen des reformierten Münsters und der sich gegen Westen erstreckenden Neustadt. Diese Neustadt ist eine mehr oder weniger anonyme, mit jeder beliebigen Stadt auswechselbare Mischung von Wohnbauten, Bürohäusern und Gewerbezonen, die sich über einige Kilometer bis zum ehemaligen Bauerndorf Bümpliz und den inzwischen von Hochhäusern umgebenen Landgütern Fellergut, Tscharnergut und Brünnen hinzieht.

Die Heiliggeistkirche ist nicht nur ein guter Treffpunkt, sie bietet auch einen guten Einstieg in unser Thema. Als Kirche für vollmächtige Verkündigung gebaut, ist sie eines der wichtigsten Zeugnisse reformierter Baukunst in der Schweiz. Heute ist sie aber auch noch etwas anderes: Zentrum des Berner Versuchs, sich der Bewegung der ‹Offenen Kirchen› Europas anzuschliessen. Sie will ein überkonfessioneller, interreligiöser Ort sein und gibt darum heute mit einer Ausstellungsfläche, mit einem Café, einer Lichtbank und anderen Elementen den Nichtreformierten eine Nische. Nur einige Schritte weiter entfernt haben wir das bodenständige reformierte Bern verlassen und werden vom südländischen Turm einer Basilika in lombardischem Stil angelockt. Nachdem der erste Versuch, in der Altstadt eine katholische Kirche zu errichten, durch den Kirchenkampf eine neue Wendung nahm, gelang es den Katholiken erst im Jahr 1899, mit der Dreifaltigkeitskirche einen würdigen Ort zu schaffen. Tatsächlich zeugen der äussere Bau wie die innere Gestaltung vom erstarkten Selbstbewusstsein der Berner Katholiken um die Jahrhundertwende. In ihrer unmittelbaren Nachbarschaft gelangen wir zur Berner Synagoge, dem heute von der Jüdischen Gemeinde Bern belebten Gotteshaus. Ähnlich wie den kirchlichen Zentren der christlichen Minderheitsgruppen in der Nägeligasse oder Zeughausgasse, kann man nur an der Fassadengestaltung das religiöse Zentrum erahnen. Die Annäherung an den maurisch-orientalischen Stil sei eher ein Einfall des Architekten gewesen, lautet es aus den Kreisen der jüdischen Gemeinde. Nun besteigen wir den Bus und fahren bis zur Haltestelle ‹Schlossmatte›. Hier landen wir ge-

wissermassen im kulturellen Niemandsland der Stadt. Dennoch werden wir von Türmen angelockt, sie geben uns einfache Orientierung. Es sind die Kamine der Berner Kehrichtverbrennungsanlage KVA, die wir umschreiben, bis wir von der Bahnstrasse her auf das Areal einer erkennbar alten Industriebrache treten. Einige Ateliers und Kleingewerbe befinden sich dort. In der Richtung, in der wir uns bewegen, verdampfen zwei Kühltürme ihre Restwärme, und gleich unterhalb der hohen Kamine befindet sich der Eingang zum grossen Berner Hindutempel. Farbige Wände, verzierte Säulen, aufwendig gestaltete Schreine und unbekannte Gerüche und Geräusche lassen uns eintauchen in die ferne, fremde Welt Sri Lankas oder Südindiens. Und wir realisieren, dass der Hinduismus eine auch in der Schweiz verbreitete Religion ist. Schon lange ist beschlossen, die jetzige Kehrichtverbrennungsanlage und die alten Gewerberäume einschliesslich des Hindutempels abzureissen. Werden die Berner Hindus wieder in einem alten Gebäude feiern müssen? Oder reichen die Finanzen, das juristische und verhandlungstechnische Geschick, um in der Region Bern den erträumten eigenen Tempel südindisch-tamilischer Bauart entstehen zu lassen?

Die Frage bleibt offen, wir setzen unseren Rundgang fort. Nach einem kleinen Spaziergang erreichen wir den Bremgartenfriedhof und suchen die wunderbare, weit sich hinstreckende Rotbuche inmitten der grossen Anlage. Dort in der Nähe finden wir rasch das Gräberfeld mit dem Buchstaben M. Als einziges hat es keine Nummer, sondern kennzeichnet sich durch diesen Buchstaben als Gräberfeld der Muslime. Wir befinden uns auf der ersten muslimischen Ruhestätte, die in einen öffentlichen Friedhof in der Schweiz integriert ist. Im Jahr 1999 eingerichtet, offenbart auch dieser Ort eine nicht mehr wegdiskutierbare Realität. Menschen muslimischen Glaubens leben und arbeiten nicht nur in Stadt und Land, sie sterben hier auch und erwarten in Bern den Tag der Auferstehung und des Gerichts. Damit die Ausrichtung gen Mekka gegeben ist, sind die Gräber diagonal zum Grabfeld ausgerichtet. Die vielfach mit dem Halbmond geschmückten Erinnerungstafeln für die Verstorbenen sind in der Regel schlicht und meist aus Holz gefertigt. Die vielen bunten Zeichen deuten an, dass es nicht nur unterschiedliche muslimische Vorstellungen der Grabpflege gibt, sondern dass es vor allem auch Kinder sind, die viel zu früh hier bestattet werden mussten. Bern ist ihre Heimat auf ewig. Eigentlich wäre es nun angebracht, hinüberzugehen über die rote Brücke beim Inselspital, um noch dem Islamischen Zentrum am Lindenrain einen Besuch abzustatten. Dort versammeln sich

Was in einer Migrantenfamilie abgeht, erzählt eine tamilische Theatergruppe. Wie im realen Leben gibt es nicht immer gute Lösungen, wenn von den Jungen Loyalität gefordert wird. Loyal sollen sie sein gegenüber den Eltern und ihrer Herkunftskultur, loyal wollen sie aber auch sein in ihrem Klassenverband, im Kollegenkreis und am Arbeitsplatz. Wie kann man beides leben?

vor allem die arabischsprachigen Muslime der Region in den umgebauten Nebenräumen einer Tiefgarage.

Weil es uns aber an Zeit mangelt und wir zur Hauptsache kommen wollen, kürzen wir ab und besuchen auf unserem Weg stattdessen noch den Raum der Stille im Frauenspital des Kantons Bern. Als multireligiöser Raum auf Anregung der Spitalleitung geschaffen, war er mit Beratung durch den Berner ‹Runden Tisch der Religionen› konzipiert worden. Ein Berner Pfarrer hat nach seinem ersten Besuch dieses Raumes niedergeschrieben, wie er ihn erlebte: «Der Raum passt sich der Gesamtarchitektur der Frauenklinik an, er ist karg ausgestattet. An einer Wand befinden sich fünf grosse Goldplatten, davor Kerzen. Dies vermittelt mir das Gefühl von Würde. Die Bestuhlung passt eher in eine Lounge denn in einen Raum der Stille. Die Innenarchitektur und die Raumausstattung wirken insgesamt kühl. Multireligiöse Neutralität wird mit protestantischer Kargheit verwechselt. Aufgehoben fühlen sich in diesem Raum wahrscheinlich am ehesten Architekturstudenten und Intellektuelle, welche dem reformierten Bildungsbürgertum entstammen.» Multireligiöse Räume als interessanter Ort der Selbstverwirklichung für Architekturstudenten und Kulturschaffende? Doch findet die Patientin, die im fünften Monat ihr Kind verloren hat, in der ‹Lounge› Zuflucht und Schutz? Traut sich die tamilische Reinigungskraft, die schnell in Verdacht gerät, wenn sie fremde Schränke öffnet, Ganesha aus dem obersten Regalfach des goldfarbenen Spinds zu nehmen, ihn irgendwo – wo denn? – im Raum aufzustellen, um ihr Gebet zu verrichten? Kann man sich vorstellen, dass ein Imam, der eine muslimische Familie im Spital begleitet, sich mit dieser in diesem Raum trifft, um auf dem kleinen Teppich gemeinsam gen Mekka zu beten? Natürlich – für eine Andacht oder ein christlich geführtes Seelsorgegespräch wird der Raum geeignet sein, die leuchtenden Kerzen werden vom Beton ablenken und zur guten Atmosphäre beitragen.

Wir kommen zur letzten Station unseres Weges, zur ‹Werkstatt› ‹Haus der Religionen›. Wir begeben uns in den Raum, in dem die Modelle und Entwürfe zum Bauvorhaben Haus der Religionen stehen. Sie sind Teil des umfangreichen Materials der Projektstudien, die seit 2002 durch das Berner Büro ‹Bauart Architekten› und dessen Partner ‹urbanoffice Amsterdam› erstellt worden sind.
An den Modellen werden wir sehr schnell feststellen: Am Europaplatz in Bern Ausserholligen entstehen keine multireligiösen Andachtsräume. Ganz im Gegenteil ist die Planung auf einer Grundfläche von wenigstens 1600 Quadratme-

Gruppen und Medien interessieren sich, wie ein Miteinander der Religionen funktionieren könnte.
Der bunte Hindutempel ist ein besonderer Anziehungspunkt.

tern nahe an die Bedürfnisse und Wünsche der Gruppen gebunden, die einmal in diese Räume einziehen werden. Es sind Vereine der Aleviten, Buddhisten, Christen, Hindus und Muslime, welche weitgehend eigenständig die Gestaltung ihrer Bereiche vornehmen und dafür auch die Kosten übernehmen werden. Natürlich ist das gemeinsame Bestreben vorhanden, gewisse Qualitätsstandards zu setzen, doch darüber hinaus endet die Einflussnahme Dritter. So ist für die tamilische Hindugemeinde völlig klar, woher sie ihre Künstler und Tempelbaumeister holen wird. Sie werden aus Sri Lanka oder Südindien kommen und umsetzen, was in ihren Augen Kunst, Ästhetik und ideale Form ist. Nicht viel anders wird es bei den Muslimen sein. Sie werden sich bei der Gestaltung daran orientieren, was sie aus ihren Herkunftsländern des europäischen Mittelmeerraums oder vom Ideal islamischer Baukunst her kennen. Wieder kein Feld für westeuropäische Kunstschaffende. Auch die Aleviten haben ihre Vorstellungen, die sie einerseits aus ihrem Herkunftsgebiet, der Türkei, mitgebracht haben, anderseits aus Mangel an religiöser Entfaltungsmöglichkeit in ihrer Heimat hier in der Diaspora erst wieder neu entwickeln und finden müssen.

Spannend könnte es einzig betreffend der Gestaltung der ‹multikonfessionellen› Bereiche werden. Denn sowohl bei den Buddhisten als auch bei den Christen zeichnet sich immer stärker die gemeinsame Raumnutzung durch unterschiedlichste Gruppen ab. Wie vereint man aber die Traditionen des tibetischen Buddhismus mit dem Buddhismus, wie er in Sri Lanka und Thailand oder in Form des Zen-Buddhismus in Japan gelebt wird?

Ähnliche Fragen stellen sich für den Kirchenraum, der ökumenisch gestaltet sein wird. Eine Wand gehört der äthiopischorthodoxen Tewahedo-Kirche, deren Vorfahren haben wunderbare Felskirchen geschaffen, darunter den berühmten Bau von Lalibela. Natürlich sollen sich reformierte und katholische Besucher aufgehoben fühlen, auch der kleine Kreis der Herrnhuter, deren Vorstellung eines Kirchenraums eben keine Kirche ist, sondern eine ‹gute Stube› der Gemeinde, die sich am ‹Sbor› orientiert, einem an die Kirche der Böhmischen Brüder erinnernden würdigen, aber nicht eigentlich sakralen Versammlungsraum.

Gibt es folglich für das Bauprojekt ‹Haus der Religionen› die Problemanzeige nicht, die sich für die Ausgestaltung multireligiöser Räume stellt? Bezogen auf die innere Gestaltung besteht sie tatsächlich nicht. Fragen und Diskussionen gibt es trotzdem. Diese werden offensichtlich, wenn

Eine immer wieder angesprochene kulturelle Grenze der Schweiz liegt vor den Toren Berns. Der Röstigraben entlang der Sense trennt das reformierte Schwarzenburg vom katholischen Heitenried im Kanton Fribourg.
Jürg Meienberg führt kenntnisreich an Drachen, Grasburg und Kapellen vorbei durch diesen bedeutsamen Graben.

wir die erarbeiteten Mustermodelle für eine ‹typische› Moschee, Kirche, Pagode oder einen Tempel neben die Modelle stellen, welche für das Haus der Religionen erarbeitet wurden.

Während bei der einen Gruppe der Modelle Kuppel, Turm, Minarett und Pagoden-Spitze klar erkennen lassen, was hier zusammengefügt ist, wird man bei der anderen Gruppe nur durch Erklärung klug, um was es sich hier handeln könnte. In dieser Gegenüberstellung wird auch erkennbar, welche Fragestellungen uns mit und seit der Baueingabe im Sommer 2005 beschäftigen und wo wir bis heute nach Antworten suchen. Was auch immer letztlich das Ergebnis sein wird, dahinter stecken erhebliche Diskussionen und Emotionen, die hier natürlich nur angedeutet werden können.

Sakralität zum Ausdruck bringen

Dabei sei festgehalten, dass die Modelle Abstraktionen enthalten, wie sie für die Baueingabe für erforderlich gehalten wurden. Die angedeuteten, gleichförmigen Aufbauten dienten als Platzhalter für den für möglich erachteten, individuellen Ausdruck eines religiösen Zentrums, sei es Kirche, Tempel oder Moschee. Als Beispiel wurde an einem der Modelle die für den Eingangsturm zum Hindutempel gültige Formel entwickelt. Aus einer zweigeschossigen Bauweise, auf der sich zusätzlich ein Aufbauelement in einer weiteren Stockwerkhöhe erhebt, ergibt sich eine Gesamthöhe von zehn Metern, die für die Gestaltung des Turmes genutzt werden könnte. Ähnlich wäre dies für ein Bauelement eines Kirchturms, eines Minaretts oder anderer Ausdrucksformen gedacht.

Welche Religion darf sichtbar sein?

Unser Spaziergang durch Bern hat gezeigt, dass Religionsgemeinschaften unterschiedlich sichtbar sind in der Öffentlichkeit. Innerhalb unserer abgeschrittenen Achse sind es nur die beiden grossen Konfessionen der Reformierten und Katholiken, die an ihren Zentren über besondere Aufbauten verfügen. In Vergangenheit und Gegenwart gibt es die Tendenz, Minderheitengruppen im öffentlichen Raum möglichst unsichtbar zu halten. Das vom schweizerischen Souverän beschlossene Minarettverbot vom 29. November 2009 stellt dies nun auch in Bezug auf den zugewanderten Islam klar. Es wird in nächster Zeit keine neuen Minarette geben in der Schweiz.

Welchen Stellenwert darf Religion im öffentlichen Raum haben?

Diese Frage verbindet sich mit den Prinzipien von Gestaltungselementen zeitgemässer Architektur.

Die Werkhalle Schwarztorstrasse wird ein Ort interkulturellen Lernens. In Rikon, dem tibetischen Zentrum bei Zürich, werden Traditionen des Buddhismus verständlich.

Da sich das Haus ‹der Religionen› am Europaplatz in Bern in einen Gesamtkomplex einfügen wird, zu dem ein Hotel, Ladenflächen, Verwaltungsbereiche und Wohnungen gehören, ist es nicht einfach, einen einzelnen Bereich herauszugreifen und diesem eine eigene Form und eine eigene Gestaltung zuzugestehen. Darf die vorgegebene klare Linie moderner Architektur, die sich an die Bauhaus-Tradition anlehnt, durchbrochen werden von den eingewanderten Wünschen nach südindischer Baukunst durch die Tamilen aus Sri Lanka? Da in Westeuropa Religion immer mehr als Privatsache verstanden wird, stellt sich insgesamt auch die Frage, ob es überhaupt noch zeitgemäss ist, Religion öffentlich sichtbar zu machen.

Im Rahmen unserer Diskussionen fanden wir schliesslich zu der Formel, es sei unsere Absicht, die Individualität aller bauseitig beteiligten Religionsgemeinschaften sichtbar machen zu wollen, diese habe sich aber zu orientieren an den vom Gesetzgeber geschaffenen Rahmenbedingungen. Insgesamt ist ein spannender Prozess in Gang gekommen, welcher die Interessen der Generalunternehmung, den Ansprüchen der Architekten nach zeitgemässer Architektur und den Sehnsüchten der Migrantenschicksale nach einem Ort der Heimat in der Fremde zusammenbringt. Die positive Prägung, welche der maurisch-orientalische Stil als eine gelungene Kopie aus dem unerreichbar gewordenen Land des Ursprungs und Ideals auf westeuropäische Architektur ausüben konnte, ist dabei noch nicht in Sicht.

Der offene Ort des Dialogs im ‹Haus der Religionen›

Schliesslich haben wir noch ein anderes, gewissermassen projektinternes Themenfeld, welches uns veranlasst, jenen anderen Bereich, den wir ‹Dialog der Kulturen› nennen, ansatzweise zu gewichten. Mit unserem Vorhaben verbindet sich der Anspruch, eine offene, gesellschaftsbezogene Plattform des Gesprächs, der Begegnung und des Kulturschaffens zu sein. Menschen anderer, auch nichtreligiöser oder religionskritischer Überzeugungen sollen – sofern sie sich als dialogfähig erweisen – eingeladen sein, ihre Werthaltungen mit anderen in vielfältiger Form zu teilen. So haben wir also bei der Gestaltung des Gebäudes auch die Herausforderung einzulösen, diesen Anspruch deutlich kenntlich zu machen. Dieser manifestiert sich dabei kaum in einem noch so gelungenen Aufbau, sondern durch möglichst weite und offene Türen. Dies sind spannende Fragen. Noch sind wir nicht am Ziel, aber allein der Weg ist abenteuerlich genug und führt uns zu wichtigen Themen unserer sich verändernden Gesellschaft.

Grosse Bilder Doppelseite: Besucherinnen einer Ausstellung, die Saz ist ein religiöses Instrument der Aleviten.

Muslime am Monte-Moro-Pass – eine Bergwanderung

Bernhard R. Banzhaf
Marc Renfer
Sarazenen im Saastal

Wir laden Sie ein, unserer kleinen Unternehmung ‹Sarazenen im Saastal – auf den Spuren muslimischer Siedler im Wallis› zu folgen. Falls Ihnen Bericht und Bilder nicht genügen, wagen Sie sich doch selbst an Tour und Thema, holen Sie sich dazu die angegebene sachkundige Hilfe.

Wir, das ist eine Gruppe von 15 Leuten, die sich zu dieser Unternehmung angemeldet hatten. Wir, das ist Bernhard Rudolf Banzhaf, Trekking- und Kulturreiseveranstalter aus Saas-Fee, der jeden Winkel seines Tales bestens kennt und den vorurteilsfreien Blick auf die besondere Geschichte des ‹muslimischen Einfalls› in seiner Heimat sucht. Es ist Marc Renfer aus Bern, der Islamwissenschaft studierte, zum Islam übertrat und die Kunst der arabischen Kalligrafie beherrscht. Es ist Hartmut Haas, Projektleiter für ein Haus der Religionen in Bern, der seit etlichen Jahren zwischen den Verwerfungsgeschichten von Kulturen und Religionen die Brücken sucht. Schliesslich begleitete uns Heinz Haab, der die Idee der Themenwanderungen ‹Spirituelle Schweiz› koordiniert.

Was uns dazu bewogen hat, alter Geschichte hinterher- und einen steinigen Weg hinaufzusteigen? Nun, es sind vor allem die Fragen der Gegenwart. Muslime stellen heute die zweitgrösste Religionsgemeinschaft der Schweiz dar. Auch sie leben mit uns, Max Frisch hat es gesagt, in erster Linie als Menschen. Viele von ihnen wurden vor gut einer Generation als Arbeitskräfte gerufen. Ein Bild machen wir uns über sie durch das, was wir in den Medien als Berichterstattung über ‹den Islam› vernehmen – und was uns die Geschichte darüber zu erzählen versucht. Was aber ist wahr an der alten Geschichte und was stimmt mit unseren neuen Bildern überein? Wir wollten das – immer wieder stolpernd zwischen Legende, Vermutung und Fakten – Schritt für Schritt erkunden. So folgen wir nun den Tourenleitern Bernhard Rudolf Banzhaf und Marc Renfer.

Wüstenstaub

Föhn! Warmer Südwind heult über den Alpenkamm. Die Gletscher werden vom Sturm blank gefegt, graues Eis schaut da und dort hervor. Im Süden türmen sich schwarze, unheimliche Wolken auf. Hier in Saas-Fee rieselt unsichtbar Wüstenstaub auf das Dorf. Ein gelblicher Film lagert sich ab auf Schneefeldern, Geländern, Gartenstühlen, Tischen und in Wasserpfützen: ein Gruss aus der Sahara!

Vor über 1000 Jahren

Die Desertifikation der Sahara ist vor über 1000 Jahren wegen des damals ausserordentlich warmen Klimas stark vorangeschritten. Dies war wohl

Der erfreuliche Abschluss des Jahreskurses Mediation und Moderation ist geschafft. Zum Abschluss setzt Loten Namling einen markanten Akzent aus dem kulturellen Reichtum Tibets.

einer der Gründe, dass muslimische Mauren (lat. maurus = dunkelhäutiger Bewohner Nordafrikas) nach Europa ausgewandert sind, und dann später nach Sizilien, Korsika, in das Massif des Maures in Südfrankreich, in das Rhonetal und in die Alpen. Sie wurden Sarazenen (griech. sarakenoi = die in den Zelten Lebenden) genannt. Sie trieben vor allem Handel und mischten sich als Söldner in einige Händel des damaligen Europas.

Spuren der Sarazenen

Nun, ihre Zelte haben die Sarazenen längst abgebrochen. Sie wurden im 12. Jahrhundert als Folge der Kreuzzüge vertrieben. Aber hier im Saastal finden wir erstaunlicherweise noch einige Ortsbezeichnungen, die wahrscheinlich von den Sarazenen stammen: Monte Moro (Mohrenberg), Almagell (arab. al-mahall – Ort, Siedlung), Allalin (ala'i-ain – Quelle oder al alyn – Höhe) und auch Mischabel (muschbil – umsorgend oder um djabal – Mutter des Berges). Ein Gruss aus der Sahara.

Mein Freund Hanspeter

Mit seinem Aussehen müsste man ihm eigentlich nur einen Burnus überziehen und einen Fes aufsetzen, und er wäre in den Souks von Essaouira, Sidi-bel-Abbès oder Kairouan nicht mehr von einem Einheimischen zu unterscheiden. Deshalb wird Hanspeter von seinen Freunden auch nur ganz einfach ‹der Araber› genannt. Hanspeter lebt aber nicht im Maghreb, sondern in der Schweiz. Sein Familienname Equey klingt Französisch und ist im Dorf Isérables im Unterwallis gang und gäbe.

Bedjouï, nicht kroumir

Isérables war bis vor einigen Jahren nur zu Fuss oder über eine Seilbahn vom Talboden her erreichbar. Die Bewohner dieser abgelegenen Siedlung werden auch heute noch ‹les bedjouïs› genannt, im Gegensatz zu jenen von Fully im Rhonetal, die ‹les kroumirs› heissen. Hanspeter ist also ein waschechter ‹bedjouï›. Was haben aber ‹Beduinen›, arabische und berberische Nomaden, im Wallis zu suchen? Wann und wie sind sie von der Sahara über den Kamm der Penninischen Alpen gelangt – doch nicht etwa auch mit dem Föhn?

Der Mohrenpass und andere Pässe

Mehrere starke Sarazenenzüge erreichten das Wallis über die Pässe Mons Jovis (Grosser St. Bernhard), Mons Pratoborni (Theodul) und offensichtlich auch das Saastal über den Monte Moro. Die Sarazenen waren sich der strategischen Bedeutung der Alpenübergänge bewusst und installierten sich mit Vorliebe in deren Nähe, von wo sie

Der ‹Verein Haus der Religionen› auf Wallfahrt in Mariastein im Ländereck bei Basel. Mit dabei ist eine Hindudelegation, denen der Ort vertrauter ist als den Berner Reformierten. Sie verehren dort Maria und sehen in ihr die Gestalt der Parvati, der Gemahlin von Gott Siva.

ihre Handels- und Kriegszüge besser vorbereiten und von Pilgern und Händlern Zölle einziehen konnten. Überlieferungen bestätigen Wanderungen von Sarazenen vom Wallis bis in die Deutschschweiz. Obwohl die Sarazenen selten sesshafte Händler blieben, haben sie möglicherweise im Saastal doch die erwähnten arabischen Flurnamen hinterlassen.

Dunkles Mittelalter

Diese geschichtliche Zeit wird oft als ‹dunkel› bezeichnet. Dieses Attribut wurde dem Mittelalter hauptsächlich deswegen erteilt, weil nur wenige schriftliche Überlieferungen vorhanden sind, welche geschichtliche Abläufe belegen und untermauern. Beim Thema Sarazenen stossen wir deshalb oft an Grenzen und sind auf Vermutungen und Spekulationen angewiesen. Ihre Anwesenheit im Saastal ist jedoch sicher.

Verdrängte Erinnerungen

Die Saasini (die Bewohner des Saastals) erinnern sich aber heute nicht gerne an solche Zusammenhänge, vielmehr verdrängen sie diese Geschichten, wie es nur geht. Der Gedanke, dass das Saastal früher einmal von islamischen Volksstämmen besiedelt war und die Reste dieser Bevölkerung sich womöglich noch mit den zuwandernden Alemannen vermischten, ist ihnen nicht ganz geheuer. Trotzdem geistern die Sarazenen heute noch in den Köpfen herum – nicht zuletzt auch im Pinot Noir ‹Le Sarrazin›, den wir zur Einstimmung geniessen durften.

Legende oder Wirklichkeit?

Muslimische Siedler in der mittelalterlichen Schweiz? Diese von vielen, besonders vehement von den Saasini selber, ins Reich der Legenden verwiesene These wollten auch wir noch nicht recht glauben, als sich unsere Wandergruppe an einem sonnigen Freitag Ende August in Saas-Fee traf. Allerdings brachte sie unsere Phantasie bereits zum Blühen: Wurde die Schweiz einmal von sarazenischen Schlächtern und Plünderern durchstreift? Oder war sie am Ende Teil der toleranten, hochzivilisierten Kultur von al-Andalus, dem einstigen islamischen Spanien? Am Abend wurden wir bei einem mundenden Glas ‹Sarrazin›-Wein in diese bewegte Zeitepoche eingeführt, ehe wir uns am nächsten Morgen auf den Weg machten, die einleitende Frage selber zu ergründen, oder besser gesagt zu erwandern.

Monte-Moro-Pass

Unser Tourenziel, den 2868 m hohen Monte-Moro-Pass, erreichten wir auf einer landschaftlich imposanten, aber anspruchsvollen Route von Mattmark aus über Alpwiesen, Geröllfelder und

Eine Herrnhuter Reisegruppe aus den Niederlanden besucht das ‹Haus der Religionen› und Bern. Es sind mehrheitlich Menschen surinamischer Herkunft. Sie kennen aus ihrer ursprünglichen Heimat den Reiz und die Herausforderung, in einer multireligiösen Gesellschaft zu leben.

Felsplatten hinweg in knapp vier Stunden. Unterwegs erfuhren wir, dass der Name des Passes, ‹Berg der Mauren›, nicht von ungefähr kommt. Tatsächlich hielten sich im 10. Jahrhundert Sarazenen, wie die Muslime früher gemeinhin genannt wurden, in den Schweizer Alpen auf. Von ihrer Basis im Hinterland von St. Tropez aus waren sie um 940 über den Grossen St. Bernhard ins Wallis gezogen. Über andere Pässe gelangten sie auch ins Engadin und sogar bis nach St. Gallen. Nachdem sie als Vasallen der Burgunder gekämpft hatten, erhielten sie das Recht, die Alpenpässe wirtschaftlich zu nutzen, d. h. Wegzoll einzutreiben. Oft nahmen sie Reisende jedoch auch gefangen und verlangten Lösegeld. Als sie gar den Heiligen Majolus, Abt von Cluny, als Geisel nahmen, setzten die Burgunder um 975 der sarazenischen Vorherrschaft in den Alpen ein Ende. Einträge in Klosterchroniken belegen dies alles.

Historisch nicht belegbar und entsprechend umstritten ist dagegen die Frage, ob die Sarazenen im Wallis auch sesshaft wurden. Anzeichen hierfür liefern ungeklärte Orts- und Flurnamen im Saastal, die auf das Arabische zurückzugehen scheinen. Auf unserer Wanderung trafen wir einige davon an: Unter uns Almagell, der beste Ort (arab. al-mahall), um die Passwege zu kontrollieren. Älter (balin) als dieses ist wohl Balen am Taleingang. Am schönsten aber liegt Fee, exzentrisch oberhalb (fa'iq) des Talgrunds. Über ihm die eindrucksvollen Gipfel der Mischabel, die das Dorf zu umsorgen (muschabil) scheinen, gleich einer Mutter des Berges (mudschabal). Gezackt wie eine Krone (tadsch) ist das Täschhorn. Daneben die Gipfel des Allalin, die wie die Erhabenen (al-aliyin) in der Landschaft stehen. Auf dessen Rückseite liegt der Mellichgletscher, der eine salzerne (malih) Farbe hat. Ganz in der Ferne meinten wir sogar dessen grossen Bruder, den Aletsch, zu erspähen, das grösste Eisfeld (thalladsch) Europas. Leider schaffen wir es nicht wie geplant, über die Jazzilücke, einen weiteren als Pass genutzten Einschnitt (jazz), zu steigen und nachzusehen, ob dort immer noch ein sarazenischer Kopfsteuereintreiber (jazi) sitzt.

Geheimnis auf den Smaragdgründen des Mattmarks

Diese Ableitungen, so plausibel sie auch wären, haben bedauerlicherweise keine Beweiskraft. Anders wäre dies bei materiellen Spuren sarazenischer Besiedlung. Solche haben wir auf unserer Bergtour indes vergeblich gesucht. Die Inschriften auf dem Blauen Stein, welche die Anwesenheit von Mauren belegen sollen, konnten wir nicht einsehen. Der hausgrosse Findling liegt seit 1965 nämlich auf dem Grund des smaragdgrünen

Aufstellung zum Vesak-Fest. An den Kleidern kann man unterschiedliche Richtungen des Buddhismus erkennen – und auch die Gäste.
Bilder: Stefan Maurer

Mattmark-Stausees, an dessen Ufern unsere Wanderung vorbeiführte. Wo sind aber die Reste der Moscheen und maurischen Paläste, die Krummsäbel und Harnische der sarazenischen Krieger? Nichts hiervon wurde im Saastal je gefunden. Dies erstaunt nicht, wenn man sich vergegenwärtigt, wer die maurischen Siedler gewesen sein könnten: bescheidene Bauern, wohl arabisierte Berber, die vom Atlas her mit der Bergwirtschaft vertraut waren. Des Lesens und Schreibens unkundig, betrieben sie nur Tauschhandel. Ihre Hausburgen aus Lehm zerfielen komplett. Und falls sie überhaupt Muslime waren, dann praktizierten sie ihre Religion volkstümlich und schriftlos. Unverkennbare Spuren haben sie damit keine hinterlassen.

So gelang es uns nicht, auf unserer Wanderung Gewissheit zu erlangen, ob das Saastal je von Muslimen besiedelt war oder doch eher von nichtmuslimischen maurischen Siedlern. Da Gewissheit und Spiritualität aber ohnehin schlecht einhergehen, störte uns das am Ende wenig. Einer, der uns alles über die Sarazenen hätte sagen können, ist der Riese ‹Zen Hoggar›. Doch wurde dieser ewig lange nicht mehr im Wallis gesichtet. Vor langer Zeit hatte er hier zwei gewaltige Manuskripte hinterlegt – einen Koran und eine Bibel. Die beiden aufgeschlagenen Riesenbücher erspähten wir, längst versteinert, auf unserem Rückweg vom Monte Moro an einem Berghang. Allerdings sind die Seiten inzwischen derart verwittert, dass man nicht mehr sagen kann, welches nun die Bibel und welches der Koran ist.

Literaturhinweis:
Jean-Pierre Sandoz, Die Sarazenen durchqueren die Alpen, Verlag Th. Gut & Co., Stäfa, 1993

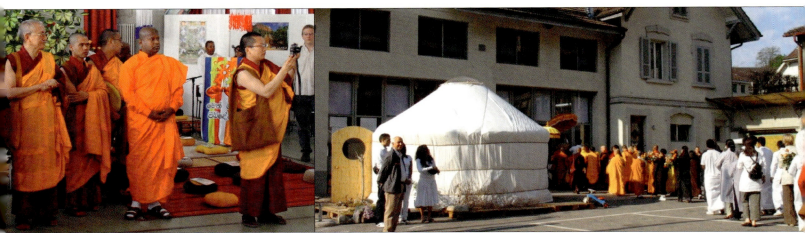

Die Werkhalle wird zum Zentrum der buddhistischen Gemeinde aus der ganzen Schweiz. Vertretungen unterschiedlichster Richtungen finden sich zum festlichen Einzug.

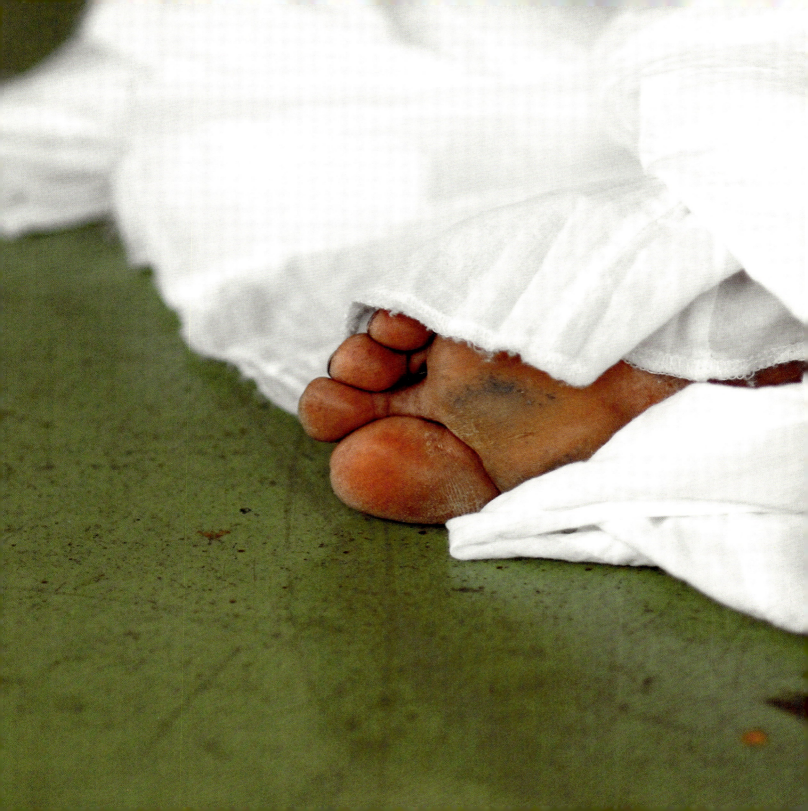

Herausforderungen und Erfahrungen

Wie schmeckt das Paradies?

David Leutwyler im Gespräch mit Gerda Hauck

Gerda Hauck ist seit 2007 Präsidentin des Vereins ‹Haus der Religionen – Dialog der Kulturen›.
David Leutwyler ist seit 2010 zuständig für die Bildungsarbeit im ‹Haus der Religionen›.

Vesak-Fest – aus der sri lankischen Botschaft ist eine Buddha-Reliquie ausgeliehen. Ein eigens angestellter Wächter achtet darauf, dass ihr kein Schaden zugefügt wird.
Bilder: Stefan Maurer

David Leutwyler: *Im ‹Haus der Religionen› sind verschiedene Veranstaltungen zum Thema ‹Armut und Paradies› durchgeführt worden. Für eine Tagung hast du einen Text geschrieben, in welchem steht: «Ich würde sogar behaupten, dass es vor allem die Sehnsüchte sind, die uns als Menschen miteinander verbinden. So unterschiedlich diese Sehnsüchte auch sein mögen.»*
Gerda Hauck: Ich denke tatsächlich, dass alle Menschen Sehnsüchte in sich tragen. Zum Beispiel die Sehnsucht danach, dass es besser wird, untereinander, unter uns. Oder die Sehnsucht danach, die eigene Beschränktheit – sei sie materiell oder geistig – zu überwinden. Die Objekte der Sehnsucht sind nicht bei allen Leuten dieselben. Aber dass wir dieses Gefühl haben, welches über uns hinausweist, das ist meiner Erfahrung nach eine Konstante. Darüber wird jedoch kaum gesprochen; auch ich selber spreche nicht dauernd über meine Sehnsüchte, denn es handelt sich dabei um die zartesten und verletzlichsten Seiten von uns Menschen. Aber ab und zu sollten sie ausgesprochen werden, denn Sehnsüchte rühren tief in mir drin – vielleicht könnte man sagen ‹im Herzen› – etwas an.

David Leutwyler: *Du warst von 1993 bis 2001 für Caritas Bern tätig und dabei zuständig für Migrationsfragen. Dabei hattest du intensiven Kontakt mit vielen zugewanderten Menschen aus anderen Kulturkreisen. Bist du dabei mit Sehnsüchten konfrontiert worden, die anders sind als deine eigenen?*
Gerda Hauck: Ich bin Sehnsüchten begegnet, die ich nachvollziehen konnte, aber von denen ich selber weniger betroffen bin. Zum Beispiel der Sehnsucht nach körperlicher und materieller Sicherheit; wenn Menschen nicht wissen, woher sie Geld für ihr Essen und für dasjenige ihrer Kinder bekommen können. Oder wie sie es bewerkstelligen sollen, dass ihre Kinder eine Ausbildung bekommen. – Armut ist etwas sehr Erschütterndes.

David Leutwyler: *Wie steht es gemäss deinen Erfahrungen um die Armut in Bern?*
Gerda Hauck: Dies ist eines der grossen Probleme unserer Gesellschaft. Wir haben zwar keine Armut, die mit derjenigen in den Slums von Manila zu vergleichen wäre. Aber Armut ist immer relativ zur Gesellschaft, in der du lebst. Obschon wir ein ausgebautes Sozialsystem haben, produzieren wir mit unserem Wirtschaftssystem laufend mehr Armut.

David Leutwyler: *Produzieren wir nicht in allererster Linie Wachstum?*
Gerda Hauck: Aber wir schauben alle Leute aus, die ein bisschen anders funktionieren oder ande-

re Bedürfnisse haben als die breite Masse. Diejenigen, die stromlinienförmig funktionieren, die können sich halten, was von vielen eine gewaltige Anpassungsleistung erfordert. An den Rändern erlauben wir uns sowohl nach oben wie auch nach unten als Gesellschaft Dinge, die ich total daneben finde: Wir erlauben, dass sich Leute wie Raubritter verhalten und klatschen Beifall, ja, vergolden diejenigen mit Millionen, die sich völlig ohne Rücksicht auf irgendein Gemeinwohl bereichern – immer unter dem Deckmantel von ‹ökonomisch-rational›. Auf der anderen Seite werden unter diesem Etikett auch Menschen eliminiert: psychisch, sozial oder physisch.

Jetzt sollen diese Teste betreffend Down-Syndrom eingeführt werden: Bereits heute wird ein grosser Teil der Kinder mit Down-Syndrom abgetrieben. Damit will ich nichts gegen diejenigen sagen, die sich so entscheiden, das ist ihre Sache. Aber mit dem Ausschauben von Leuten, die ein bisschen anders sind, nehmen wir uns eine Chance zu lernen. Wir kreieren einen absurd hochperfekten Arbeitsmarkt, in welchem die Leute versorgt sind, aber wir verlernen dabei, mit Situationen umzugehen, die nicht stromlinienförmig sind. Und das ist meiner Meinung nach ein riesiger Verlust. Selber bin ich zwar behütet und in materiell sicheren Verhältnissen aufgewachsen, aber als Kind der Nachkriegszeit in Deutschland bin ich mit der Präsenz von Zerstörung, von Menschen ohne Arme oder Beine, gross geworden. Daraus hat sich in mir drin ein tiefes Gefühl für die Verletzlichkeit des Lebens entwickelt.

David Leutwyler: *Welche soziale Verantwortung haben Religionen im Umgang mit Armut?*
Gerda Hauck: Die Tagung damals hat gezeigt, dass Armut in allen Religionen ein Thema ist: Wie gehen wir mit Armen um, mit Armut unter uns? Und sie hat gezeigt, dass Religion immer ein Korrektiv war gegen Ausgrenzung: Man darf Arme nicht ausgrenzen und soll sie unterstützen, das ist eine Konstante in allen Religionen, zumindest auf der Ebene der Norm. Die Religionen versuchen ja, zwischen dem Ist-Zustand und dem, was tiefe Sehnsucht ist, zu vermitteln: Niemand möchte arm sein, niemand möchte ausgegrenzt sein. Folglich sollte da die goldene Regel zum Zug kommen: Wenn Armut etwas ist, das nicht gut für mich ist, wie kann ich dann dazu beitragen, dass nicht jemand anderes davon betroffen ist?

David Leutwyler: *Nach der Arbeit bei der Caritas bist du Leiterin der Koordinationsstelle Integration der Stadt Bern geworden. Dabei hast du dich mit der Diskriminierung von nicht öffentlich-rechtlich anerkannten Religionsgemeinschaften in der Bauordnung beschäftigt.*

Mit dem Vesak-Fest feiern Buddhisten die Geburt, die Erleuchtung und das Verlöschen Buddhas.
Das Fest findet in der Regel im Mai statt.
Grosses Bild Stefan Maurer: Marco Genteki Röss praktiziert Zen-Buddhismus und ist Kalligraf.

Gerda Hauck: Als Präsidentin der vietnamesisch-buddhistischen Pagode hatte ich bereits Erfahrungen mit der Bauordnung gemacht. Die Bedürfnisse von nicht öffentlich-rechtlich anerkannten Religionsgemeinschaften waren damals in der Bauordnung der Stadt Bern nicht vorgesehen und sind es vielerorts bis heute nicht. Weil nur Kirchen und Synagogen in den definierten Nutzungszonen zugelassen und andere Kultusräume in der Bauordnung nirgends vorgesehen waren, brauchte es dafür immer Ausnahmebewilligungen.

Demgegenüber steht die verfassungsmässig garantierte Kultusfreiheit. Wenn wir die Verfassung als Grundlage unseres Rechtsstaates ernst nehmen wollen, können wir doch nicht alle anderen Religionsgemeinschaften als Ausnahmen deklarieren. Denn in einer Stadt wie Bern sind Kultusräume ein echtes Bedürfnis.

Deshalb musste man die Nutzungszonen neu definieren – und das haben wir in der jetzt gültigen Bauordnung der Stadt Bern gemacht. Die Zonen sind nun so definiert, dass nebst Schulen, Spitälern und Quartiertreffpunkten auch Gebetsräume dastehen dürfen. Hartmut (Haas) fragt immer: «Warum passiert es denn nicht?» – Da ist dann, meine ich, der Einzelne immer mitverantwortlich. Das ist der Kampf ums Recht: Es reicht nicht, dass irgendwo ein Buchstabe steht, du musst dich auch dafür einsetzen, dass er lebt, dieser Buchstabe.

David Leutwyler: *An wen denkst du dabei? An die Vermieter, die ihre Mieter auswählen können?*
Gerda Hauck: Ja, oder an diejenigen, die etwas bauen wollen. Wenn Religionsgemeinschaften ein Haus kaufen können, sollen sie sich nicht mehr abwimmeln lassen, nur weil jemand denkt: «Das gehört nicht zu uns», oder «Das gibt bestimmt Ärger.» Niemand kann einfach so sagen: «Das geht nicht.»

David Leutwyler: *In welchem Zusammenhang steht diese Thematik mit deinem Engagement im Verein ‹Haus der Religionen› – Dialog der Kulturen?*
Gerda Hauck: Als ich das erste Mal vom ‹Haus der Religionen› hörte, dachte ich: «Super!» Ich weiss noch, dass viele gesagt haben: «Nein, das geht doch nicht.» Und ich habe immer gesagt, auch zu allen Leuten in den Ämtern: «Ihr werdet sehen, das kommt.» Das war wirklich meine feste Überzeugung. Und ist es natürlich auch heute noch. Dieses Projekt knüpft an ein sehr konkretes Bedürfnis in dieser Gesellschaft an: Wie gehen wir mit verschiedenen Kulturen und Religionen um? Und auch für alle, die nicht religiös sind: Wie gehen wir miteinander um? – Was wir im

Vesak der Buddhisten. Verehrung, Andacht, Schlaf – es gibt viele Formen der Beteiligung. Schuhe haben allerdings in der geheiligten Halle nichts zu suchen.
Bilder: Stefan Maurer

‹Haus der Religionen› bieten, ist ein konkretes Übungsfeld, sowohl für die religiös Engagierten wie auch für die anderen. Und deshalb dachte ich: Das ist jetzt ein Projekt für unsere Zeit. Und das andere, was mir ganz wichtig ist: Dass all diese Religionsgemeinschaften gleichberechtigt Platz nehmen in der Öffentlichkeit. Unser Projekt ist ein ausgezeichnetes Instrument, um dies zu befördern und dass sich die Leute daran gewöhnen.

David Leutwyler: *Du bist aktiv im Kleinen Kirchenrat der katholischen Gesamtkirchgemeinde Bern und Umgebung und damit Mitglied einer Minderheit im Kanton Bern. Merkst du das in irgendeiner Form?*
Gerda Hauck: Wir Christen der grossen Landeskirchen müssen immer aufpassen, dass wir nicht Dinge für selbstverständlich halten, die nicht selbstverständlich sind. Wir tun oft so, als wüssten wir, was für die anderen gut ist – ohne diese zu fragen. Wir entscheiden, wie etwas läuft, und dann beziehen wir die Minderheiten noch ein bisschen ein und haben dann ein gutes Gefühl. Das passiert auch ab und zu zwischen der reformierten und der katholischen Kirche. Das ist sehr menschlich. Es ist der Mechanismus von Mehrheit und Minderheit. Manchmal staune ich auch über die Aufgeregtheit gegenüber dem Papst und dem Vatikan. Wenn schon, ist das doch unser Problem. Da haben sich manche Reformierte, meine ich, noch nicht emanzipiert seit der Reformation, wenn dieser Papst immer noch eine Autorität für sie ist. Unabhängig davon: Die Zusammenarbeit zwischen Reformierten und Katholiken verläuft in Bern sowohl bei der Basis als auch in den Gremien ausgezeichnet.

David Leutwyler: *Kann man diese Problematik von Mehrheit und Minderheit auf den Verein ‹Haus der Religionen – Dialog der Kulturen› übertragen? Wenn wir die Zugehörigkeit vieler Vereinsmitglieder und die Herkunft der finanziellen Mittel betrachten, sehen wir dann nicht auch eine ganz starke Mehrheit, die einheimisch und christlich ist und die weiss, was für die zugewanderten Religionsgemeinschaften gut ist?*
Gerda Hauck: Das würde ich nicht so sagen. Diejenigen Leute, die in unserem Verein aktiv sind und uns unterstützen, die haben eine Sehnsucht nach einer Öffnung. Wir müssen aber bei gemeinsamen Aktivitäten tatsächlich sehr gut aufpassen, dass die Minderheiten wirklich auf gleicher Augenhöhe partizipieren. Auch ich muss immer wieder aufpassen. Das ist einerseits die Aufgabe der Mehrheit oder von denen, die mehr Macht haben, aber es ist auch eine Aufgabe der Minderheit. Menschen aus Minderheitsgruppie-

rungen müssen lernen, sich selbstbewusst einzubringen und zu sagen: «Ich möchte gerne, dass ...», oder: «Halt, ich verstehe das nicht. Kannst du es mir bitte erklären?» Es braucht Aktivität und auch eine gewisse Selbstermächtigung, damit etwas Neues entstehen kann. Und es ist ein Lernprozess auf allen Seiten.

David Leutwyler: Merkst du in der Gesellschaft etwas von solchen Veränderungen?

Gerda Hauck: Eine von meinen Grunderfahrungen, die ich in letzter Zeit wieder gemacht habe, ist die: Es verändert sich so viel. Auch im Bereich des Zusammenlebens. Das ist jetzt nicht Zweckoptimismus, sondern das berührt mich wirklich. Meistens nimmt man sich nicht die Zeit zu schauen, was sich verändert hat. Weil man ja immer noch nicht da ist, wo man eigentlich sein will. Die Hetze gegen die Muslime ist immer noch nicht abgeklungen, ja, das stimmt. Aber es ist auch wichtig zu schauen, was sich verändert hat, wie viel mehr die Leute heute über die Muslime wissen.

David Leutwyler: Zum Schluss kannst du entscheiden, mit welcher Frage du aufhören möchtest. Entweder: Was hast du persönlich für Sehnsüchte für die Zukunft? Oder zur eingangs erwähnten Tagung zum Thema ‹Armut und Paradies›: Wo befindet sich das Paradies, wo erhoffst du es dir?

Gerda Hauck: Was ich mir erhoffe? In meinem Alter denkt man auch ab und zu: Wie lange reichen noch die Hirnfähigkeiten? Ich denke oft daran. Demenz oder solche Sachen sind halt präsent. Das wäre ein Wunsch von mir, dass ich noch lange lernen kann. Ich bin immer noch sehr neugierig, ich finde das alles so spannend, das Leben. Und dass ich noch die Kraft habe, nicht nur wohlwollend Anteil zu nehmen, sondern auch zusätzlich zu lernen, weil ich denke, dass es noch so viel zu lernen gibt. Und die Welt besser zu verstehen.

Und wo das Paradies ist? Ja, du – das weiss ich nicht. Ich denke einfach, ob es ein solches gibt oder wie das dann ist, wenn es etwas gibt, ein Leben nach dem Tod, da lasse ich mich überraschen. Aber ich denke, wir können uns selber gegenseitig auch immer ein wenig einen Vorgeschmack aufs Paradies verschaffen, im Alltag. – Wie könnte das Paradies schmecken?

‹Fête KultuRel› – von Menschen und ihren Geschichten.
Bilder Doppelseite: Hans Saner und Saida Keller-Messali im Gespräch mit Rita Jost. Herrnhuter Sterne an der Schwarztorstrasse, studiert von Bauart-Architekt Peter C. Jakob.
Bilder: Stefan Maurer

Gemeinsam trauern – gemeinsam hoffen

Hartmut Haas

Sofern wir nicht direkt betroffen sind, ist wohl das grosse Seebeben in Asien doch schon lange her und fast vergessen. Darum sei es hier in Erinnerung gebracht, nicht nur weil es unvorstellbares Leid verursachte, sondern auch, weil es eine selten zu erlebende Anteilnahme der Weltgemeinschaft auslöste. Der grosse Tsunami hat Küstenregionen von Thailand bis Somalia verwüstet und viele Opfer aus allen Kontinenten der Erde gefordert. So auch aus vielen Ländern Europas sowie aus der Schweiz. Dankbar darf man dafür sein, dass die Welt zu gemeinsamer Trauerarbeit fähig war und eine grosse Welle der Solidarität und der Versprechen gegenseitiger Hilfe in Gang gesetzt wurde. Unter anderem kam dies auch in der Schweiz, bei der nationalen Trauerfeier im Berner Münster am 5. Januar 2005, zum Ausdruck, in den Reden des Bundespräsidenten Samuel Schmid, des Präsidenten des Kirchenbundes Thomas Wipf und auch im gemeinsamen Zeichen der Besinnung und Andacht der grossen Weltreligionen.

In einem Leserbrief an die Berner Zeitung hiess es dazu später: «[...] und bin noch heute ganz erfüllt vom Geist dieser Feier. Das grenzübergreifende Leid sprengt offensichtlich auch kirchliche Grenzen, so dass es Kirchenvätern und Politikerinnen möglich war, in eine glaubwürdige und globale Totenklage einzustimmen. Mir kam dies vor wie ein neuer Stern zu Bethlehem. Diese Feier konnte Tote nicht wieder lebendig werden lassen, aber sie liess Neues entstehen. Vielleicht ist das der Trost nach der Katastrophe?»

Der Feier im Münster und den Bildern am Fernsehgerät entnahm man nicht, dass dabei eine grosse Nähe zu ehemaligen und aktuellen Herrnhuter Wirkungsstätten in der Schweiz gegeben war. Georg Schubert als Mitglied der Gemeinschaft von Don Camillo, die heute Montmirail Geist und Leben gibt, war als Sekretär der Arbeitsgemeinschaft christlicher Kirchen in der Schweiz wesentlich mit Texten in Gebeten und Predigt präsent. Die ‹neue Herrnhuter Arbeit› zeigte sich im Gastbeitrag der Religionen, der durch die vielen Erfahrungen interreligiöser Begegnungen mit dem Projekt ‹Haus der Religionen – Dialog der Kulturen› innerhalb der sehr kurzen Zeit verwirklicht werden konnte.

Gemeinsam anderen dienen

Man entnahm der Feier auch nicht, in der «die Worte eindringlich, die Zeremonien berührend» (St. Galler Tagblatt) waren, dass es einige organisatorische und theologische Hindernisse zu überwinden galt, um das gemeinsame Trauern überhaupt zu ermöglichen. Zu den organisatorischen

‹Fête KultuRel› – der Markt ist ein Bazar.
Bilder: Stefan Maurer

Hürden gehörten die Probleme rund um die Lichtzeremonie der Hindugemeinschaft. Zunächst mussten wir bei Probenbeginn mit dem Schweizer Fernsehen feststellen, dass der bestellte kleine Tisch nicht vorhanden war.

Die Gegenstände für die Zeremonie auf dem Abendmahlstisch des Berner Münsters abzustellen kam nicht in Frage, da dies doch den ‹allerheiligsten› Bereich des christlichen Gottesdienstraumes berührt hätte. So rasten wir mit der Münsterpfarrerin durch die Berner Kathedrale und entdeckten glücklicherweise doch noch einen Klapptisch, den wir vor dem Abendmahlstisch aufbauen konnten. Nun war aber die Zeit zu knapp geworden, um die Zeremonie in einem Probedurchlauf mit den beiden Hindu-Vertretern richtig zu üben. Sie sollten pantomimisch darstellen, was sie dann während der Feier durchzuführen gedachten. Aber das klappte nun überhaupt nicht, die Aufnahmeleiterin gab verzweifelt auf. Schliesslich, die Besucher der Feier begannen schon in das Münster hereinzuströmen, bemerkten wir gerade noch rechtzeitig, dass nun der kleine Tisch der Hindus dem Entzünden der Trauerkerzen auf und neben dem Abendmahlstisch im Weg stand. Wir stellten ihn schnell noch beiseite, und so kam es, dass Georg Schubert und ich im Laufe der Feier diesen kleinen Tisch für die Hindugemeinschaft wieder hineintrugen. Mir war es ein schönes Symbol für das, was möglich sein kann, wenn man Liebgewordenes frei lässt, wie das Herrnhuter Institut Montmirail. Dann kann man Neues beginnen, wie die Mitarbeit im Rahmen des Projekts ‹Haus der Religionen›, und in der Kirche gemeinsam anderen dienen.

Ist das interreligiöse Gebet möglich?

Brachten diese – nur von den Insidern zu bemerkenden – organisatorischen Pannen etwas Komik in den ernsten Anlass, so wogen die theologischen Fragen schwerer, die mit der Durchführung verbunden waren. Der Schweizerische Evangelische Kirchenbund hatte im Namen der Landeskirchen über unser Projekt ‹Haus der Religionen› die Weltreligionen im Raum Bern zur Mitwirkung eingeladen, bei dem ersten Vorbereitungsgespräch aber auch gleich klargestellt: Ein interreligiöses Gebet ist nicht möglich. Also wie doch gemeinsam trauern, gedenken und hoffen?

Die Lösung war der Gedanke von einem ‹Gastbeitrag der Weltreligionen› in einer christlichen Trauerfeier. Dies bedeutete, dass der vom Verein ‹Haus der Religionen› erbrachte Anteil an der Feier klar räumlich und musikalisch abgegrenzt blieb vom christlichen Gottesdienstteil. Dass es doch zu einer eindrücklichen interreligiösen

‹Fête KultuRel› – indonesische Bambusinstrumente und der Tanz der Baha'i.
Bilder: Stefan Maurer

Handlung kam, hat folgende Bewandtnis: In der Vorbesprechung war von Symbolhandlungen der Weltreligionen die Rede. Da war der Gedanke, einen jüdischen Leuchter zu entzünden. Die Vertreter der jüdischen Gemeinde sagten aber, das gehe nicht. Wir könnten nicht Gegenstände, die in die Synagoge gehören, in die Kirche tragen. Ein Symbol nicht, aber eine kleine Rede und das Gebet des Rabbiners, ja das ginge. So sollte es dann auch sein. Unmittelbar vor der Feier brachte ein jüdisches Gemeindemitglied aber nun doch eine Kerze, und zwar ein typisches Trauerlicht bei Sterbefällen und im Gedenken an die Opfer der Shoa. Was nun damit tun?

Michael Leipziger, der Berner Rabbiner, entschied spontan. Er entdeckt eine Anzündkerze, holt sich damit das Licht von der christlichen Osterkerze, die im Berner Münster brannte, entzündet das jüdische Trauerlicht und stellt dies nicht etwa zu den übrigen brennenden Kerzen auf den Abendmahlstisch, sondern zu den kultischen Gegenständen der Hindugemeinschaft. Dann sagt er dazu:

«Wir sind im Berner Münster, in einer Kirche, nicht nur als Christen, auch als Buddhisten, Hindus, Muslime oder Juden zusammen. Was eint uns? Was uns eint, ist, dass wir am Ufer dieser schrecklichen Welle stehen. Wir sind Teil der Menschheit, die erkennen muss, dass sie abhängig bleibt, dass wir keine Titanen sind.

Doch Ohnmächtige sind wir nicht. Wir kommen als Menschen zusammen. Wir können uns die Hände geben und sagen:

‹Du bist mein Bruder, Du bist meine Schwester.› Wenn wir so zusammenstehen, bleiben wir zerbrechlich, ja, aber solidarisch auch.»

‹Fête KultuRel› – für ältere und jüngere Semester ein Ereignis. Lore Menton, links, ist dazu aus Königsfeld im Schwarzwald angereist.
Bilder: Stefan Maurer

Die Medien berichteten über den Anlass: Nationale Trauerfeier im Berner Münster

Meditative Stimmen

Fürbitten der Hindus, buddhistische Meditationsgesänge und die Rezitation von jüdischen Psalmen und Suren des Korans verdeutlichten die globale Dimension der Katastrophe. Die meditativen Stimmen aus Ost und Fernost erzeugten eine besinnliche Stimmung im christlichen Sakralbau. «Viele sehen jetzt nur noch das Dunkle», sagte Pfarrer Thomas Wipf. «Es braucht daher Menschen, die auch stellvertretend für andere hoffen.»

Berner Zeitung

Fünf Religionen vereint

Die Katastrophe führte auch in der Gedenkstunde Menschen verschiedener Religionen zusammen, wie es sonst selten ist. Zwei Hindus in leuchtenden Gewändern rezitierten Gebete, zwei Muslime lasen Stellen aus dem Koran über das apokalyptische Erdbeben und die Auferstehung, vier Buddhisten evozierten in liturgischem Gesang die Vergänglichkeit und das Leiden, ein jüdischer Rabbiner sprach von der Abhängigkeit des Menschen, aber auch von seiner Solidarität und zitierte die Klage des Psalmisten über Flut und Schlamm. Eine christliche Indonesierin schliesslich dankte für die Anteilnahme und hatte ein Tuch mitgebracht, wie es bei der Heirat um das Paar gewickelt wird, um die Verbindung in gegenseitiger Unterstützung und Wertschätzung zu symbolisieren. Fürbitten, ein gemeinsames ‹Unser Vater› und das Lied ‹We Shall Overcome› beschlossen die Feier. Sie war würdig und gehaltvoll, auch wenn sie, vom Fernsehen direkt übertragen und vorher in ein Drehbuch gefasst, Züge einer Inszenierung hervortreten liess.

NZZ, Christoph Wehrli

Nationale Trauerfeier.

Bundespräsident Schmid spricht wie ein Pfarrer. Er erinnert an die Unaussprechlichkeit des Leids, die Vergänglichkeit des Menschen und die Nichterforschbarkeit des Allmächtigen. Pfarrer Thomas Wipf, Präsident des Kirchenbundes, redet wie ein Politiker. Er ruft dazu auf, die Welle der Solidarität mit den Tsunami-Opfern auch für die Bewältigung anderer Katastrophen in Gang zu halten. Die Feier ist von den Kirchenführern sorgfältig vorbereitet worden, neben Protestanten und Katholiken kommen geistliche Vertreter von Hindus, Buddhisten, Muslimen und Juden zu Wort. Vor dem Abendmahlstisch bauen zwei sri-lankische Hindus ihren Altar auf und rufen ‹die Göttinnen› an. Das hat es im Münster noch nie gegeben. Nur vereinzelt wird Kritik laut, das Christentum sei zu kurz gekommen.

Facts

‹Fête KultuRel› – Vortrag, Gespräch und Musik vor dem Luo Shu von Andrea Thüler. Rechts Christian Moser, Edith Olibet und Christoph Reichenau.
Bilder: Stefan Maurer

Jede(r) kennt nur einen Teil der Wahrheit

Ein Gespräch zwischen Albert Rieger, Wolfgang Zieger, Rifa'at Lenzin und Willy Spieler

‹Fête KultuRel› – in der Werkstatt der Kalligrafen.
Bilder: Stefan Maurer

Albert Rieger: Was ist für mich das Wichtigste an meiner Religion?

Wolfgang Zieger: 1950 geboren, 1960 rein kindlicher Glaube an Christus, 1968 Rebell und Agnostiker, 1972 Begegnung mit der Baha'i-Religion. Hier fand ich die Antworten auf die in mir brennenden Fragen. Der tief in mir verschüttete Glaube an Gott wurde wieder lebendig. Der Glaube an den einen unerkennbaren Gott, der von Zeit zu Zeit seine Offenbarer zu den Menschen sendet. Diese verkündeten immer nur die eine Botschaft der Liebe Gottes, angepasst an die Erfordernisse der Zeit, in denen sie auftraten. Nun verstand ich auch die Aussage Christi: «Ich hätte euch noch viel zu sagen, doch ihr könnt es noch nicht tragen.»

Für mich erschloss sich ein neues, widerspruchsloses Verständnis der Bibel. Ich akzeptierte den Anspruch Bahá'u'lláhs, dass durch ihn die Prophezeiungen, nicht nur der Bibel, sondern auch aller anderen Heiligen Bücher, erfüllt worden waren. Ein hoher Anspruch, den Er durch die Verkündigung der Einheit der Menschheit und die Bereitstellung der geistigen Mittel zur Verwirklichung dieses grossen Zieles untermauerte. Das wichtigste Mittel auf diesem Weg ist das selbständige Forschen nach Wahrheit. Wir Menschen können immer nur auf dem Weg zur Wahrheit sein – wir können die Wahrheit nicht besitzen, nicht eingrenzen, nicht für uns oder unsere Religion allein geltend machen. Jede Festschreibung der Wahrheit auf den menschlichen Erkenntnisstand kann dieser nicht gerecht werden. Doch in dem Masse, wie wir uns aufrichtig der einen unergründlichen Wahrheit nähern, werden wir uns in Demut einig finden.

Rifa'at Lenzin: Das Wichtigste am Islam ist für mich sein Allumfassend-sein. Er ist nicht nur ein Glaube, sondern auch ein Verhalten, also eine Lebensweise. Der Islam gibt mir zudem meine religiöse und kulturelle Identität.

Willy Spieler: Als Christ antworte ich: Das Wichtigste an der biblischen Botschaft ist das Reich Gottes und seine Gerechtigkeit als Verheissung für diese Erde, nicht erst für das Jenseits. Diese Verheissung, die auch ein ihr entsprechendes Verhalten fordert, insbesondere die Option für die Armen, ist die Grundlage des Religiösen Sozialismus, den ich als Redaktor der ‹Neuen Wege› vertrete.

Als katholischer Christ antworte ich: Die Kirche, der ich angehöre, ist die letzte noch halbwegs funktionierende ‹Internationale›. Sie bringt mich in Abendmahlsgemeinschaft mit den Ärmsten dieser Erde. Das ist eine Verpflichtung – gegen die Götzen des Marktes, die auf ihren neoliberalen Altären die Ärmsten opfern. Mit ihrer Sozial-

lehre könnte die Kirche auch ein ethisches Kompetenzzentrum der Globalisierungskritik sein.

Albert Rieger: Ist das ‹Projekt Weltethos› ein tauglicher Versuch, die multilaterale Ökumene der Weltreligionen zu gestalten?

Wolfgang Zieger: Soweit ich das Projekt Weltethos verstehe, erkennt es eine gemeinsame Grundlage, einen gemeinsamen Ethos in allen Weltreligionen. Gleichzeitig anerkennt es die unterschiedlichen Traditionen, Lehren und Dogmen, die im Laufe der Geschichte in den unterschiedlichsten Gegenden der Welt zu unterschiedlichsten Zeiten entstanden sind. Dies scheint mir eine gute Voraussetzung zu sein für den Aufruf zur Rückbesinnung auf die gemeinsame Wurzel aller Religionen und die allen Religionen gemeinsame ‹Goldene Regel›. Das Projekt Weltethos begegnet dem Zeitgeist, es mag vielen Menschen, die des religiösen Streites müde sind, Heimat und Hoffnung geben. Doch auch hier gelten Worte Christi: «[...] an ihren Früchten sollt ihr sie erkennen.» Eine kleine Frucht mag sein, dass ich, angeregt durch Ihre freundliche Einladung und das Projekt Weltethos, mich in Zukunft intensiver mit dem interreligiösen Dialog beschäftigen werde, dem Gebot Bahá'u'lláhs folgend: «Verkehrt mit den Anhängern aller Religionen in Freude und Eintracht.»

Rifa'at Lenzin: Jedes Projekt, welches das Verständnis und den Frieden unter Religionen und Völkern fördert, ist sicherlich grundsätzlich zu begrüssen. Andererseits bin ich etwas skeptisch, wenn einmal mehr eine neue christlich-abendländische Idee ‹Weltgültigkeit› beanspruchen will. Diese Skepsis bestätigt sich mir beim Blick auf die Homepage des Projekts ‹Weltethos›: Einerseits das Bild der primär farbigen Menschen als Zielpublikum – und andererseits ein Stiftungsrat, der sich ausschliesslich aus deutschen, christlichen Theologen zusammensetzt. Der Gedanke an die vergangene (?) christliche Mission taucht da unweigerlich auf. Gegen die hehren Prinzipien ist aus islamischer Sicht sicherlich nicht viel einzuwenden, aber sie sind auch nicht neu. Das Problem sind wie meist in solchen Fällen nicht die Prinzipien, sondern deren Umsetzung. Und da steckt der Teufel halt im Detail – einst wie jetzt.

Willy Spieler: Da Religionen im Zerstörerischen unendlich viel geleistet haben und noch leisten, gibt es keinen Weltfrieden ohne den Frieden unter den Religionen. Basis dieses Religionsfriedens ist eine die Religionen verbindende, ihnen gemeinsame Ethik. Küng weist nach, dass z. B. die ‹Goldene Regel› in allen Weltreligionen zu finden ist. Den Tatbeweis konnten die christlichen Kirchen im Kanton Zürich erbringen, als sie bei der Abstimmung vom letzten November für die Aner-

‹Fête KultuRel› – Alle sagen ja zu einer Beteiligung am ‹Haus der Religionen›. Aleviten, Baha'i, Buddhisten, Christen, Hindus, Juden, Muslime, Sikh.
Grosses Bild:
Henri Mugier ist jüdischer Kollege der Kalligrafen.
Bilder: Stefan Maurer

kennung weiterer Religionsgemeinschaften eintraten. «Was ihr wollt, dass euch die Leute tun, das tut auch ihr ihnen» hiess konkret: Wollt ihr als Kirchen weiterhin staatlich anerkannt bleiben, dann setzt euch dafür ein, dass auch die anderen grossen Religionsgemeinschaften eine vergleichbare Unterstützung vom Staat erhalten.

Albert Rieger: *Wie gehen Sie mit den absoluten und exklusiven Ansprüchen auf Wahrheit, Erlösung und Heil in den Religionen um? Gibt es Perspektiven für eine verbindende ‹Theologie der Religionen beziehungsweise der Begegnung›?*
Wolfgang Zieger: Die Wahrheit liegt allein bei Gott. Jeder Versuch, die absolute Wahrheit auf einer persönlichen, menschlichen, institutionellen, eben der irdischen Ebene festzuzurren, führt zu kleinlichen Absolutheitsansprüchen, die der Wahrheit nie gerecht werden können, und zu Ausgrenzung und Feindschaft mit allen bekannten Folgen. Wir Bahá'í glauben an die fortschreitende Gottesoffenbarung. Jeder neue Offenbarer bestätigt und vertieft die Botschaft der Liebe Gottes und erneuert die äußeren, sozialen Gesetze entsprechend den Erfordernissen der Zeit. Er bestätigt die vorangegangenen Offenbarungen und weist auf die nächste hin. Von jedem Offenbarer geht ein geistiger Impuls aus, der innerhalb und ausserhalb der von ihm gestifteten Religion über Jahrtausende in die menschliche Gesellschaft hineinwirkt. Alle Offenbarer schöpfen aus der einen göttlichen und somit absoluten Quelle und passen, in ihrer göttlichen Weisheit, das Ausmass der jeweiligen Offenbarung den Erfordernissen der Zeit an. Die Bahá'í-Religion (seit 1844) versteht sich als bislang jüngste Offenbarungsreligion.
Rifa'at Lenzin: Für die Muslime liegt die absolute Wahrheit allein bei Gott. Religionsgeschichtlich betrachtet ist der Islam die jüngste der Weltreligionen und hat damit einen gewissen Vorteil: Das Verhältnis zu den bereits bestehenden Religionen, insbesondere zu Christentum und Judentum, ist geklärt, und der Islam akzeptiert auch deren Wahrheiten: «Wir glauben fürwahr an das, was uns (als Offenbarung) herabgesandt worden ist und was euch herabgesandt wurde, und unser Gott und euer Gott ist Einer, und Ihm sind wir ergeben.» (Q. 29:46; etwas ausführlicher noch in Sura 2:136.) Schwerer tut sich der Islam respektive tun sich die Muslime allenfalls mit später entstandenen Bewegungen wie z. B. den Baha'i.
Weil der Islam so jung ist, gab es von Seiten der Muslime auch keine Missionsbestrebungen gegenüber Christen oder Juden. Das Sendungsbewusstsein und der absolute Wahrheitsanspruch scheinen mir vor allem ein christlich-abendländisches Problem zu sein, nicht nur früher, sondern auch heute noch. Angesichts der unterschiedli-

Die Kalligrafen haben einen Faltbrief erstellt. Er dient als Grundlage für die...

chen Dogmen und Entwicklungsgeschichten sehe ich allerdings keine Perspektiven für eine verbindende ‹Theologie der Religionen›. So akzeptiert beispielsweise das Christentum bis heute die Prophetschaft Muhammads nicht, während die Muslime wiederum die christliche Dreifaltigkeit ablehnen. Grundsätzlich sehe ich aber auch kein eigentliches Bedürfnis für die erwähnte verbindende ‹Theologie der Religionen›. Ein einigermassen konfliktfreies Nebeneinander und der Respekt für den Glauben und die Meinung des Anderen sind meines Erachtens Anspruch genug.

Willy Spieler: Es gibt verschiedene Wahrheitsansprüche. Es sind vor allem zwei Extreme, die ich klar ablehne:

Das eine Extrem vertritt der religiöse Fundamentalismus, wenn er nicht nur an eine absolute Wahrheit glaubt, sondern diese auch mit politischen Mitteln durchsetzen will. Nur die Wahrheit hat ein ‹Recht auf Dasein› lehrte z. B. die katholische Kirche während des Konstantinischen Zeitalters bis Pius XII. Es gab daher nur die eine ‹wahre› Staatsreligion. Die übrigen Religionen oder Konfessionen waren bestenfalls geduldet. Aber sie hatten kein Recht auf öffentliche Verkündigung des ‹Irrtums›, auf eigene Medien, gar auf staatliche Anerkennung.

Das andere Extrem ist der Indifferentismus: Jede Religion ist gleich wahr oder unwahr, also gleichgültig. Die Frage nach der Wahrheit wird sinnlos. Damit kann sich eine neue Intoleranz gegenüber den Religionen verbinden. Die indifferente Beliebigkeit, selbst zum Dogma erhoben, diskreditiert jeden Wahrheitsanspruch und verstösst damit gegen die Religionsfreiheit.

Albert Rieger: In einem zukünftigen ‹Haus der Religionen – Dialog der Kulturen› braucht es eine gemeinsame Hausordnung. Wie kann eine ‹Differenzverträglichkeit› (Hans Saner) in diesem Haus gestaltet werden, die die Integrität der Religionen und Glaubenspositionen respektiert und dennoch die Vielfalt praktisch lebt? Wie kommen wir von einem blossen Nebeneinander zu einem konstruktiven Miteinander?

Wolfgang Zieger: Abdu'l-Bahá, der Sohn Bahá'u'lláhs, beschreibt in einer seiner Ansprachen, die er 1912 in Paris hielt, den Sinn wahrer Religion wie folgt: «Die Religion sollte alle Herzen vereinen und Krieg und Streitigkeiten auf der Erde vergehen lassen, Geistigkeit hervorrufen und jedem Herzen Licht und Leben bringen. Wenn die Religion zur Ursache von Abneigung, Hass und Spaltung wird, so wäre es besser, ohne sie zu sein, und sich von einer solchen Religion zurückzuziehen, wäre ein wahrhaft religiöser Schritt.»

Das Zusammenleben im Haus der Religionen wird in dem Masse gelingen, wie es seinen Bewoh-

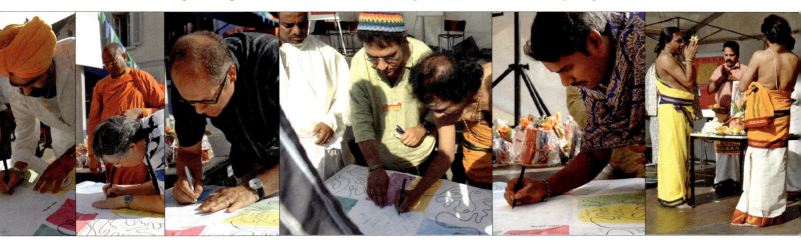

...symbolisch bedeutsame Unterschrift, welche die Partnerschaft für das ‹Haus der Religionen› und den ‹Dialog der Kulturen› dauerhaft begründet.
Bilder: Stefan Maurer

nern, den Religionsgemeinschaften, gelingt, den geistigen Kern ihrer eigenen Religion, die Liebe zu Gott und den Menschen, zu erkennen und zu leben und diesen selben wahren Kern in der anderen Religion zu sehen. Sollte dies zu schwierig sein, mag die ‹Goldene Regel› genügen, den Frieden zu wahren. Auf diese Weise können Unterschiede von Tradition und Riten, Theologie und Lehre zur gegenseitigen Bereicherung führen und nicht zu Entfremdung und Streit.

Rifa'at Lenzin: Die Muslime sind sich ihrer Situation als religiöse und kulturelle Minderheit sehr bewusst. Daher sind sie es auch gewohnt, sich mit der Mehrheitsgesellschaft zu arrangieren. Auch ein konfliktfreies Nebeneinander ist ein Erfolg! Bei Differenzverträglichkeit denke ich nicht nur und in erster Linie an Differenzen des Islams zu anderen Religionen, sondern vor allem auch an die Differenzen innerhalb der muslimischen Gemeinschaft, welche sehr stark nach ethnischen Gesichtspunkten fraktionalisiert ist. Eine Moschee im Haus der Religionen bietet so auch eine Art ‹neutrale› Plattform zur Begegnung der Muslime untereinander. Da die Muslime in der Schweiz ausser in Genf über keine eigentlichen Moscheen verfügen, sondern auf Keller, Garagen und Hinterhöfe ausweichen müssen, ist diese Moschee auch ein positives Signal an die Muslime, dass man sie anerkennt und respektiert.

Willy Spieler: ‹Differenzverträglichkeit› setzt Anerkennung der Differenzen voraus. Was immer eine Religionsgemeinschaft als ihre Wahrheit beansprucht – entscheidend ist, dass sie ihren Wahrheitsanspruch nicht mit Zwang durchsetzen will, dass sie auch den Staat nicht als ‹bracchium saeculare› (weltlichen Arm) missbraucht. Positiv gewendet: Wie Religionen das Letzte deuten, gehört unter die Obhut der Toleranz, solange sie nicht selbst intolerant sind. Für die Welt von Bedeutung ist, dass sie im Vorletzten übereinkommen. Die Welt will die Religionen nicht an ihrer Wahrheit, sondern an ihren Früchten erkennen, nämlich an ihrem Beitrag zu ‹Gerechtigkeit, Frieden und Bewahrung der Schöpfung›. Schon die Weltkonferenz der Religionen für den Frieden 1970 in Kyoto vertrat diese Ansicht. Sie nannte es z. B. eine «Verpflichtung, an der Seite der Armen und Bedrückten zu stehen gegen die Reichen und die Bedrücker». Wichtiger noch als solche Erklärungen ist ihre Konkretisierung. So hat in jüngster Zeit z. B. der Grossayatollah Sistani den Christen Bush und Blair vorgeführt, wie die umkämpfte Stadt Najaf gewaltlos befriedet werden konnte.

Veränderte Bedingungen der Baugrundlage führen zu immer neuen Skizzen und Plänen für ein ‹Haus der Religionen›. Kommt der Kommerz zuerst und dann die Religionen? Wie ordnet sich das alles richtig und bleibt auch für den Dialog noch Platz?
Grosses Bild: Die Stadtbildkommission am Europaplatz.

Zuwandernde und etablierte Kultur

Maja Wicki-Vogt
Notizen

Bundespräsident Pascal Couchepin ist im ‹Haus der Religionen› zu Besuch. Seine Visite gilt dem muslimischen Verein, der sich in der Zeit des Ramadan in der Werkhalle eingerichtet hat. Knien wird von ihm nicht verlangt. Es begrüsst ihn Imam Mustafa Memeti.
Grosses Bild: Stefan Maurer

Womit befassen wir uns, wenn wir von ‹Kultur› sprechen?

Das deutsche Wort ‹Kultur›, entsprechend dem Wortsinn des lateinischen ‹cultura›, abgeleitet vom Verb ‹colere› (colo, colui, cultus), bedeutet in erster Linie Bearbeitung und Bebauung des Bodens, in zweiter Linie Wohnen und Ansässigsein, und erst in weiterer Hinsicht Sorge tragen, Pflegen und Veredeln, schliesslich Verehren und Anbeten, Ehren und Huldigen.

‹Kultur› ist somit immer mit einem örtlich-räumlichen und einem zeitlichen Element verbunden, das zugleich die Pflege des Getanen, Bearbeiteten und Aufgebauten einschliesst, das Sorgetragen und Veredeln in der Aktualität wie für die Zukunft. ‹Kultur› bezieht sich auf existentielle Werte, die mit der Zugehörigkeit der Menschen zum Erdendasein im zeitlichen und räumlichen Miteinander und Nacheinander verbunden sind, mit dem Verhältnis zueinander in der vielseitigen, wechselseitigen Abhängigkeit voneinander. Damit der Kulturbegriff Sinn macht, ist es dringlich, dass Menschen im Zusammenleben über die gleichen Rechte verfügen, dass jeder Art von menschlicher Besonderheit der gleiche Wert zukommt und die gleiche Sicherheit. Die Grundregel der Reziprozität (lat. recus – procus) verbindet sich mit dem Begriff von Kultur, in welchem es um die Ehrung anderen Lebens geht, so wie jeder Mensch der Ehrung des eigenen Lebens bedürftig ist. ‹Zuwandernd› oder ‹etabliert› ist somit nicht Kultur, sondern zuwandernd oder etabliert bezieht sich auf die Menschen: ‹zuwandernd›, indem sie geboren werden und heranwachsen, oder indem sie auf der Erde einen Ort suchen, wo sie ‹stehen bleiben› respektive einen ‹Status› finden können, wo sie ‹sich niederlassen› und ‹sich selbständig machen› (franz. établir, s'établir – lat. stabilire; stabilis; stare, status).

Probleme werden durch ein irreleitendes Verständnis von Kultur geschaffen, insbesondere durch die Gesellschaft, die auf Grund ihrer Machtstruktur Bedingungen sowohl für die ‹kulturelle› Zugehörigkeit wie für den ‹Status› stellt. Diese Bedingungen sind willkürlich und widersprechen der Bedeutung von ‹Kultur›. Sie werden sowohl durch politische und religiöse Ideologien, durch persönlichen Narzissmus von Machthabenden wie durch existentielle – zum Teil auch wirtschaftlich bedingte – kollektive Ängste geschaffen. Sie entsprechen selten oder kaum dem Prinzip der Gerechtigkeit resp. der gleichen menschlichen Grundrechte auf Grund der gleichen menschlichen Grundbedürfnisse, wie sie im Begriff ‹Kultur› enthalten sind und wie sie sich in einem der ältesten europäischen Entwürfe eines politischen und

gesellschaftlichen Regelsystems finden: in Platons ‹Politeia›. Von Bedeutung erscheint mir, dass die sokratische Philosophie, die in der ‹Politeia› festgehalten wird und die zur gleichen Zeit entstand wie ein Teil der alten Bibel, nicht zur Religion erklärt wurde. Sie wurde nie zu missionarischem Zweck oder zur Begründung von Ideologien, schon gar nicht von Kriegen benutzt. Deren Ethik stimmt mit jener der wichtigsten Normen der Menschenrechtserklärung überein, sie ermöglicht daher die vergleichende Untersuchung von Grundwerten, die sich mit dem Begriff ‹Kultur› verbinden.

Wer sind ‹Fremde›?

Der Mensch ist sich selber fremd. Wer und wie er/sie in den Anfängen des Werdens ist, liess sich nicht wählen. Die Herkunft und die frühen Bedingungen des Daseins wurden auferlegt. Unbekannt und verborgen ist ihm/ihr, was seine/ihre Besonderheit bedeutet. Was fremd und unbekannt ist, löst einerseits Neugier, andererseits Angst und Abwehr aus. Es ist daher eine grosse Chance, sich selber kennen und verstehen zu lernen; als Individuum wie als Teil einer Familien- und Zeitgeschichte die eigene Identität nicht in Frage stellen zu müssen, weil sie von aussen bestimmt wird, sondern sie akzeptieren und zunehmend selber formen, vertiefen und öffnen zu können. Wer den Wert der persönlichen Identität nicht finden kann, neigt dazu, sich mit dem Emblem oder dem Stempel einer kollektiven Identität zu kennzeichnen, unter anderem durch fundamentalistische Partei- oder Religionszugehörigkeit, und die eigene Besonderheit zu leugnen oder zu verlieren.

Wenn somit das eigene Fremde – das Sich-selber-fremd-sein – nicht aufgearbeitet und verstanden werden kann, sondern abgewehrt, verdrängt und übergangen wird, konzentriert sich die Angst auf anderes Fremdes. Dieses wird zum Objekt der Angst wie zur Erklärung von Bedrohung und Gefährdung. Fremdenfeindlichkeit mit allen Aspekten, die damit einhergehen, beruht auf dem Mangel an innerer Sicherheit, der mit der Abwehr der eigenen unbekannten Impulse anwächst. Menschen, die mit einem selbstkritischen und zugleich selbstzustimmenden Einverständnis gegenüber dem eigenen Lebenswert und der eigenen Lebensaufgabe grösser werden, bedürfen kaum der Feindbilder und Feindobjekte. Dies ist eine erstaunliche Tatsache. ‹Fremde› resp. unbekannte Menschen werden als ‹Boten› wichtiger Mitteilungen, zum Beispiel anderer Lebensmöglichkeiten, verstanden, wie die sokratische Weisheit bei Platon lautet und wie sie auch heute umgesetzt werden kann.

Nach dem Gebet der Muslime nimmt der Bundespräsident am Fastenbrechen teil. Vor dem Hintergrund zur Abstimmung über den Bau von Minaretten möchte er im Namen der Bundesregierung den Muslimen in der Schweiz und der Öffentlichkeit das Bild einer toleranten, offenen Schweiz vermitteln, welche die Rechte von Minderheiten schützt und achtet. Das Ergebnis der Abstimmung im November war leider anders.

Es ist von grosser Dringlichkeit, dass die Schweiz zu einer sich kritisch hinterfragenden Gesellschaft wird, der es gelingt, fremde Menschen in Ehre – im Sinn von ‹Kultur› – aufzunehmen, ihnen im gleichen Mass Lebenssicherheit und Lebenswert zu bieten wie dies für die eigenen Bürgerinnen und Bürger angestrebt wird.

Welches sind die gesellschaftlichen Bedingungen der Schweiz heute?

Die föderalistische Schweiz, dieser Zusammenschluss unterschiedlicher Kleinstaaten, die ‹Kantone› heissen und die eigene Fahnen, zum Teil eigene Rechtssysteme und Sprachen haben, diese föderalistische Schweiz ist in dem, was das Gemeinsame betrifft – Pass und Schweizerkreuz – auf Abschottung ausgerichtet, angstbesetzt und eitel. Einbürgerungsbedingungen sind schwerer zu erfüllen als in den meisten anderen europäischen Ländern. Kantone hatten bis vor knapp 140 Jahren gegeneinander Kriege geführt, hatten im Namen von Religionen Feindseligkeiten, politische und existentielle Diskriminierungen sowie gegenseitiges Misstrauen noch lange nachher beibehalten. Arbeitslosigkeit und Armut hatten Hunderttausende einzelner Menschen und ganzer Familien zur Emigration in andere Länder Europas und besonders in andere Kontinente, gezwungen. Schon Emigration von einem Kanton in einen anderen Kanton war schwierig und mit strengsten Anpassungsbedingungen verbunden. Schweizer hatten Schweizerinnen die gleichen Rechte noch bis 1971 verweigert.

Feindbilder und Ablehnung ‹Fremder› bezieht sich heute auf jene Menschen, welche auf Grund von sozialen Diskriminierungen, von politischen Verfolgungen, von Kriegen oder von nicht mehr tragbarer Armut ihr eigenes Land verlassen, in die Schweiz gelangen und hier um Schutz und Aufnahme – um Asyl – bitten. ‹Zuwandernde› sind die aus der eigenen Heimat ‹Wegwandernden›. Verluste, Leiden und Hoffnungen, die damit verbunden sind, lasten schwer und werden kaum beachtet. Im Gesprächsentwurf, der vom ‹Haus der Religionen› an mich gelangte, finden sich vor allem Hinweise auf die ‹Nützlichkeit› der ‹FremdarbeiterInnen›, etwa auf ‹die Putzfrauen vom Balkan, ohne welche es kaum mehr ein zu finanzierendes Spital gäbe›. Die Begründung menschlichen Bleiberechts durch ‹Nützlichkeit› weckt in mir Empörung. Beruht darauf nicht die Legalisierung jeglicher Ausnutzung Bedürftiger und Rechtloser? Auf jeden Fall findet weder das menschenrechtswidrige ‹Drei-Kreise-Modell› eine Erwähnung noch die traumatisierende Entrechtung von Menschen im Asylverfahren, das von Jahr zu Jahr auf nicht mehr tragbare Weise enger, härter

Eine theologische Konferenz des ökumenischen Rates der Kirchen versammelt sich zu einem Abendessen im ‹Haus der Religionen›. Sie beschäftigt sich mit den biblischen Fragen eines ‹verheissenen Landes› und den Auswirkungen des ungelösten israelisch-palästinensischen Konfliktes.

und unwürdiger wird. Unerträglich ist, dass Unrecht durch parlamentarische Gesetzeserlasse zu Recht erklärt und ohne Bedenken umgesetzt wird.

Wie kann sich die Schweiz mit neuen politischen und sozialen Handlungsfeldern öffnen?

Die Schweiz hat, wie schon erwähnt wurde, Mühe mit der Diversität, mit der Fülle von Anderssein und Besonderssein, die das Menschsein kennzeichnen. Religionskriege und Antisemitismus prägten ihre Geschichte, Rassismus und Fremdenfeindlichkeit prägen leider auch die Gegenwart. Dieses Mangelverhalten geht einher mit Ängsten, die zu Machtzwecken genutzt werden und durch welche ‹Zuwandernden› Feindbilder als bedrohliche, das Eigene gefährdende ‹Eindringlinge› übergestülpt oder angeheftet werden.

Die Erkenntnis, dass jedes Unrecht, das ‹Fremden› oder ‹Nicht-Nützlichen› angetan wird, das eigene Recht in Frage stellt und in seiner Glaubwürdigkeit vermindert, könnte bewirken, dass sowohl auf Gesetzesebene wie im sozialrechtlichen, ausländerrechtlichen und asylrechtlichen Alltag umgesetzt wird, wozu sich die Schweiz durch die verfassungsrechtliche Verpflichtung der Beachtung der Menschenrechte eine ethische Norm gesetzt hat:

— dass der gleiche Respekt, wie er gegenüber der eigenen Person erwartet oder verlangt wird, anderen Menschen gegenüber umzusetzen ist;
— dass der Respekt vor der Besonderheit und Verschiedenheit der Menschen, sowohl fremder wie jener der eigenen Nation, von hohem Wert ist;
— dass im Sinn einer kreativen Aufgabe des Zusammenlebens eine sorgfältige, kritische Befassung mit der Entwicklung der Religionstheorien und den Folgen deren Umsetzung nach den Grundsätzen der Allgemeinen Erklärung der Menschenrechte vorgenommen wird;
— dass die Religionsgemeinschaften aktiv dazu beitragen, dass im Asyl- und Ausländerrecht die Verengungen und Verhärtungen korrigiert werden;
— dass an Stelle des menschlich diskriminierenden und retraumatisierenden Status F (‹vorläufige Aufnahme› mit ständiger Angst vor Ausschaffung, mit grosser Einschränkung von Bildungs- und Arbeitsmöglichkeit, von eigener Wahl des Wohnortes wie von medizinischer Behandlung) endlich wieder der ursprüngliche, Sicherheit gewährende Flüchtlingsstatus zugestanden wird;
— dass auch im wirtschaftlichen Bereich mit Aufmerksamkeit auf die Folgen von Macht und legitimiertem Machtmissbrauch geachtet wird, gerade was die Vernetzung von Geld, Macht und Religionen betrifft;

Die Junge Bühne Bern übt das multikulturelle Zusammenleben.
Bilder: Stefan Maurer

— dass insbesondere die ‹missionarischen› Machtziele der offiziellen Religionen kritisch hinterfragt werden, dass die Religionen ihre kulturelle Besonderheit fortsetzen, dabei jedoch auf die Weisheit – ‹sophia› – der ursprünglichen Bedeutung von ‹re-ligio› zurückfinden, damit die Zukunft menschlichen Zusammenlebens nicht mehr ängstigt, sondern mit der Fülle an Verschiedenheit und Besonderheit, jedoch mit der Beachtung der gleichen Grundbedürfnisse und dem gleichen Recht auf deren Erfüllung möglich wird. Dies auch im Wissen des Wohlbehagens, das durch wechselseitigen Respekt wachsen und sich im Sinn von ‹Kultur› erfüllen kann, so dass nicht mehr Rache oder Angst vor Rache das Handeln anleiten, sondern Vertrauen der einen Menschen zu den anderen.

Kulturschaffende sind wesentlicher Teil des Projekts und bringen neue Ideen in die Arbeit ein. In einer Werkstatt im Emmental entsteht unter Anleitung von Stefan Maurer eine Jurte als Sinnbild für nomadische und schamanistische Traditionen.
Bilder: Stefan Maurer

Den Frieden suchen. Wege zwischen Bern und Jerusalem

Peter Abelin im Gespräch mit Hartmut Haas

Das Interview erschien 2008 im Magazin der Jüdischen Gemeinde Bern.

Die Künstlergruppe ‹öff öff› unter Leitung von Heidi Amisegger macht mit ihrem Raumschiff Orbit Station vor der Werkstatt und nimmt das Publikum vom ‹Haus der Religionen› mit zu einer atemberaubenden Reise zwischen Himmel und Erde.

Alle helfen mit – die Jurte entsteht.
Bilder: Stefan Maurer

Peter Abelin: Beginnen wir mit einer Parallele zu den Juden: Als Mitglied der Herrnhuter Brüdergemeine gehören Sie ebenfalls einer zahlenmässig kleinen Glaubensgemeinschaft an. Inwiefern hat Sie diese Minderheiten-Perspektive geprägt?
Hartmut Haas: Dies ist schon ganz wichtig, weil man sich dauernd rechtfertigen und erklären muss. Wenn ich sage, ich komme von den Herrnhutern, folgt sehr oft die Frage auf dem Fuss: ‹Was ist denn das?› Deshalb fühle ich mich mit andern im gleichen Boot, denen das wohl ähnlich geht – etwa den Juden. Ich empfinde diese Situation als durchaus hilfreich, denn sie zwingt einen, ständig über sich selbst zu reflektieren. Persönlich könnte ich es mir auch einfach machen, denn ich habe eine religiöse Doppel-Existenz und bin auch reformiert. Wenn ich einfach sagen würde, ich sei reformiert, würde niemand eine Frage stellen.

Peter Abelin: Hat die Erfahrung, einer kleinen religiösen Gruppierung anzugehören, auch Ihr Engagement im interreligiösen Dialog mitbestimmt?
Hartmut Haas: Nein, zumindest nicht unmittelbar. Da spielt sicher mein Lebensweg eine stärkere Rolle, angefangen bei den Vornamen der zwei an den Folgen des Zweiten Weltkriegs verstorbenen Onkel, die ich trage. Ich verstehe dies als ein Stück Vermächtnis: Ich bin nicht durch ‹die Gnade der späten Geburt› aus der deutschen Geschichte entlassen, sondern habe meine Namen immer verstanden als Zeichen der Mitschuld und Mitverantwortung für das, was in den Jahren 1933 bis 1945 geschehen ist.

Peter Abelin: In Interviews haben Sie die christliche Mitverantwortung für die Shoa verschiedentlich als Aspekt Ihrer Motivation für den Dialog erwähnt. Welches waren aus Ihrer Sicht denn die grössten ‹Sünden› der Kirchen während des Nazi-Regimes?
Hartmut Haas: Ich verstehe diese Aussage eher allgemein-theologisch: An vielen Stellen lädt das Neue Testament ja dazu ein, antijüdisch zu denken. Dies wurde theologisch über Jahrhunderte verbreitet und wird zum Teil bis heute transportiert. Nun geht es darum, das Thema aufzunemen, den Juden ‹ihren› Jesus von Nazareth zurückzugeben und selber in einem aufrechten Gang den christlichen Glauben zu formulieren, ohne den Glauben der andern – speziell des Judentums – schlecht zu machen. Dies ist und bleibt die grosse Herausforderung, spätestens mit und nach dem Holocaust. Dieser hat nur nochmals in dramatischer, schrecklicher Weise veranschaulicht und verdeutlicht, wie sehr sich die Theologie in einem antijüdischen Bild verrannt hat.

Peter Abelin: *Kann man sagen, dass Sie das Judentum über die Theologie und die Geschichte kennengelernt haben und in Ihrer Jugend keine persönlichen Kontakte mit Juden hatten?*
Hartmut Haas: Das ist richtig. Im Schwarzwälder Ort Königsfeld erlebte ich keinen einzigen Juden. Wirklich begegnet bin ich jüdischen Menschen dann erst in den Palästinensergebieten – und das waren Soldaten. Im Grunde ist dies ja auch die Perspektive vieler Palästinenser – mit dem Unterschied, dass sie oft keine Chance erhalten, dieses Bild korrigiert zu bekommen.

Peter Abelin: *Sie sprechen damit Ihre Tätigkeit als Leiter eines Behindertenzentrums in den Palästinensergebieten an. Was war da Ihre Aufgabe?*
Hartmut Haas: Ich muss da etwas in die Geschichte ausholen. Im 19. Jahrhundert haben evangelische Deutsche in Jerusalem, das damals zum Osmanischen Reich gehörte, ein Lepra-Krankenhaus gegründet. Dieses wurde nach dem israelisch-arabischen Krieg von 1948/49 geschlossen, obschon immer auch jüdische Patienten aufgenommen wurden. Als nach einem Provisorium im Kidrontal das Haus zwölf Jahre später im Westjordanland wieder eröffnet wurde, gab es über die Lepra-Patienten und Ärzte so etwas wie eine Koexistenz zwischen Israelis und Palästinensern. Später wurde daraus ein Zentrum für geistig Behinderte. In der Zeit, als wir dort waren, handelte es sich vorwiegend um Mädchen bis zur Pubertät. Sie wurden in einem Internatsbetrieb ganztägig betreut. Wir hatten eine diakonische, sozial-pädagogische Aufgabe. Ich habe die Administration erledigt, das Personal betreut und Einkäufe organisiert, während meine Frau stärker im Bereich der Pädagogik und des Haushalts beschäftigt war.

Peter Abelin: *Welchen Einfluss hatte die politische Konfliktsituation auf Ihre Arbeit?*
Hartmut Haas: Auch da muss ich etwas ausholen. Auch wir gehörten zu denjenigen, die Israel bis und mit dem Sechstagekrieg bewunderten und die Araber damals quasi als ‹die Bösen› betrachteten. Nun haben wir Israel mit seiner Besatzungspolitik gewissermassen von der Rückseite her erlebt. Wir sahen, wie die Palästinenser darunter litten und hätten uns deshalb gerne mit ihnen solidarisiert. Anderseits war da das Wissen um die Geschichte der Juden in Europa. So war unser Erleben immer verbunden mit der Reflektion darüber, was in einer geschichtlichen Unheilskette passiert. In Deutschland hatten wir einen Freundeskreis, der stark im christlich-jüdischen Dialog verwurzelt war. Diese ‹Verstehenshilfe› hat vielleicht im einen oder andern Fall verhindert, das, was wir gesehen haben, als ‹typisch

Die Jurte vor der Werkhalle an der Schwarztorstrasse. Murali Thiruselvam zelebriert in ihr ein kleines Ritual zur Eröffnung. Musik erklingt, Geschichten werden erzählt.
Bilder: Stephan Maurer

jüdisch› zu apostrophieren und einer Gruppe von Menschen zuzuordnen, ohne zu reflektieren, was da vielleicht sonst noch in einem grösseren Zusammenhang zu beachten ist.

Peter Abelin: *Hatten Sie die Gelegenheit, nebst den Palästinensergebieten auch Israel kennenzulernen?*
Hartmut Haas: Ja, ganz klar. Unsere kirchliche Verbindung war die Erlöserkirche in Jerusalem. Das war gewissermassen unser Zuhause. Dort habe ich als Pfarrer mitgewirkt. Und dort haben wir auch Leute wie zum Beispiel Schalom Ben-Chorin getroffen. Wir sind aber auch sehr viel durch Israel gereist und hatten damit natürlich auch Kontakte mit vielen Menschen.

Peter Abelin: *Sie haben an einem Anlass zum Gedenken an Teddy Kollek im Februar 2007 Jerusalem als ‹Sinnbild für das Haus der Religionen› bezeichnet. Was hat Sie an dieser Stadt besonders beeindruckt?*
Hartmut Haas: Für mich ist unter anderem die Grabeskirche ein grosses Sinnbild für diese Stadt. Bei meinem ersten Besuch war ich abgestossen und schockiert – einerseits von der Gier der Mönche nach Bakschisch und anderseits von den sich überall vordrängenden Touristen. Als ich dann an einem orthodoxen Osterfest zufällig wieder in diese Kirche kam, waren griechische Pilger da – und da spürte ich, wie der Ort vor Heiligkeit förmlich vibrierte. Mir wurde bewusst, dass sich hier fast alle christlichen Konfessionen treffen, auch wenn sie sich sonst bekämpfen. Ich fand es auch wunderbar, dass der Schlüssel zur Kirche in der Hand einer muslimischen Familie liegt, und schliesslich sorgte das israelische Religionsministerium für Ordnung, wenn sich die Christen wieder mal in der Wolle lagen. Als Friedensinstanz haben also letztlich Juden gewirkt. Weiter, in Jerusalem weiss man sofort: Es gibt noch andere Religionen und noch viel mehr Konfessionen. Ausserdem heisst es, Jerusalem könne man nur verstehen, wenn man die Geschichte versteht. Ich denke, auch das ist wichtig für uns heute: Dass wir uns wahrnehmen als Menschen, die im Rahmen einer Geschichte agieren, und wir aus der Geschichte heraus eine Verantwortung haben für die Gestaltung der Zukunft.

Peter Abelin: *Sie haben danach eine Stelle in Basel angetreten. War dies Ihr eigener Entscheid, oder wurden Sie von Ihrer Kirche dorthin versetzt, wie im Diplomatischen Dienst?*
Hartmut Haas: Man wird tatsächlich berufen. Es kommt also eine Empfehlung von der Kirchenleitung, wohin man geschickt werden soll. Und da muss einem schon etwas einfallen, wenn man

Die Ausstellung Weltenbilder führt in den Untergrund der ehemaligen Garagenbetriebe der Stadt Bern. In den Kleiderschränken der einstigen Büezer haben sich fast hundert junge Künstler eingerichtet und stellen ihre Sicht auf die Welt dar. Siehe auch grosses Bild nächste Seite, *Collage: Stefan Maurer.*

das ablehnen will. Bei uns ist es so, dass wir bisher jede Berufung angenommen haben. Für Basel haben wir uns dies gründlich überlegt, weil wir uns zunächst gar nicht vorstellen konnten, ‹Schweizer› zu werden. Und heute wollen wir da gar nicht mehr weg...

Peter Abelin: *Sie arbeiteten an der Leimenstrasse, in unmittelbarer Nähe der Basler Synagoge. Wie haben Sie vor dem Hintergrund Ihrer bisherigen Kontakte mit Juden im speziellen Umfeld des Nahen Ostens diese Nachbarschaft erlebt?*
Hartmut Haas: In Israel gab es im Umgang mit Juden immer eine gewisse Spannung: Man musste sich überlegen, ob man sagen kann, wo man arbeitet — man musste sich fragen, wie der Gesprächspartner zur Besatzungspolitik — oder ist es Befreiungspolitik? — steht. Und dann war man in Basel einfach nur Nachbar. Das war natürlich wunderbar. Wir haben dann gemerkt, dass es Leute gibt, mit denen es einfacher ist zu kommunizieren, mit andern schwieriger. Die Klischees, die man vielleicht noch hatte, sind so endgültig zerbrochen — es entstand eine schöne Beziehung zu einem jüdischen Personenkreis. So hat etwa Henri Mugier in unserem Zinzendorfhaus eine wunderbare Bat-Mizwa-Feier durchgeführt. Mehr und mehr fragten uns jüdische Leute an, ob wir ihnen Räume anbieten könnten für Treffen nach dem Gottesdienst. Wir haben Veranstaltungen durchgeführt — so etwa zum Thema ‹Hundert Jahre Zionismus in Basel›. Dies unter dem Aspekt ‹Drei Religionen im Heiligen Land›, auch zur Zukunft zwischen Israel und Palästina. Das eindrücklichste Erlebnis war die Trauerfeier des christlichen Hauswarts der Israelitischen Gemeinde, die ich gestalten durfte. So voll war meine Kirche noch nie, weil die ganze jüdische Gemeinde gekommen ist. Insofern war dies eine wunderbare Vorbereitung auf meine spätere Arbeit in Bern.

Peter Abelin: *Gingen die Kontakte zwischen Christen, Juden und Moslems über die Veranstaltung zum Zionismus hinaus?*
Hartmut Haas: Ja. An sich bin ich ja so etwas wie ein ‹Barfusstheologe› und wäre nie auf die Idee gekommen, mich einzumischen in die grossen Diskussionen der vielen gelehrten Leute in Basel. Aber wir hatten unsere Palästina-Erfahrung — und diese wollte ich zumindest meiner Gemeinde weitergeben. Dazu kommt, dass die Stiftung ‹Kirche und Judentum› in Basel beheimatet ist, zu deren Mitinitianten Leute aus meiner Kirche gehörten. So habe ich die Initiative ergriffen zur Durchführung trialogischer Veranstaltungsreihen, zusammen mit dem Forum für Zeitfragen, der Katholischen Erwachsenenbildung, auch jüdischen Partnern. Dabei ging es um die Situation in

Shiva kommt ins Brunnmattquartier. Beim jährlichen Umzug der Hindus um ihren Tempel an der Schwarztorstrasse wird gleich auch die ganze Welt umschritten. Das Ritual soll auch Segen zu den Nachbarn bringen.

Palästina, aber auch etwa um das Gottesbild im Islam, Judentum und Christentum oder den Umgang mit der Gestalt des Jesus von Nazareth. Auf jüdischer Seite hat sich der kürzlich verstorbene Ernst Ludwig Ehrlich besonders aktiv beteiligt.

Peter Abelin: *Wie und mit welchem Auftrag wurden Sie dann von Ihrer Kirche nach Bern versetzt?*
Hartmut Haas: Der damalige Pfarrer unserer kleinen Berner Gemeinde hat seinen Posten 1999 nach kurzer Zeit wieder verlassen, da er in einer grösseren Gemeinschaft wirken wollte. Die Kirchenleitung legte Wert darauf, die Berner Gemeinde nicht ohne Pfarrer zu lassen. Gleichzeitig hat sie dabei seine Aufgabe erweitert: In der pädagogischen Tradition von Comenius wurde ein Engagement im Bereich der Integration von Migrantinnen und Migranten beschlossen, es sollte sich verbinden mit einer interreligiösen Offenheit. Dies führte zur Berufung meiner Frau und mir nach Bern. Das ‹Haus der Religionen› war damals aber noch kein Thema.

Peter Abelin: *Diese Idee stammt ja von Christian Jaquet, welcher 1998 in einer Imagestudie für das Stadtplanungsamt der Stadt Bern die Erstellung eines solchen Hauses in Bern-West anregte. Wie kam der für das Projekt wohl entscheidende Kontakt mit Herrn Jaquet zustande?*
Hartmut Haas: Als ich im November 2000 mit dem Zug von Basel nach Bern fuhr, traf ich auf Farhad Afshar, den ich als Vertreter des Islams aus unseren interreligiösen Gesprächen kannte. Er lud mich zu einer Sitzung des Runden Tisches der Religionen ein, die im Gemeindehaus der Jüdischen Gemeinde Bern stattfand.

Peter Abelin: *Im Protokoll dieser Sitzung vom 30. November 2000, das der frühere Rabbiner Michael Leipziger dem JGB-Forum überlassen hat, heisst es, Christian Jaquet und Sie hätten ‹über die Vision eines Hauses der Religionen und Kulturen in Bern-Bümpliz› informiert …*
Hartmut Haas: Das ist falsch. Richtig wäre, dass Christian Jaquet seine Ideen vorgestellt hat, die ich noch nicht kannte. Ich habe mich dann zu Wort gemeldet und den Auftrag dargestellt, den ich von meiner Kirche erhalten hatte und der inzwischen auch mit dem Präsidenten der reformierten Kirche abgesprochen worden war. Ich sagte, ich könne meine Zeit für das Vorhaben einsetzen. Und so wurde eine Projektgruppe gebildet.

Peter Abelin: *Im erwähnten Protokoll heisst es denn auch, der ‹Runde Tisch› sei bereit, ‹dieser Vision auf die Beine zu helfen›. Erinnern Sie sich noch an die Anfänge der damals gebildeten Pro-*

Die Künstlergruppe ‹öff öff› unter Leitung von Heidi Aemisegger macht mit ihrem Raumschiff Orbit Station vor der Werkstatt und nimmt das Publikum vom ‹Haus der Religionen› mit zu einer atemberaubenden Reise zwischen Himmel und Erde. Siehe auch grosses Bild Seite 136.

jektgruppe, der ja mit Jakob Bass auch schon ein jüdisches Mitglied angehörte?

Hartmut Haas: Die Vorstellungen über das ‹Haus› waren anfänglich unterschiedlich. Christian Jaquet selbst hatte nicht an einen grösseren Neubau gedacht, sondern an ein multifunktionelles Gebäude mit verschiedenen Räumen, wo die einzelnen Gruppen sowohl ihre Riten als auch ihre gesellschaftlichen Anlässe durchführen könnten. Die Rede war von Kosten von einer halben Million Franken, und wir dachten, die Stadt würde uns das Land gratis zur Verfügung stellen. Anderseits waren auch schon Vorstellungen vorhanden, wonach allein für einen bestimmten religiösen Bereich mindestens 5000 Quadratmeter erforderlich seien. Die in der interreligiösen Arbeit aktiven Personen haben von Anfang an klar gesagt, dass der angestrebte Dialog der Kulturen einer professionellen Begleitung bedarf.

Peter Abelin: *Nun gibt es ja schon diverse Institutionen, die den interreligiösen Dialog pflegen. Warum wollte und will man in Bern darüber hinaus auch Gebetsräume der verschiedenen Religionen unter einem Dach erstellen, was die Sache ja viel schwieriger macht?*

Hartmut Haas: Ja, die Schwierigkeiten sind wirklich enorm. Aber der Ausgangspunkt liegt eben bei der Studie von Christian Jaquet, welcher von der notvollen Situation der Minderheitengruppen ausging, denen es an adäquaten Räumen für ihre heiligen Handlungen fehlte. Die Hindus sind heute bei der Kehrichtverbrennungsanlage untergebracht, die Muslime in Tiefgaragen und Fabrikhallen. Im Vordergrund stand also zunächst nicht der ideelle Aspekt, sondern vielmehr das praktische Ziel, diesen Gruppen eine würdige Umgebung für ihre Zusammenkünfte zu bieten. Heute würde ich sagen: Wenn wir es nicht schaffen sollten, würde doch sehr viel verloren gehen. Meine bisherigen Erfahrungen zeigen mir, dass man unser Projekt dann am stärksten erlebt, wenn die Religionen tatsächlich ihre religiösen Feiern im Umfeld des Hauses der Religionen begehen und andere das miterleben können. Alles andere bleibt ein Versuch, Menschen zu motivieren, an Veranstaltungen teilzunehmen, sich Gedanken zu machen oder Ausstellungen zu besuchen. Demgegenüber würde das ‹Haus der Religionen› ganz natürlich Begegnungen ermöglichen.

Peter Abelin: *Bei der Mehrheitsreligion der Christen stehen die Kirchen häufig leer. Und die kleine Jüdische Gemeinde tut sich schon schwer genug damit, ihre Infrastruktur zu finanzieren und auszulasten. Warum sollten diese und andere Gruppierungen dennoch mehr als symbolisch im Haus der Religionen vertreten sein?*

Die Frauenküche hat sich eingerichtet. Im Rahmen des Themas ‹Armut und Paradies› werden Rezepte gesucht, die mit einfachen Mitteln sättigen und doch Vergnügen für den Gaumen bereiten.

Hartmut Haas: Bei den Christen kann eine Gruppe gut die Anliegen der Ökumene ins Haus der Religionen tragen. Für die Jüdische Gemeinde ist es wegen ihrer Kleinheit aber wirklich schwierig. Mit Rabbiner Michael Leipziger haben wir mal darüber diskutiert, ob ein Raum im Haus der Religionen zum Beispiel genutzt werden könnte, um das Ende des Schabbat zu begehen und anschliessend eine Veranstaltung im Haus der Religionen zu besuchen.

Peter Abelin: *Mit der Erteilung der Baubewilligung im April 2007 begann die schwierige Phase der Konkretisierung des Projekts. Können Sie uns ein Beispiel für das Problem nennen, die Bedürfnisse verschiedener Religionen baulich unter einen Hut zu bringen?*

Hartmut Haas: Die Jüdische Gemeinde beansprucht null Quadratmeter für eine Synagoge im ‹Haus der Religionen›, Ziel ist es aber, dass sie symbolisch vertreten ist. Nun stellt sich die Frage, ob trotzdem der gesamte Komplex kosheren Ansprüchen genügen muss. Wenn dies der Fall ist, ergeben sich viele Probleme, etwa mit der Leichenwaschung der Muslime, die idealtypisch in der Moschee stattfindet. Wird also der ganze Komplex ‹Haus der Religionen› für einen jüdischen Menschen unbetretbar, wenn die Muslime ihre Rituale nach ihrer Ordnung dort durchführen? Ein anderes Beispiel ist der Hindu-Tempel, den man gerne adaptieren möchte nach einem Tempel in Südindien. Aber muss der Bereich für den Hinduismus im ‹Haus der Religionen› dem allem entsprechen? Welchen Spielraum für einen Kompromiss gibt es bezüglich der Aussengestaltung? Wir wollen keinen uniformen Bau, teilen aber die Meinung der Architekten, dass die Architektursprache zur Umgebung passen muss. Zudem können am Europaplatz bestimmte Voraussetzungen nicht verändert werden. Architekten, Vorstandsmitglieder und Arbeitsgruppen befassen sich nun seit Monaten mit solchen Fragen. Es ist offen, ob wir es schaffen, hier einen Kompromiss zu finden oder das Projekt an den Maximalansprüchen letztlich scheitert.

Peter Abelin: *Schon im September 2006 bezeichneten Sie die Phase nach der Baubewilligung gegenüber dem ‹Bund› als einen ‹Tanz auf dem Seil›, der auch das Risiko des Absturzes einschliesst. Ist dieses Bild demnach auch anderthalb Jahre später noch aktuell?*

Hartmut Haas: Das ist so. Wir können ja nicht mehr zurück und ein Projekt auf der grünen Wiese neu planen. Dazu fehlt uns die Kraft – abgesehen davon, dass ich diese grüne Wiese noch nicht gesehen habe, auf der man idealtypisch allen Ansprüchen genügen könnte. Dabei denke

Auch wenn Frauen, Kinder und Küche keinesfalls eine ideologische Grundlage im ‹Haus der Religionen› bilden sollen und wollen, zwingen die sozialen und kulturellen Bedingungen von Gesellschaft und Migrantenfamilien doch, von diesem Rahmen her die Frauenarbeit zu gestalten. So ist dieser nicht nur wohl tönende Dreiklang ein Türöffner, der auch zu anderen Beteiligungen führt.

ich nicht nur an die Religionsgemeinschaften, sondern auch an die Stadt Bern. Diese hat unser Projekt immer wieder gelobt, aber auch ins Feld geführt, mit dem ‹Haus der Religionen› wären dann alle Probleme für die Minderheitenreligionen gelöst. Das haben wir so nie gesagt. Auch mit einer grösseren Moschee im Haus der Religionen sind die Raumbedürfnisse der Muslime keineswegs abgedeckt. Denn es gibt so viele Muslime in Bern, dass sie da niemals Platz hätten. Zudem sind sie, wie andere Religionsgemeinschaften auch, in verschiedene Gruppen und Sprachen unterteilt.

Peter Abelin: *Nebst der Arbeit am ambitiösen Projekt des ‹physischen Hauses der Religionen› am Europaplatz in Ausserholligen, organisieren Sie seit dem Jahr 2002 regelmässig Veranstaltungen wie das ‹Fête KultuRel› sowie seit September 2006 Ausstellungen und Vorträge am provisorischen Standort an der Schwarztorstrasse. In welchem Verhältnis stehen die beiden Ebenen Ihrer Arbeit zueinander?*

Hartmut Haas: Von meinem inneren Engagement her gewichte ich heute den inhaltlichen Beitrag stärker. Denn was wir hier in den Räumlichkeiten an der Schwarztorstrasse leisten, ist notwendig, um Feindbilder abzubauen und um Menschen eine Plattform zu geben, sich darzustellen. Dabei haben wir festgestellt, dass es einer grossen Anstrengung bedarf, um die Leute zum Kommen zu motivieren. Hier erhoffe ich mir eine Erleichterung, wenn das Haus der Religionen einmal steht: Wenn die Leute zu ihren eigenen Veranstaltungen kommen, entsteht automatisch eine gewisse Durchmischung im Publikum und wir können die Leute leichter zusammenbringen.

Peter Abelin: *Viele Mitglieder der Jüdischen Gemeinde leben voll integriert in der hiesigen Gesellschaft und wünschen sich daneben nichts anderes, als ihre Traditionen leben und mit andern jüdischen Menschen Kontakte pflegen zu können. Warum sollten sie sich darüber hinaus auch noch mit interreligiösem Dialog befassen? Reicht es nicht, wenn man sich nach dem Motto verhält: ‹Leben und leben lassen›?*

Hartmut Haas: Es wäre schön, wenn das so funktionieren würde. Aber es funktioniert nicht so. Das zeigt gerade auch eine Erfahrung bei einem christlich-jüdischen Gespräch im letzten November, bei dem es um ein christliches und jüdisches Bibelverständnis ging. Es waren interessierte und engagierte Leute hier, die das Thema eigentlich schon lange kennen. Hinterher hat dann ein Teilnehmer erklärt, die Juden würden die christliche Bibel, also das Neue Testament, nicht anerken-

Eine Frauengruppe ist zu Besuch bei den Frauen im ‹Haus der Religionen›. Das gemeinsame Thema sind auch eigene Erfahrungen zwischen ‹Armut und Paradies›.

nen. Diese Aussage wurde per Telefon und Mail weiter verbreitet. Dabei hatte die jüdische Gesprächsteilnehmerin – es war Präsidentin Edith Bino – nichts anderes gesagt, als dass ihr ‹ihre› hebräische Bibel, das Alte Testament, ausreiche und sie das Neue Testament nicht brauche. Ich erwähne dieses Beispiel, weil mir dadurch klar wurde, dass wir das Selbstverständliche noch gar nicht verstanden haben. Natürlich ist für die Juden die hebräische Bibel das Heilige Buch. Und für die Christen ist das Neue Testament die Basis. Sie verstehen es nur, wenn sie den älteren Teil der Bibel hinzunehmen. Sie sollten darum mit grösster Sorgfalt in das hineingreifen, was sie aus der Hebräischen Bibel entnehmen. Wenn es dann um den Islam geht, sagen viele Christen, das gehe sie nichts an – der Koran interessiere sie nicht. Was sie gegenüber dem Judentum kritisieren, tun sie gegenüber dem Islam. Schon allein dieses Dreiecksverhältnis immer wieder zu thematisieren, ist sehr wichtig für ein gutes Verstehen.

Peter Abelin: *Aus Vorfall könnte man auch die Schlussfolgerung ziehen, der interreligiöse Dialog bringe ja doch nichts, im Gegenteil...*
Hartmut Haas: Doch. Das Gespräch schafft eine Sensibilität. Und diese ist grundlegend nötig, damit man den Vorurteilen überhaupt entgegenwirken kann. Das Desinteresse führt nicht zu einem gemeinsamen sinnvollen Weg des Lernens, es zementiert nur Vorbehalte und Unwissen.

Peter Abelin: *Seit dem Sommer 2007 konzentrieren Sie sich auf Ihre Tätigkeit als Projektleiter, während das Präsidium des Vereins ‹Haus der Religionen – Dialog der Kulturen› von Gerda Hauck übernommen wurde. Inwieweit hat dies Ihnen erlaubt, neue Prioritäten zu setzen?*
Hartmut Haas: Die Verantwortung für die Vorstandsarbeit liegt jetzt bei Gerda Hauck. Dadurch kann ich mich etwas aus der vordersten Linie zurückziehen. Ich hoffe, dass ich mich noch stärker auf die Inhalte konzentrieren kann, um in einem anregenden und guten interreligiösen Geist eine zum Weiterdenken hilfreiche Tätigkeit umzusetzen. Vieles von dem darf widerspiegeln, was dann auch im künftigen ‹Haus der Religionen› zum Ausdruck kommt.

Peter Abelin: *Ihre Stelle war seitens Ihrer Kirche zeitlich begrenzt. Werden Sie Bern verlassen, bevor das ‹Haus der Religionen› eröffnet wird?*
Hartmut Haas: Da gibt es verschiedene Aspekte. Einerseits habe ich längst schon selbst die Frage gestellt, ob es nicht an der Zeit wäre, dass jemand anderes – mit einem andern Hintergrund und einem andern Blickwinkel – diese Arbeit weiterführte. Es wurde mir dann geantwortet, dass es

Vera Bauer und Dorothee Reize bringen Hilde Domin und Bertolt Brecht ins Haus der Religionen. Mit allen ist man gerne unterwegs, auf Sinn- und Glückssuche zwischen Dreigroschenoper und der Dominikanischen Republik.

auch wichtig sei, wenn jemand die Kontinuität sicherstelle – abgesehen davon, dass andernorts die Mittel zur Finanzierung einer solchen Stelle fehlten. Die reformierte Kirche, die jährlich einen Beitrag an meine Stelle zahlt, hat diesen Beitrag für die nächsten Jahre bewilligt. Mein Wunsch ist es, dass wir in Bern bleiben können. Das muss nicht unbedingt heissen, dass ich mich weiter mit Haut und Haar dem Projekt ‹Haus der Religionen› verschreibe. So würde ich gerne etwas Spielraum haben für die Aufarbeitung dessen, was bisher passiert ist und was ich an Ansätzen für eine ‹Theologie der Begegnung› sehe. Dass ich also auch etwas mehr theoretisch arbeiten kann, statt nur hier den Hausmeister zu spielen.

Peter Abelin: *Sie haben sich in den letzten mehr als sieben Jahren intensiv mit andern Religionen befasst, dabei zahlreiche andersgläubige Menschen kennengelernt und Gottesdienste anderer Gemeinschaften besucht. Hat sich dadurch Ihr eigener Glaube verändert? Hat er sich vielleicht gefestigt, oder im Gegenteil relativiert?*
Hartmut Haas: Beides. Ich bin ein Kind einer Kirche, die Mission getrieben hat. Wie positiv man dieses Wort auch deuten will, so bleibt doch die schiefe Ebene eines Vater-Kind-Verhältnisses. Ich habe schon lange dafür gekämpft, dass wir uns alle mit unseren Überzeugungen wie Kinder verhalten. Diese sind ja oft wissender, gerade was Glaubenserfahrungen betrifft. Als Kinder bewahren sie aber immer auch eine grosse Neugierde und Offenheit für anderes. Als religiöse Menschen sind wir insofern alle Kinder, als wir eine Ahnung haben von etwas ganz Grossem, aber doch nicht allwissend sind. Zum Zweiten: Ich habe durch die Besuche von Gottesdiensten aller Religionen – dank Rabbiner Michael Leipziger auch in der Synagoge – festgestellt, wie sehr jene, die daran teilnehmen, darin aufgehen und darin leben. Ich habe dabei nie empfunden, dass diese Menschen gemäss christlicher Perspektive nicht ganz erlöst seien. Um nun auf mich bezogen auf Ihre Frage zu antworten: Ich kann heute offener formulieren, dass mich die Figur des Jesus von Nazareth prägt und meinem Glauben Gehalt gibt. Dieser Jesus von Nazareth, ganz Jude, wäre ein wunderbarer Partner für den interreligiösen Dialog. Mit seiner Offenheit, andern zu begegnen, auf andere zuzugehen, den Geächteten an seine Seite zu lassen, mit den Reichen zu feiern – das ist doch die Gestalt, die ich mir als Vorbild nehmen kann für den interreligiösen Dialog. Was mir leid tut, ist, dass sowohl Juden wie auch Menschen anderer Religionen ihn so schrecklich anders präsentiert erhalten haben durch diejenigen, die diesen Jesus von Nazareth mit ihren Absolutheitsansprüchen verehren.

‹Chempebiger› Thomas Leuenberger, alias ‹Baldrian›, liefert eine seiner Steinsäulen, auf jedem Stein ist eine friedvolle Botschaft aus den Weltreligionen notiert. Die Säule wird zum gemeinsamen Symbol bei der zweiten ‹Nacht der Religionen›.

Von der Kunst und Notwendigkeit des Dialogs

Was ist Dialog? – Eine muslimische Perspektive

Ramazan Mercan

Dialog bedeutet, von der Ansicht «Ich habe Recht und du Unrecht» zu der Ansicht «Sowohl ich als auch du können Recht haben, zwischen uns kann es Gemeinsamkeiten geben, nur haben wir sie noch nicht gefunden» zu kommen.

Der Dialog ist eine Kommunikationsform, welche die Unterschiede zwischen den Kommunikationspartnern aufhebt, alle auf die gleiche Stufe stellt und sie anspornt, ohne Vorurteile zu hören, zu verstehen und auf sinnlicher Ebene Lösungen zu finden. Aus diesem Grund gibt es in Dialogen keine Etikettierungen, Verurteilungen, Ausgrenzungen, Verachtung und Unterschätzungen.
Der Dialog in der globalisierten Welt ist ein Paradigma, welches das 21. Jahrhundert prägen und ein Weg zur Lösung von Problemen sein wird.

Interreligiöser Dialog

Der Dialog auf religiöser Ebene hingegen bedeutet, dass verschiedene Gruppen einer Religion wie auch Menschen, die verschiedenen Religionen angehören, zusammen über gemeinsame Probleme sprechen, sich austauschen und miteinander arbeiten, ohne dass man versucht, dem anderen die eigenen Ansichten und den eigenen Glauben aufzuzwingen. Ganz im Gegenteil, man macht dies, indem man sich gegenseitig respektiert. Es ist nicht so, dass der Dialog der Kulturen – wie einige behaupten – ein Versuch ist, die Religionen zu vereinen.

Die Religion – die so alt ist wie die Menschheit – hat seit jeher eine bestimmende Rolle im Leben, schon immer gab es unterschiedliche Religionen. Man sieht auch, dass die heutige Gesellschaft im Gegensatz zu früher viel ausgeprägter in wirtschaftlichen, politischen, militärischen, kulturellen und religiösen Beziehungsnetzen lebt, und es ist auch ersichtlich, dass die religiösen Werte andere Bereiche beeinflussen.

Damit aber ein Dialog zwischen den Religionen stattfinden kann, müssen die Parteien guten Willens und bereit sein, sich gegenseitig zuzuhören. Interreligiöser Dialog heisst, dass man erlaubt, dass Individuen das Recht haben, ihre Religion zu leben, zu praktizieren und sie anderen zu vermitteln. Es ist nicht möglich, Frieden zwischen Völkern zu erreichen, ohne dass es Frieden zwischen den Religionen gibt. Und es ist auch nicht möglich, von Dialog zwischen Religionen zu sprechen, wenn man die Grundprinzipien einer Religion nicht kennt.

Interreligiöser Dialog ist in religiösen Kreisen ein häufiges Thema, das keinesfalls unterschätzt werden darf. Die Menschen können sich nur ver-

Die ‹Nacht der Religionen› bewegt viel. Durch die ganze Stadt hinweg sind Menschen unterwegs, um sich in der Begegnung zwischen den Religionen und Konfessionen zu üben. Was exotisch wirkt, ist besonders gefragt.

stehen, wenn sie miteinander reden. Es ist möglich, dass Menschen verschiedener Religionen in Frieden und Respekt miteinander leben – die Geschichte bietet dazu viele Beispiele. Allah hat allen Menschen die Welt mit allen ihren Schätzen geschenkt. Auf der Erde gibt es genug Sauerstoff, Wasser und Speise für alle. Allah will nicht, dass der von ihm geschaffene Mensch zu Grunde geht. Die schönste Erfahrung auf dieser Welt ist, den Menschen mit allen seinen Unterschieden, Farben und Ansichten kennen und lieben zu lernen.

Alle Menschen sind Allahs Schöpfung

Allah hat die Menschen aus einer Quelle, aus Adam, in verschiedensten Gestalten erschaffen. «Einer Seiner Beweise ist, dass Er die Himmel und die Erde geschaffen hat, dass unsere Sprachen und unsere Farben unterschiedlich sind. Gewiss, für die, die wissen, finden in diesen Beispielen Lehren.» Dass Allah die Menschen unterschiedlich geschaffen hat, sollte kein Grund für Zank und Zwietracht sein. Die Klugen sollten aus diesen Unterschieden Lehren ziehen und versuchen, sich gegenseitig zu helfen und zu unterstützen. Die Religion, eine der fundiertesten sozialen Institutionen der Menschheit, ist weiterhin etwas, welches das Leben der Menschheit prägt. Die ganze Weltbevölkerung glaubt in der einen oder anderen Weise.

Die Globalisierung, sprich die Vereinigung von verschiedenen Kulturen, sowie Migration zwingen den heutigen Menschen, in Nachbarschaft mit verschiedenen Religionen und Kulturen zu leben. Aus diesem Grund kann die heutige Zeit ‹die Epoche des Nebeneinanderlebens verschiedener Kulturen› genannt werden. Heute ist es an der Zeit, eine seriöse und realistische Zusammenarbeit an den Tag zu legen. Vor allem müssen wir gemeinsam vorgehen, wenn es darum geht, bedürftigen Menschen zu helfen und für Menschenrechte einzustehen.

Islamische Sicht des Dialogs

Aus islamischer Sicht haben sich bezüglich der Einstellung zum Dialog im Laufe der Zeit keine grossen Änderungen ergeben. Die Anfänge des Islams sind voll von Beispielen des friedlichen Zusammenlebens verschiedener Religionsangehöriger mit Muslimen. Vor allem die Verhaltensweisen des Propheten Muhammad und Verse aus dem Koran, die diese Verhaltensweisen begründen, sind beispielhaft für Muslime damals wie heute. So stellte der Prophet die Moschee in Medina einer christlichen Delegation zur Verfügung, damit diese dort beten konnte. Dies ist ein Beispiel, welches als eine vorbildliche Handlung der Toleranz mit goldenen Lettern in die Geschichtsbücher eingetragen werden müsste. Die Aufgabe

Die Eröffnung der ‹Nacht der Religionen› im Murugen-Tempel an der Bahnstrasse zieht hunderte von Menschen an. Der organisierte Ablauf wird spontan modifiziert, doch Lukas Hartmann hält stand und spricht vom ‹ersten Tag einer neuen Zeit›.
Bilder: Christoph Knoch

der gesamten Menschheit ist, dem Ruf des Dialoges zwischen Religionen und Zivilisationen Gehör zu schenken. Der Prophet Muhammad hat untersagt, Nicht-Muslime auf irgendeine Weise zu verletzen, ihnen Schaden zuzufügen oder sie überhaupt nur zu stören.

Einige der entsprechenden Hadithe (Aussprüche des Propheten) lauten wie folgt:

«Wer einen Juden oder Christen belästigt, wird am Tage des Jüngsten Gerichts mich als Ankläger finden.» «Glaubt etwa jemand, der einen Juden oder Christen tötet, mit dem ich eine Vereinbarung getroffen habe, dass er das Paradies jemals sehen wird? Er wird es nicht einmal riechen können.» Eine Empfehlung des Propheten an nachfolgende Führer (in Armee und Verwaltung) lautet wie folgt: «Betrügt nicht, tötet die Kinder nicht. Wenn ihr mit einer feindlichen Armee im Krieg seid, lasst die Zivilbevölkerung in Frieden und seid barmherzig mit Kindern, Alten und Kranken. Tötet die Tiere nicht. Zerstört keine Gärten, fällt die Bäume nicht.»

Die Muslime verhielten sich auch sehr respektvoll gegenüber Gebäuden. Kirchen, Synagogen, sogar Tempel der Feueranbeter wurden geschützt und nicht zerstört. Im Koran offenbart Allah nämlich Folgendes (Hacc, 40): «Hätte Allah die schlechten Taten gewisser Menschen nicht durch andere Menschen verhindert, ja dann wären gewiss Klöster, Kirchen, Synagogen und Moscheen, wo Gottes Name oft gepriesen wird, zerstört und eingestürzt.» Dieser Vers zeigt, dass – ungeachtet der Religions- und Rassenzugehörigkeit – den Menschen zu Hilfe geeilt und versucht werden muss, Kriege, Ausbeutungen, Besetzungen und jegliche Menschenrechtsverletzungen zu verhindern und zu beenden.

Der Islam lehnt jede Art des Terrors ab. Der Islam befiehlt den Frieden und der Koran will, dass der wahre Muslim ein Vertreter und Botschafter des Friedens und der Grundrechte des Menschen ist. Befänden sich auf einem Schiff neun Mörder und nur ein Unschuldiger, würde es der Islam nicht erlauben, das Schiff zu versenken, weil damit ein Unschuldiger seiner Rechte beraubt werden würde.

Hinter Unstimmigkeiten, Streit, Kriegen, ja sogar hinter Trennungen steckt der Mangel an Dialog. Der Respekt gegenüber gemeinsamen universellen Werten kann helfen, gefährliche Probleme friedlich zu lösen. Wir hoffen, das neue Millennium wird viel glücklicher, gerechter und voller Liebe.

Kontrapunkt zu Krieg und Gewalt

Edith Olibet

«Ich wusste immer, dass jeder Mensch tief in seinem Herzen Mitgefühl und Rücksicht hat. Kein Mensch wird mit einem Herzen voll Hass gegen einen anderen Menschen wegen seiner Hautfarbe oder wegen seines Hintergrunds oder wegen seiner Religion geboren. Der Hass ist erlernt, und wenn Menschen zu hassen lernen, kann man ihnen auch beibringen zu lieben, da die Liebe dem Herzen näher steht als der Hass.»

Mit diesem Zitat von Nelson Mandela möchte ich als Direktorin für Bildung, Umwelt und Integration das viertägige Fest der Religionen und Kulturen eröffnen. Gerne spanne ich meinen Schirm über dieses Fest, das so gut zu meinen Direktionsaufgaben passt.

Können Sie sich einen idealeren Ort für dieses Fest vorstellen als die Schulanlage Schwabgut? Ich meine, die Initiantinnen und Initianten dieses Festes haben bei der Auswahl des Festortes eine sehr glückliche Hand und ein gutes Auge gehabt. Sie haben sich nämlich einen Ort ausgewählt, wo tagtäglich, im unspektakulären Alltag, oft unbemerkt und ganz selbstverständlich, integrationsfördernde und integrierende Taten vollbracht werden. Dafür danke ich allen Kindern und Jugendlichen, den Lehrkräften, Eltern und den Schulbehörden der Schwabgutschule ganz herzlich.

Mitte April wurde dort für rund drei Wochen die Ausstellung «Coexistence» gezeigt. Auf riesigen Plakaten wurde bildnerisch das friedliche Neben- und Miteinander von Menschen aus verschiedenen Nationen und Kulturen dargestellt. Das Zitat von Nelson Mandela stammt von einem dieser Plakate. Genau wie das Fest der Religionen und Kulturen fand auch diese Ausstellung an einem für das Thema dieser Ausstellung idealen Standort statt: Der Münsterplattform, die Ihnen allen bestens bekannt ist. Auch dort muss immer wieder das Gleichgewicht zwischen den verschiedenen Interessen gesucht und Toleranz sowie Rücksichtnahme und Koexistenz geübt werden.

Heute und in den nächsten drei Tagen sind wir alle in die Schulanlage Schwabgut eingeladen. Sie wird für vier Tage zum «Haus der Kulturen und Religionen». Ich bin stolz darauf, dass die Initiantinnen und Initianten für dieses Fest «meine» Schulanlage ausgesucht haben. Eine meiner Schulen, wo Kinder aus 30 Nationalitäten und vielen Religionen friedlich zusammenleben, zusammen spielen, zusammen lachen, zusammen lernen, zusammen streiten und sich wieder versöhnen. Das Schwabgut ist wie alle Schulen ein Ort, wo Integration tagtäglich gelebt wird.

Mir wird heute die Ehre zuteil, dieses Fest zu eröffnen.

Mit einem Ritual vor der Hindu-Gottheit Ganesha wird die ‹Nacht der Religionen› im Hindutempel eröffnet. In der fremden Umgebung gibt es zu dem ausdrucksvollen religiösen Tanz viel zu sehen und zu hören... auch als Grussworte, wie von Romina Schwarz von den Baha'i.
Bilder: Christoph Knoch

Warum habe ich diese ehrenvolle Anfrage so gerne übernommen?

Ganz einfach: Meine Direktion Bildung, Umwelt und Integration verfolgt die gleichen Ziele wie die Initiantinnen und Initianten dieses Festes. Integration heisst für mich nicht, die eigenen Wurzeln, die eigene Kultur oder Religion aufzugeben. Erst die gute Verwurzelung in meiner Herkunft, in meiner eigenen Sprache, in meiner eigenen Kultur und Religion verschafft mir die Möglichkeit, mich für Neues zu öffnen. Erst wenn ich mir selber einen guten Boden geschaffen habe, kann ich darauf etwas Neues bauen, kann ich Verständnis und Toleranz für andere und anderes haben. Jede und jeder muss zuerst bei sich selber ankommen, bevor er oder sie seine Fühler für Neues ausstrecken kann.

Dazu kommt, dass ein Fest immer ein erfreulicher, menschenverbindender Anlass ist, an welchem sich Menschen unterschiedlichster Herkunft auf ganz natürliche und unkomplizierte Art begegnen. Alle sind willkommen, hochwillkommen, ungeachtet der kulturellen, religiösen oder sozialen Herkunft, das Alter spielt genauso wenig eine Rolle wie die Hautfarbe.

Für mich setzt dieses Fest einen wohltuenden Kontrapunkt zu Krieg und Gewalt, die überall auf der Welt unsägliches Leid verursachen. Dem entgegen setzen die Organisatorinnen und Organisatoren den Dialog, den sie an diesen vier Tagen mit der Bevölkerung suchen. Dies ist genau das, was in unseren städtischen Kindergärten und Schulen tagtäglich geübt wird: der Dialog, der gegenseitige Respekt voreinander. Ich finde es toll, dass Kinder und Jugendliche an diesem Fest im Mittelpunkt stehen und dass wir Erwachsene miterleben können, wie viel sie uns dank diesen Erfahrungen und Erlebnissen in einer Schule der Vielfalt voraushaben. Mögen sie uns Erwachsenen ein Vorbild sein und uns als gutes Beispiel für den Alltag dienen.

Ich habe jetzt sehr viel über meine Freude und meine Begeisterung gesprochen. Neben der grossen Freude an diesem Fest habe ich aber trotz dem tollen Angebot und Veranstaltungskalender auch noch einen Wunsch: Es wäre schön, wenn dieses Wochenende der Auftakt für ein friedliches Miteinander der Religionen und Kulturen in der Stadt Bern wäre, wenn es bereits bestehende Kontakte stärken und neue fördern würde.

Gemeinsam zu feiern, Kontakte zu knüpfen und sich besser kennenzulernen, ist ein wichtiger Grundstein zur Erfüllung meines Wunsches. Wir

Während der ‹Nacht der Religionen› herrscht auch in den Kellerräumen der Moschee an der Hochfeldstrasse dichtes Gedränge.
Bilder: Christoph Knoch

alle haben während dieser vier Tage Gelegenheit, eine Weltreise auf kleinem Raum zu machen. Das Fremde ist dann plötzlich nicht mehr fremd. Bei vielen Menschen, auch, aber nicht nur in Bern, sitzen die Ängste vor dem Fremden tief. Meine Erfahrung ist: Sobald das Fremde ein Gesicht bekommt, was an diesem Fest sicher der Fall sein wird, verfliegt die Angst. Ich wünsche mir, dass dieses Wochenende den Auftakt bildet für ein friedliches Miteinander der Religionen und Kulturen, für ein besseres gegenseitiges Kennenlernen.

Ich weiss auch: Im Alltag scheuen wir uns oft, Mitgefühl und Rücksicht zu zeigen, weil wir Angst davor haben, missverstanden oder übervorteilt zu werden. Deshalb wünsche ich mir, dass dieses Fest auch das Vertrauen untereinander stärkt. Wenn wir friedlich miteinander leben wollen, dann brauchen wir die Gelassenheit, dass das religiöse oder kulturelle oder soziale Anderssein der anderen uns nichts nimmt, sondern sehr viel gibt. Dass wir Konflikte friedlich lösen können, weil wir auf gegenseitigen Respekt und Achtung zählen dürfen. Konflikte wird es immer geben. Die Frage ist nur, wie wir mit ihnen umgehen, wie wir sie lösen. Friedliches Miteinander braucht den Mut, auf die guten Kräfte des eigenen Herzens zu bauen.

Die Angebote der christlichen Gruppen sprechen die Besucher der ‹Nacht der Religionen› weniger an. Offenbar glaubt man, vieles schon zu kennen. Wer sich zu St. Marien auf den Weg gemacht hat, wird es nicht bereut haben.
Bilder: Christoph Knoch

Von der Dringlichkeit des Dialogs und dem Wert der Traditionen

Bernhard Pulver

Allein schon der Umstand, dass sich die Nacht der Religionen zum vierten Mal jährt, ist ein eindrücklicher Beweis dafür, dass das Verhältnis der Religionen untereinander hier in der Schweiz gut ist. Hier besteht viel Gemeinsinn über die verschiedenen Kulturen hinweg.

Das Projekt ‹Haus der Religionen – Dialog der Kulturen› versteht sich als Angebot der Stadt und Region Bern, Menschen aus kulturell unteschiedlich geprägten Bevölkerungsgruppen und verschiedenen religiösen Gemeinschaften zusammenzuführen. Dieses Projekt ist vielleicht – global gesehen – alles andere als selbstverständlich. Es steht aber durchaus im Einklang mit dem föderalistischen Gedanken und dem demokratischen Common Sense, der die historische Schweiz als politisches Gebilde überhaupt erst möglich gemacht hat. Neu an diesem Projekt ist – und das ist auch ein zentrales Anliegen der vergleichsweise noch jungen Partei, der ich angehöre – dass Traditionen und Werte, von denen Menschen in dieser Gesellschaft überzeugt sind, auch dann Respekt verdienen, wenn sie Ausdruck einer Minderheit sind, die sich bislang politisch noch wenig Gehör verschaffen konnte.

Kulturelle Verschiedenheit begründet Zusammengehörigkeit

Toleranz ist das Schlüsselwort in dieser Sache. Es bedeutet nicht ‹Gleichgültigkeit›. Gemeint ist damit vielmehr das Bekenntnis zu einer demokratischen Tradition, welche kulturelle Verschiedenheit als Grund für Zusammengehörigkeit erkennt und sich entsprechend organisiert.

Der Event der Nacht der Religionen ist gut. Der ständige Dialog ist aber nötig. Und ich bin stolz darauf, dass im ‹Haus der Religionen› hier in der Stadt Bern diese Begegnung der Religionen täglich geübt wird.

Die Schweiz hat eine grosse Tradition im Respekt vor Minderheiten. Die Schweiz ist ein Land von kulturellen, religiösen, sprachlichen, politischen Minderheiten. Seit 1291 – mit aller Vorsicht – ist dies das Erfolgsrezept der Schweiz. Denken wir daran, dass selbst nach dem Bürgerkrieg, der zur Gründung der modernen Schweiz 1848 geführt hat, die Sieger die Verlierer an den Verhandlungstisch geholt haben, um gemeinsam die neue Verfassung zu erarbeiten. Auch wenn wir lange merkwürdige Bestimmungen aus den Zeiten des Kulturkampfs in unserer Verfassung hatten – die meisten wurden kürzlich wieder aufgehoben. Dass neue wieder eingeführt wurden, darauf komme ich noch zurück.

Beim Schlussanlass in der Heiliggeistkirche kommen junge Vertreterinnen der Religionen zu Wort. Natürlich ist ihr Votum auf das Zusammenleben ausgerichtet.
Bilder: Christoph Knoch

Minderheitenrechte als Erfolgsrezept

Das ist unser Erfolgsrezept. Tragen wir dazu Sorge. Achten wir darauf, dass neue Botschaften der Ausgrenzung bei uns keinen Platz haben.

Natürlich bin ich mir bewusst, dass Kulturen auch trennen können – vor allem, wenn religiöse oder letzte Fragen, wie etwa über den Beginn oder über das Ende des Lebens, zur Debatte stehen. Das Trennende darf aber in keinem Fall dazu führen, dass sich eine Gesellschaft dem Dialog verschliesst, die anderen Ideen, Auffassungen sozusagen ausgrenzt. Denn eine geschlossene Gesellschaft, die den Austausch mit anderen Gesellschaften unterbinden will, ist eine undemokratische Gesellschaft, die wenig Distanz zu sich selber hat – und damit auch wenig Kultur. Denn Kultur ist nicht zuletzt eine Technik der Distanzierung: Sie hat damit zu tun, dass man sich mit der Realität auseinandersetzt beziehungsweise dass man diese darstellt. Dass man Distanz nimmt, seine Art zu leben, seine Formen und Überzeugungen reflektiert, hinterfragt, und so Erkenntnisse gewinnt.

Und soweit diese Reflektion die ernsthaften Dinge des Lebens betrifft, ist eine solche Auseinandersetzung nicht möglich ohne einen wirklichen Dialog. Nehmen wir als Beispiel die Freiheit der Religionsausübung, die in der Schweizerischen Bundesverfassung festgeschrieben ist: Es ist nicht nur so, dass jeder glauben kann, was er denkt. Die Verfassung sagt auch, dass jeder seinen Glauben frei äussern darf – im Rahmen von dessen Ausübung. Damit haben wir uns immer wieder auseinanderzusetzen und darüber sollten wir in einem ständigen Dialog miteinander stehen.

Traditionen liefern nachhaltige Orientierung

Das Leben in einer Gemeinschaft wird nicht nur bestimmt durch Sachzwänge, durch staatsbürgerliche Prinzipien und ökonomische Tugenden. Es wird auch bestimmt von Traditionen und Werten, die mehr als nur pragmatisch sinnvoll sind. Traditionen und Werte, an denen man sich orientieren kann, helfen, die eigene Identität zu spüren, in sich verändernden Zeiten – und die Zeiten verändern sich immer – so etwas wie einen Halt zu finden.

Traditionen sind Medien. Sie speichern Erfahrungen, die von Generation zu Generation weitergegeben werden. Man könnte auch sagen: Sie sind Gefässe nachhaltiger Orientierungen, die als solche durchaus demokratischen Bedürfnissen zuarbeiten. Oder auch nicht. Deswegen müssen sie aber auch kontrovers diskutiert werden. Ich will hier keinesfalls Traditionen und tradierte Werte

Im Familiengarten blüht und gedeiht es. Mit Blumen kann man mehr machen, als sie in eine Vase zu stecken. Sie werden bald verwandelt, als Teil von selbstgeschöpftem, edlem Papier.

per se verteidigen. Mit meinen persönlichen Haltungen und meiner politischen Auffassung bin ich der Erste, der Traditionen und althergebrachte Werte hinterfragen und auch verändern will. Aber genau dieses Hinterfragen braucht auch zuerst ein grundsätzliches Anerkennen, dass es diese Werte gibt und es sie überhaupt braucht. Der zweite Schritt ist dann eben, diese Werte auch zu verändern, sie weiterzuentwickeln.

Das Schlimmste – was auch stark zum heutigen Identitätsverlust und zu einer Orientierungslosigkeit führt, die rechtspopulistischen Bewegungen Auftrieb verleihen –, das Schlimmste ist, wenn die Welt, in der wir leben, die Traditionen und identitätsstiftenden Bilder einfach streicht und gesichtslos wird. Wenn das Wankdorfer Eisstadion einfach ‹PostFinance-Arena› heisst, wenn Sie mir dieses etwas saloppe Beispiel erlauben. Die Religionen scheinen in der Rücksicht auf Traditionen schon deswegen privilegiert zu sein, weil sie auf eine lange Überlieferung zurückblicken können. Das ist eine Stärke, aber auch eine Hypothek.

Unterschiede, Trennendes, Traditionen. Da sind auch Reibungen nicht weit weg. Erlauben Sie mir deshalb noch ein Wort zu den Reibungen zwischen den verschiedenen Kulturen in der Schweiz.

Die Religionen und die säkulare Welt brauchen einander

Eine überraschende Sache, so eine Nacht der Religionen, in einer säkularisierten Welt wie der unseren. Der Gegensatz von Säkularismus und Religion ist aber in einer offenen Gesellschaft nicht nur möglich, sondern er ist sogar überaus fruchtbar. Schliesslich ist nicht alles machbar, was religiös unempfindliche Menschen wünschen. Und es ist auch nicht alles glaubwürdig, was gläubige Menschen hoffen. Ich selbst verstehe mich als Teil einer aufklärerischen Tradition, welche Traditionen grundsätzlich infrage stellt. Das bedeutet aber nicht, Innovation um jeden Preis zu fordern oder zu begrüssen. Im Gegenteil. Es bedeutet auch nicht, zu negieren, dass es auch eine transzendentale Ebene gibt. Davon bin ich sogar überzeugt. Menschliches Handeln braucht ein menschliches Fundament und ein religiöses Korrektiv. Allerdings muss dieses Korrektiv meiner Meinung nach gesellschaftlich verhandelbar sein in Belangen, die jede und jeden von uns betreffen. Das Wissen der Religionen ist elementar. Und es sollte Bestandteil eines umfassenden Dialogs der Kulturen sein.

Die Früchte des Familiengartens sind geerntet. Als Konfitüre, Tee oder Gebäck sind sie auch noch auf den Markt zu bringen. Diese auch organisatorisch anspruchsvollen Abläufe helfen mit, sich in der Sprache zu üben und sich ausserhalb der eigenen vier Wände zu bewegen. Für Frauen mit Migrationshintergrund ist das oft keine Selbstverständlichkeit.

Eine Utopie für die Schweiz

Annemarie Huber-Hotz

Die Autorin war Bundeskanzlerin bis 2007.

In der Parkanlage Brünnen wird im Familiengarten gefeiert. Die erste Ernte sorgt für das erhoffte Erfolgserlebnis.
Grosses Bild
Christoph Balsiger, swissinfo:
In der Frauenküche entsteht Konfitüre.

Feste feiern ist ein Grundbedürfnis des Menschen, ein Bedürfnis, das sich nicht auf eine bestimmte Zeit, auf bestimmte Länder, Kulturen oder Religionen beschränkt. Im Fest lassen wir die Schwere unseres Alltags hinter uns, es zählt weder Geld, Macht noch sonst etwas, es zählt nur der Mensch in der Hochstimmung seiner Seele. Das aber ist die beste Voraussetzung für gute und fruchtbare Begegnung.

Ich beglückwünsche Sie dazu, den Aufbruch zu einem gemeinsamen ‹Haus der Religionen› mit einem mehrtägigen Fest zu feiern. Mit einem Fest, das erglänzt in der prächtigen Vielfarbigkeit der verschiedenen Religionen, Lebensanschauungen und Kulturen, ein Fest, in dem Anderssein, Andersdenken, Andersleben nicht als trennende Differenz, sondern als Reichtum erscheint.

Im Zentrum des heutigen Festaktes steht der Grundstein dieses gemeinsamen Hauses. Das Programm bezeichnet ihn vorsichtig als einen «symbolischen Grundstein». Die Vorsicht scheint gerechtfertigt, denn was soll ein Grundstein ohne Grundstück?! Ich kenne keinen schöneren oder gehaltvolleren Grundstein, und es bewegt mich, bei dieser Grundsteinlegung dabei sein zu dürfen. Es ist ein Grundstein, der sich zusammensetzt aus vielen Steinen, auf welche die Gedanken unterschiedlichster Menschen zur Versöhnung und Begegnung geschrieben sind und die zusammen das Wort *Friede* bilden. Schwer zu lesen, weil Friede nicht auf dem Silbertablett serviert wird, sondern in unerbittlich harter Arbeit aller immer wieder neu gefunden werden muss. Einer der Steine trägt eine Geschichte von Franz Hohler:

Die Flucht

Die Taube flog über das Kriegsgebiet und wurde vom Rotorblatt eines Kampfhelikopters zerfetzt. Eine ihrer schönen weissen Federn schwebte in den Hof eines Hauses, wo sie von einem Kind aufgelesen wurde. Kurz darauf mussten die Eltern mit den Kindern flüchten. «Wir nehmen nur das Nötigste mit», sagten sie, rafften ein paar Kleider zusammen und stopften sie mit Dokumenten, etwas Geld und Schmuck in einen Koffer, der Vater füllte zwei Flaschen mit Wasser, die Mutter packte das letzte Brot, einige Äpfel und Schokolade ein. Das Kind nahm die Feder mit. Diese Feder ist das Kraftloseste und Verletzbarste, das man sich denken kann, und doch ist sie das Vitalste, vitaler als Brot und Wasser, weil sie als Hoffnung, als Utopie über den Tag hinausweist.

Der Grundstein ohne Grundstück ist Ausdruck für das Wesentliche: Trotz all seiner praktischen

Ein die Religionen übergreifender Stadtrundgang wird erst ausserhalb der durch die Reformation bestimmten Altstadt spannend. Die Ausnahme bildet das ‹Judentor›, direkt beim Bundeshaus. Von da aus führt der Weg über die Dreifaltigkeitskirche zur Synagoge. Ab Loryplatz ist der Bremgartenfriedhof mit dem muslimischen Gräberfeld zu finden.

Notwendigkeit ist nicht das gemauerte Haus das Wichtigste, sondern der Geist, in dem es entsteht und der es einmal erfüllen wird. Der Grundstein ohne Grundstück ist also Zeichen einer Utopie. Zu einer Utopie zu stehen und sich für sie einzusetzen, braucht unerhört viel Mut. Nicht umsonst ist bei uns das Wort ‹Utopist› eine herabsetzende Bezeichnung. Eine Anerkennung erfolgt meist erst posthum.

Für die Utopie, in deren Geist das ‹Haus der Religionen› entsteht, ist die Schweiz allerdings kein schlechter Boden. Wir nennen unser Land eine Willensnation, weil Gemeinschaften verschiedener Kulturen und Sprachen ihre Verschiedenheit nicht als etwas Trennendes, sondern als eine Chance verstanden und gemeinsam das Haus Schweiz gebaut haben. Sicher ist nicht alles perfekt an der Schweiz. Aber insgesamt ist die Geschichte vom Zusammengehen unserer vier Sprach- und Kulturgemeinschaften eine echte Erfolgsstory.

Worin liegt das Geheimnis dieses Erfolgs? Wie können wir ihn auch im Strudel der Globalisierung und der weltweiten Migration wirksam erhalten?

Dazu nur zwei Stichwörter: Respekt und Partnerschaft

Respekt

Wir neigen dazu, das, was uns vertraut ist, zum Massstab zu machen und Alternativen nicht gelten zu lassen. Das ist gerade dort am intensivsten, wo unser Innerstes betroffen ist, in der Religion. Wie viele Kriege sind Religionskriege! Dabei wissen wir nur allzu gut, dass das Bild, das wir uns von Gott dem Unendlichen machen, völlig begrenzt ist durch unsere sehr endliche Erkenntnisfähigkeit. Das sollte uns bescheiden machen und uns davor bewahren, die eigene Religion als die einzig wahre zu verstehen. Religionen sind nur unterschiedliche Wege der Gottsuche.

Unsere Verfassung beginnt mit den Worten ‹Im Namen Gottes, des Allmächtigen›. Sie will damit sagen, dass neben dem Menschen und dem Staat eine höhere Macht existiert. Diese Macht darf nicht nur im christlichen Sinn verstanden werden; der Staat darf keine bestimmte Glaubensüberzeugung für verbindlich erklären.

Das ‹Haus der Religionen› ist unter anderem deshalb so wichtig, weil es diesem Verfassungsgedanken, der die grundsätzliche Gleichberechtigung der Religionen will, konkrete, anfassbare und beispielhafte Gestalt gibt.

Partnerschaft

Der zweite Gedanke, der in diesem Diktum steckt, ist der Gedanke der Partnerschaft. Partner sind grundsätzlich gleichberechtigt, sie begegnen sich immer auf gleicher Augenhöhe.

Es geht also nicht darum, eine andere Kultur- oder eine andere Religionsgemeinschaft nur zu tolerieren. Denn Toleranz ist ein asymmetrisches Verhältnis. In seinem jüngsten Buch ‹Nicht-optimale Strategien› analysiert Hans Saner diese Asymmetrie ganz genau: «Man toleriert von der Mehrheit zur Minderheit, immer vom Überlegenen zum Unterlegenen, vom Mächtigen zum weniger Mächtigen.» Wer toleriert, duldet, und er bestimmt von sich aus, was und wie lange er es duldet. Deshalb muss Toleranz in Anerkennung münden, wie schon Goethe es sehr treffend gesagt hat:

«Toleranz sollte eigentlich nur eine vorübergehende Gesinnung sein: Sie muss zur Anerkennung führen. Dulden heisst beleidigen. Die wahre Liberalität ist Anerkennung.»

So wie keine Religion sich als die alleinseligmachende bezeichnen kann, so kann es keine Kultur geben, die für die anderen massgebend sein könnte.

Hans Saner verlangt deshalb Differenzverträglichkeit und bezeichnet diese als unabdingbare Tugend der Multikulturalität. Werden wir am Ende aber nicht erdrückt, wenn wir anderen Kulturen so selbstverständlich Raum geben? Der Gedanke der Partnerschaft liesse eine solche Entwicklung nicht zu. Es ist klar und in unserem Verfassungsrecht unmissverständlich verankert, dass die Wahrnehmung jedes Grundrechts dort ihre Grenze findet, wo sie andere in der Wahrnehmung ihrer Grundrechte beeinträchtigt.

Wir haben allerdings die Tendenz, auf das, was uns zunächst fremd ist, befremdet zu reagieren, und wir sind sehr kreativ, wenn es darum geht, Abwehrstrategien zu entwickeln. Abwehrstrategien brauchen aber sehr viel Kraft und Aufwand und sind letztlich steril, denn sie bringen nichts, sondern erzeugen vor allem Frustrationen, und zwar auf beiden Seiten.

Statt Abwehrstrategien sollten wir viel mehr wache Neugier entwickeln und versuchen, auf Menschen anderer Kulturen zuzugehen, andere Kulturen besser kennen zu lernen und so die Welt in gewisser Hinsicht neu zu entdecken.

Wenn Respekt und Partnerschaft das kulturelle und religiöse Leben in unserem Land prägen sol-

2010

Elisa Häni von Radio DRS sucht mit ihren Gesprächspartnern die sakrale Baukultur von Minderheitenreligionen in der Schweiz. Eine Theatergruppe des Zentrums 5 gastiert im ‹Haus der Religionen›. Erwachsenenbildnerinnen aus Süddeutschland wünschen Informationen zum geplanten Zentrum am Europaplatz.

len, dann müssen Bund und Kantone die dafür notwendigen Rahmenbedingungen schaffen. Das setzt zuallererst voraus, dass wir die Realität nehmen, so wie sie ist.

Wovon reden wir zum Beispiel, wenn wir in unserer Verfassung von der kulturellen Vielfalt des Landes reden? Ich glaube, es ist Zeit, dass wir beginnen, darunter nicht nur die Kulturen unserer vier Landessprachen zu verstehen. Unsere ausländische Wohnbevölkerung lässt sich so wenig wie das Matterhorn aus unserem Land wegdenken. Wir sind auf sie angewiesen, so wie sie auf uns. Es ist deshalb wichtig, sie als wesentlichen Teil der Vielfalt zu verstehen, die der Staat pflegt und fördert. Wenn wir gute Partner wollen, müssen wir ihnen die Möglichkeit geben, sich selbst zu sein.

Das Verhältnis zwischen Staat und Religionsgemeinschaften ist in seiner rechtlichen Ausgestaltung von Kanton zu Kanton sehr unterschiedlich. Es reicht von der Anerkennung, die darin gipfelt, dass der Staat sogar Kirchensteuern eintreibt, bis zur knappen Duldung. So sind bestimmte Religionsgemeinschaften immer noch gezwungen, ihre religiösen Feiern im völligen Abseits in alten Industrieräumlichkeiten zu begehen. Denken wir daran, dass die Gemeinschaften der Muslime mit über 300 000 Personen, darunter 40 000 Schweizer und Schweizerinnen, als Religionsgemeinschaften praktisch nicht sichtbar sind. Solche Zustände müssen wir verändern. Das geht nicht mit Paukenschlag und Gesetz, vielmehr müssen wir uns auf einen langen, in kleine Schritte unterteilten Weg machen. Dabei müssen wir uns von unseren Vorurteilen befreien und einem klugen Pragmatismus Raum geben.
Missachtung vitaler legitimer Interessen einer Gemeinschaft führt zu Demütigung und tiefer Frustration. Das aber ist der Boden, auf dem Feindschaft und Hass gedeihen. Hier setzt das ‹Haus der Religionen› ein wunderbares Gegenzeichen.

Es schafft fruchtbare Nachbarschaft und gibt die Möglichkeit, sich gegenseitig zu entdecken. Es ist unmittelbarer Ausdruck für Respekt und Partnerschaft, und es ist ein Ort, an dem Pragmatismus zum Wohl des ganzen Landes geübt werden kann. Es ist eine Investition in die Zukunft.
Ich wünsche dem Haus, dass die Bevölkerung erkennt, welch grosses und gutes Potenzial in seiner Idee liegt. Ich hoffe, dass es bald Wirklichkeit wird und wesentlich zur Zukunftsfähigkeit unseres Landes beitragen kann.

‹Baldrian› alias Thomas Leuenberger erprobt seine Entschleunigungstherapie vor den grossen Auftritten im Circus Salto Natale oder Roncalli und hat sein Atelier im ‹Haus der Religionen›, in dem auch die Kalligrafen in buddhistischer oder jüdischer Tradition ein Zuhause haben.

Wir leben auf dem gleichen Planeten

Wolfgang Lienemann
Franz Xaver Stadelmann
‹Zu Protokoll›

Das Beste zum Schluss ist das Motto des Abschieds von der Schwarztorstrasse. Zu den Trommeln von Pudi Lehmann fügen sich jüdisches Rezitat, alevitischer Gebetstanz, muslimischer Kaside-Gesang und christlich-orthodoxes Kinderlachen.
Grosses Bild: tamilischer Tanz aus der Hindumythologie.
Bilder: Fabian von Unwerth

Kultur des Zusammenlebens

Als für das ‹Haus der Religionen› zuständiges Mitglied des Kleinen Kirchenrates der Reformierten Gesamtkirchgemeinde Bern will ich auf einige mir wichtig erscheinende Punkte hinweisen. Ich tue dies als Theologe, der im Laufe seines Lebens sehr viele schöne, aber auch manch schwierige ökumenische Erfahrungen gemacht und viele Jahre in der Friedensforschung gearbeitet hat.

Es ist leicht gesagt, dass es ohne Religionsfrieden keinen Weltfrieden geben wird. In allen Weltreligionen hat es religiös begründete Gewalt ebenso gegeben wie wunderbare Zeichen der Gewaltfreiheit und Toleranz. Dass mit und durch Religionen Frieden zu machen ist, ist unbestreitbar. Dazu aber ist es erforderlich, dass man sich kennen- und schätzen lernt. Vorurteile breiten sich vor allem dort aus, wo man den Anderen, den Fremden nicht kennt. Um Vorurteile zu erkennen und zu überwinden, genügt es nicht, sich gelegentlich gegenseitig einzuladen und Sonntagsreden zu halten. Entscheidend ist, ob man auch zusammen den Alltag besteht, essen, feiern, streiten und sich versöhnen kann. Dazu bedarf es einer Kultur des Zusammenlebens. Das kann eingeübt werden, ist freilich nicht konfliktlos. Für die Einübung eines solchen lebendigen Miteinanders kann ein gemeinsames Haus zum Ort gemeinsamer Verantwortlichkeiten werden.

Vor hundert, vielleicht auch noch vor sechzig Jahren hätte vermutlich kaum jemand gedacht, dass das Verhältnis von Katholiken und Protestanten jemals ein Verhältnis von Geschwisterkirchen werden könnte. Johannes Paul II. sagte: «Das, was uns verbindet, ist viel stärker als das, was uns trennt.› Manche sprechen von ‹versöhnter Verschiedenheit». Unter ökumenischem Gesichtspunkt ist es ein sehr gutes Zeichen, wenn die katholische und die reformierte Gesamtkirchgemeinde Bern das Projekt ‹Haus der Religionen› gemeinsam finanziell und durch ihr weiteres tatkräftiges Engagement unterstützen. Das 21. Jahrhundert steht in religiöser Hinsicht vor der grossen Aufgabe, ein friedliches Miteinander der Weltreligionen in freiheitlichen Gesellschaften zu ermöglichen und zu fördern. Das braucht Zeit, Geduld und unter anderem einen geeigneten Raum der Begegnungen.

Das geplante ‹Haus der Religionen› wird ein experimenteller Begegnungsort sein. Konfliktfrei wird dieser Ort nicht sein können. Aber man wird dort tagtäglich erfahren, wie man miteinander respektvoll leben kann, ohne die eine oder die andere Gruppe zu diskriminieren. Wenn man wünscht, dass Christen nirgendwo auf der Welt diskriminiert werden, dann kann man dafür vorbildlich werben, indem man zeigt, dass hierzu-

lande Nicht-Christen nicht diskriminiert werden, sondern als gleichberechtigte Partner anerkannt sind.

Manche sorgen sich, dass im Zeichen des interreligiösen Dialogs die eigene religiöse Identität zu kurz kommen und womöglich Schaden nehmen könnte. Die Erfahrung zeigt: Wenn man sich bewusst gegenseitig als Fremde wahrnimmt und nach und nach die vorurteilsbeladene Fremdheit überwindet, dann weckt dies auch ganz neu das Bewusstsein und die Achtung für das eigene religiöse Erbe. Friedliches Miteinander der Religionen führt im Grunde nie zu einem unklaren religiösen Gemisch, sondern zu einer Schärfung der unterschiedlichen Profile. In einem Haus, das Ort von vielfachen Dialogen ist, werden die verschiedenen religiösen Identitäten nicht nivelliert, sondern respektiert und vertieft.

Ein ‹Haus der Religionen› ist nicht nur eine wichtige Angelegenheit der beteiligten Religionsgemeinschaften. Es ist auch von erheblicher Bedeutung für Stadt und Kanton, ja für das politische Gemeinwesen insgesamt. Das Leitwort für diese Situation findet man im Wort des Propheten Jeremias an die Exilierten in Babylon, das lautet: «Suchet der Stadt Bestes, dahin ich euch habe wegführen lassen, und betet für sie zum Herrn; denn wenn's ihr wohl geht, so geht's auch euch wohl.» (Jer 29,7) Genau diesem Zweck vermag das künftige ‹Haus der Religionen› zu dienen. Die entsprechende politische Unterstützung verdient unseren grossen Dank.
Wolfgang Lienemann

Kappeler Milchsuppe

Der Antrag des Kleinen Kirchenrates der Katholischen Gesamtkirchgemeinde Bern und Umgebung ist etwas Aussergewöhnliches. Es handelt sich nicht wie üblich um einen Kredit für den Bau oder die Revision eines Gebäudes oder einer Kirche der Katholischen Gesamtkirchgemeinde. Nein, es geht um ein Darlehen für die Stiftung «Europaplatz – Haus der Religionen». Eine Gewährung dieses Darlehens kommt nicht nur den Katholiken oder anderen Christen zugute, sondern auch den Angehörigen der sieben anderen Weltreligionen! Auch ist eine Million Franken eine Menge Geld, das uns anderenorts fehlen wird. Es lohnt sich deshalb, diesen Antrag nicht einfach durchzuwinken oder abzulehnen, sondern sich ganz bewusst dafür oder dagegen zu entscheiden.

Im Antrag des Kleinen Kirchenrats steht, dass das Scheitern des Vorhabens ‹Haus der Religionen› ein fatales Signal wäre.

Ein grosser Umzug beschliesst die Zeit des ‹Vereins Haus der Religionen› an der Schwarztorstrasse. Vor dem Tor wartet bereits das grösstmögliche Fahrzeug von Bernmobil, um das nächste Ziel anzusteuern.
Grosses Bild:
Alevitischer Gebetstanz.
Bilder: Fabian von Unwerth

Im Fussball gilt bekanntlich der Slogan: «Eine Niederlage ist wie ein Sieg, nur umgekehrt.» So sehe ich es auch in unserem Fall. Ein Scheitern des Vorhabens wäre nicht einfach ein fatales Signal. Nein, die Gewährung des Darlehens von einer Million Schweizerfranken durch uns wäre ein fantastisch positives Signal der Berner Katholiken!

Im Laufe der Geschichte, aber auch in jüngster Zeit, hat die katholische Kirche leider immer wieder fatale Signale ausgesendet: Piusbruderschaft, sexueller oder anderweitiger Missbrauch von Kindern durch Priester und Ordensleute, Kaltstellung unbequemer Theologinnen und Theologen, sexuelle Doppelmoral, keine Gleichberechtigung der Frauen in der Kirche – um nur einige aktuelle Beispiele zu erwähnen. Nicht umsonst sind in den letzten zwei Jahren in der Gesamtkirchgemeinde über 1500 Personen aus der katholischen Kirche ausgetreten. Das tut weh.

Nun haben wir Gelegenheit, nicht ein fatales, sondern ein fantastisch positives Signal von uns Berner Katholiken auszusenden, ein Zeichen, dass wir Katholiken für gegenseitigen Respekt statt Überheblichkeit und Machtausübung oder gar Machtmissbrauch einstehen, für Dialog statt Gesprächsverweigerung, für Akzeptanz – auch von Andersartigem, Fremdem statt Ablehnung – Akzeptanz ist mehr als einfach Toleranz – für Integration statt Ausgrenzung, für Hoffnung statt Resignation, für ein Miteinander statt nur ein Nebeneinander oder gar ein Gegeneinander, für religiösen Frieden statt religiösem Streit oder gar Krieg. «Kein Frieden unter den Völkern ohne Frieden unter den Religionen», schreibt Hans Küng sinngemäss in seinem Buch ‹Weltethos›. Diese Haltung und dieses Handeln sind so etwas wie eine zeitgemässe Kappeler Milchsuppe, zu der jeder seinen schmackhaften, nährenden Teil beiträgt. Schliesslich sind wir Menschen, welcher Religion wir auch immer angehören, unter dem gleichen Himmelsdach auf dem gleichen Planeten daheim, Kinder des gleichen Schöpfers, zum Leben miteinander geboren.

Ein solches fantastisch positives statt fatales Signal strahlt weit über Katholisch-Bern hinaus. Davon bin ich überzeugt.

Ich bitte Euch deshalb, liebe Kolleginnen und Kollegen, dem Darlehen für das ‹Haus der Religionen› aus Überzeugung zuzustimmen.
Franz Xaver Stadelmann

Das Beste steht am Anfang. Das ‹Haus der Religionen› hat jetzt einen Pavillon am Rosengarten. Der Umzug erfolgt mit Pudi Lehmann und Bernmobil.

Grundlagen und Perspektiven

Notwendige Abschiede und heilsame Aufbrüche

Klaus-Peter Jörns

Stationen auf dem Weg in eine interreligiöse Ökumene

Text vom August 2008.
Hinweis: Notwendige Abschiede. Auf dem Weg zu einem glaubwürdigen Christentum, Gütersloh 2004.
Lebensgaben Gottes feiern. Gütersloh 2007.

Die langsame Öffnung für die Erkenntnis, dass Religionen eine gemeinsame Herkunft haben.

Der Schweizer Theologe Karl Barth hat 1966 bei seinem Besuch im Vatikan gesagt: «Die ökumenische Bewegung wird deutlich vom Geist des Herrn getrieben. Aber wir sollten nicht vergessen, dass es schliesslich nur eine tatsächlich grosse ökumenische Frage gibt: unsere Beziehung zum Judentum.» Barth hat damit die alte Verengung des Begriffs ‹Ökumene› auf das innerchristliche Verhältnis von evangelischer und römisch-katholischer Kirche aufgebrochen und in einen neuen, interreligiösen Horizont gestellt. Es ist erstaunlich, wie spät von Christen wahrgenommen worden ist, dass Ökumene eine interreligiöse und nicht nur eine interkonfessionelle Dimension hat. Schliesslich ist die Bibel ja offenkundig ein interreligiöser Kanon, weil er neben dem christlichen Teil mit dem ‹Tanach› einen rein jüdischen enthält, und weil sich trotzdem Juden und Christen in der Gottesfrage nicht einig sind.

Dass die Christen den interreligiösen Charakter ihres Kanons so lange nicht erkannt haben, hat damit zu tun, dass sie die jüdische Religion – aus der das Christentum entstanden ist – und deren Gottesbund als ‹alt› bezeichnet (→Altes Testament) und das Prädikat ‹neu› für sich und ihren Gottesbund beansprucht haben (→Neues Testament). So konnten die Christen lange gar nicht wahrnehmen, dass diese angeblich alte Religion in Wirklichkeit lebendig geblieben ist und nach eigenem Selbstverständnis in einer keinesfalls defizitären Gottesbeziehung lebt. Nun aber musste die christliche Theologie lernen, dass die Juden die ihnen gegebenen Verheissungen und das Selbstverständnis als Volk Gottes auch weiterhin für sich in Anspruch genommen haben und nehmen.

Barths theologische und dogmatische Öffnung der Ökumene hatte darum auch zur Folge, dass die Christen ihre Gottesbeziehung nicht (mehr) absolut setzen konnten – sondern gerade auf dieser Ebene umdenken mussten. Erst jetzt fielen ihnen dann Ungereimtheiten auf wie diejenige, dass die Juden einerseits als Gottesmörder verunglimpft worden waren, dass der Tod Jesu andererseits aber als heilsnotwendiges Sühnopfer verstanden worden ist.

Die Tatsache, dass wir Christen eine interreligiöse Bibel haben, hat mir den Schritt zu einer weiteren Öffnung des Horizontes, unter dem Ökumene zu verstehen und zu praktizieren ist, erheblich erleichtert. Für mich ist inzwischen die Erkenntnis unumstösslich: Die ökumenische Frage, die sich auf das Verhältnis des Christentums zum Juden

tum bezieht, ist nicht zu beantworten, ohne dass der Horizont noch einmal – und zwar entscheidend – geöffnet wird, indem das Verhältnis aller Religionen untereinander als die eigentliche ökumenische Frage und Herausforderung anerkannt wird.

Gründe für diese Erkenntnis gibt es viele. Einige zähle ich auf:

Erstens sind sich nicht nur Juden und Christen in der Gottesfrage uneinig, sondern letztlich alle Religionen.

Zweitens sind Judentum und Christentum in vielen für sie wesentlichen Glaubensvorstellungen von anderen, vor und neben ihnen existierenden Religionen geprägt worden. Ägyptischen Ursprungs sind der Monotheismus; die Vorstellung, erwählt zu sein; ein adoptierter Gottessohn als Mittler zwischen Gott und Menschen; eine göttliche Trias – zum Beispiel ‹Isis, Osiris und Horus›; ein Jüngstes Gericht; die Auferstehungshoffnung. Mesopotamischen Ursprungs sind die Schöpfungs- und Sintfluterzählung und die Suche nach Unsterblichkeit. Da, wo Juden und Christen gern den Eindruck erwecken, sie hätten in ihren heiligen Schriften das Original, müssen beide lernen, dass sie Bearbeiter von älteren Überlieferungen gewesen sind. Generell ist zu lernen: Keine Religion hat bei null angefangen! Alle sind Weiterentwicklungen von Vorgängerreligionen.

Mit dem Stichwort Hellenismus komme ich zum dritten Grund für die Öffnung der Ökumene zu einer interreligiösen Gemeinschaft gläubiger Menschen. Denn der Hellenismus war eine Länder und Religionen übergreifende Kultur. Das griechisch geschriebene Neue Testament ist gezielt in diese Kultur eingewandert, inkulturiert. Damit aber hat sich, was bisher nicht annähernd ausreichend gewürdigt wird, der christliche Glaube weitgehend von seinen Wurzeln im Aramäischen, der Muttersprache Jesu, losgelöst und ist hellenistisch geworden. Im Islam schliesslich sind die jüdisch-christlichen Überlieferungen noch einmal gewaltig transferiert worden, und zwar durch die mit dem Koran vollzogene Einwanderung in die arabische Kultur. Nehmen wir dieses Kapitel der Religionsgeschichte als Beispiel, dann gilt die These: Keine Religion ist ohne die ihren Ursprung und ihre geschichtliche Entwicklung umgebenden Kulturen zu denken. Kultur und Religion gehören zusammen, prägen gemeinsam Vorstellungswelt und Wertvorstellungen, also das, was wir heute das ‹kulturelle Gedächtnis› nennen. Anders formuliert: Religionen entwickeln sich kulturabhängig. Das ist so, weil eine Religion nur

Erwartungsvoller Auftakt zur ‹Nacht der Religionen 2010›. Die Vertreterinnen der Religionen bringen ihre Grüsse, die Muslime und der Schulchor eröffnen mit Gesang, das Angklung-Orchester spielt, aufmerksam beobachtet von den Besuchern im Gymnasium Neufeld.
Bilder: Christoph Knoch

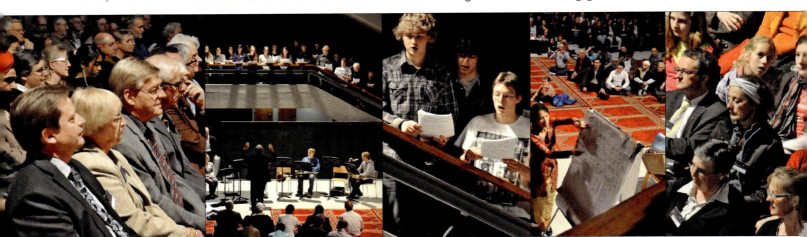

dann sinnvoll, nämlich lebensdienlich, ist, wenn sie einen für die Menschen erkennbaren Lebensbezug hat.

Die eben beschriebenen Erkenntnisse schliessen aber eine wichtige Folgerung ein, die auch das ‹Haus der Religionen› und den völlig zu Recht damit unmittelbar verbundenen ‹Dialog der Kulturen› direkt betreffen: Kulturgeschichtliche Veränderungen verändern auch das Selbstverständnis und die kulturelle Funktion von Religionen. Was das heisst, erleben wir im Zeitalter der gerade erst richtig beginnenden Globalisierung allüberall. Denn die globale Kommunikation und Kommerzialisierung gleichen nicht nur Kulturen einander an, sondern auch Religionen. Von Religionen und Kulturen wird heute anders, dringlicher als früher eine Antwort auf die Frage velangt, wie sie dem Überleben und der menschlichen Gestaltung des Lebens dienen wollen. Die Lebensdienlichkeit ist das Kriterium geworden, an dem auch Ansprüche darauf, den Weg zur Wahrheit zu kennen, immer häufiger gemessen werden. Das Phänomen des Synkretismus, also das Zusammenfliessen von Glaubensvorstellungen unterschiedlicher Herkunft, sehe ich in demselben Zusammenhang. Auch dafür ist die Frage entscheidend: Was hilft mir, das Leben, das nun einmal schwer ist, besser, erträglicher, sinnvoller, ja, auch glücklicher zu gestalten? Dabei müssen wir allerdings bedenken, dass ‹gut›, ‹erträglich›, ‹sinnvoll› oder ‹glücklich› wiederum kulturabhängig verstanden werden. In der neuen interreligiösen Ökumene endet also der Eurozentrismus endgültig, wie wir Europäer ihn lange für selbstverständlich gehalten haben.

Was die Wahrheitsproblematik angeht, setzt sich im Übrigen die Erkenntnis durch: Der Geburtsort eines Menschen entscheidet zwar in den allermeisten Fällen immer noch über die Religionszugehörigkeit. Das entscheidende Kriterium für die Wahrheit einer Religion kann der Ort der Geburt aber nicht sein. Obwohl Religion wegen des Lebensbezuges, und um lebensdienlich sein zu können, die Beziehung zu realen Kulturen braucht, ist Glaubenswahrheit weder ethnisch noch durch Grundgesetze zu begründen, sondern nur spirituell und existentiell erfahrbar. Insofern können die Dimensionen von Wahrheit für alle Religionen gelten, die in einem Christuswort des Johannesevangeliums genannt werden: «Ich bin der Weg, die Wahrheit und das Leben» (Joh 14,6). Denn ob etwas, was wir glauben, wahr ist, wird nicht durch den Anspruch einer Religion erwiesen, sondern erweist sich im Leben als ein Weg. Glaubenswahrheit ist Weg-Wahrheit und zeigt sich in der Kraft, leben und sterben nicht nur zu müssen, sondern auch zu können.

Als Zeichen der Freundschaft kleidet bei der ‹Nacht der Religionen 2010› der Hindupriester Sasikumar Tharmalingam den muslimischen Vertreter Abaz Imeri mit einem wertvollen Tuch neu ein. Beide sind Mitglieder im Vorstand ‹Haus der Religionen›. Anschliessend nehmen alle am muslimischen Abendgebet teil.
Bilder: Christoph Knoch

Die neue ökumenische Frage als Frage nach notwendigen Abschieden und heilsamen Aufbrüchen

Die grosse ökumenische Frage ist heute – in meiner Sicht jedenfalls – eine Frage nach Gott. Und sie lautet: Sollte Gott oder – unpersönlich gedacht – das Absolute, wie er, beziehungsweise es, in den einzelnen Religionen geglaubt wird, nur mit der eigenen Religion im positiven Sinn zu tun haben? Aufgrund der zusammengetragenen Erkenntnisse kann die Antwort nur lauten: Nein. Sondern Gott oder das Absolute – beispielsweise die aus sich selbst wirksame Weltordnung – hat mit allen Religionen zu tun, und zwar von Anfang der Schöpfung an. Es gibt zwar eine Vielzahl von Gottesvorstellungen – personale und nicht personale zum Beispiel – und eine Vielzahl von Gottesnamen, aber alle sind Erscheinungsformen, oder besser: Wahrnehmungsgestalten der Einen Gottheit beziehungsweise des Einen Absoluten.

Auf den Punkt gebracht, heisst das: Alle Religionen haben eine gemeinsame Herkunft. Einheit und widersprüchliche Vielfalt gehören dabei als komplementär verbundene Teile des Ganzen zusammen. Denken können wir uns das anhand der Entstehungsgeschichte der Religionen: Alle heiligen Schriften sind von (inspirierten) Menschen geschrieben worden. Die dabei mitgeteilten Glaubenserfahrungen sind in einem Dreischritt entstanden. Er verbindet die Begegnung mit Gott beziehungsweise dem Absoluten – also die religiöse Erfahrung – mit der Wahrnehmung in konkreten Vorstellungen und Bildern sowie der Erinnerung und überarbeitenden Anpassung an eine Kultur. Schon in der Wahrnehmung Gottes wirken die Wahrnehmenden mit auf das Wahrgenommene ein. Denn alles, was wir wahrnehmen, verbindet sich in uns mit den vorhandenen, kulturgeprägten Vorstellungen, Bildern und Gefühlen. Dabei entstehen Wahrnehmungen Gottes beziehungsweise des Absoluten, die es vorher nicht gegeben hat. Alle Wahrnehmungen Gottes schaffen modifizierte, also originale Wahrnehmungsgestalten Gottes/des Absoluten, keine Kopien. Das gilt für frühere wie für heutige Wahrnehmungen Gottes. Die ganze Religionsgeschichte ist für mich eine universale Wahrnehmungsgeschichte Gottes/des Absoluten. Und weil sie Wahrnehmungsgeschichte ist, ist sie auch vielfältig und widersprüchlich. Die Kanons sind entsprechend kulturbezogene Gedächtnisspuren Gottes auf der Erde. Gott hat es nun einmal gefallen, sich auf unterschiedlichste Weise wahrnehmen zu lassen. Um den Menschen nahe zu sein, hat Gott es riskiert, uneindeutig zu werden. Deshalb haben wir im Neuen Testament vier Evangelien und nicht

Die ‹Nacht der Religionen› findet an vielen Orten Berns statt, im ‹Haus der Religionen› mit einer Einführung in den Buddhismus und einem Besuch im Hindutempel, bei der Kirche Bruder Klaus mit einem Stehempfang und Kinderlachen.
Bilder: Christoph Knoch

eines; und daraus sind unterschiedliche Kirchentümer oder Konfessionen geworden. Das heisst: Den objektiv richtigen Jesus gibt es nicht, sondern nur Jesus, wie er von kulturell unterschiedlich geprägten Menschen wahrgenommen worden ist. Neben die christlichen Wahrnehmungsgestalten Jesu treten deshalb jüdische, islamische und andere Wahrnehmungsgestalten Jesu hinzu, wenn man ausführlich von Jesus berichten will.

Grundsätzlich gilt: Es macht einen gewaltigen Unterschied aus, ob Menschen als Nomaden oder in festen Siedlungen leben, ob sie Tierzüchter und Ackerbauern oder Jäger oder Handwerker oder Banker sind. Die Brennpunkte des Lebens- und Überlebensinteresses verschieben sich dadurch. Entsprechend hat Gott in den Religionen bis heute vielfältige und ganz spezifisch lebensdienliche Funktionen und Gestalten erlangt – zum Beispiel als Fruchtbarkeits-, Kriegs- oder Heilgötter. Die Zuständigkeitsbereiche der katholischen Heiligen spiegeln dieses System bis heute wider.

Parallel dazu gibt es genau genommen nicht den Islam, sondern nebeneinander Sunniten, Schiiten und Alewiten, und neben dem Koran die regionalen Hadithe. Und Michael von Brück hat wohl richtig geurteilt, wenn er vom Hinduismus sagt: «Im späteren Hinduismus erscheinen ... der (heute nur selten verehrte) Brahmā als Schöpfer, Viṣṇu als Erhalter und Śiva als Zerstörer, d. h. als drei Aspekte der einen Gottheit (trimūrti).» Alle drei Funktionen dienen dem Leben. Denn auch Śiva zerstört nicht um des Zerstörens willen, sondern damit neues Leben entstehen kann.

Gerade weil sich mir die Lebensdienlichkeit der Religionen als ihre entscheidende Funktion zu erkennen gibt, kann ich nun auch notwendige Abschiede und heilsame Aufbrüche skizzieren. Denn in Anlehnung an den wunderbaren Ausspruch des Philosophen Odo Marquard ‹Zukunft braucht Herkunft› kann über die Zukunft erst dann sinnvoll nachgedacht werden, wenn man sich über die Herkunft verständigt hat. Das heisst nun aber: Haben alle Religionen – wie ich glaube – eine gemeinsame Herkunft in dem Einen Gott beziehungsweise dem Absoluten, dem sie in Kult und Alltag antworten, dann können wir auch über eine gemeinsame Zukunft in der interreligiösen Ökumene nachdenken – ohne die Unterschiede der Kulturen zu verwischen.

1. Notwendige Abschiede

Notwendig erscheint mir, dass sich alle Religionen von folgenden Vorstellungen verabschieden:
– dass die eigene Religion allen anderen Religionen überlegen sei; das schliesst für monotheisti-

Grosses Gedränge herrscht im Kornhausforum bei der Pressekonferenz zur Einreichung der Baubewilligung ‹Zentrum Europaplatz – Haus der Religionen› im April 2010.
Bilder: Stefan Maurer

sche Religionen den Abschied von dem Glauben ein, dass der eigene Gott der Eine und Einzige Gott sei;

– dass die eigenen heiligen Schriften unabhängig von den Regeln menschlicher Wahrnehmung entstanden seien, mithin unmittelbar und exklusiv ‹offenbart›;

– dass die eigenen heiligen Schriften alles von Gott beziehungsweise dem Absoluten sagen, was zu glauben wichtig ist, und dass es deswegen unwichtig oder gar schädlich sei zu lesen, was in den Schriften der anderen Religionen von Gott wahrgenommen und reflektiert worden ist;

– dass Gott beziehungsweise das Absolute nur in schriftlichen Zeugnissen der Vergangenheit und nicht auch in gegenwärtigen Erfahrungen der Geistesgegenwart Gottes und in mündlichen Zeugnissen zu finden sei;

– dass irgendein Volk oder irgendeine Religion vor anderen von Gott erwählt sei, und dass diese anderen nur mittelbar mit Gott zu tun hätten oder gar von Gott verworfen seien;

– dass Gott und Menschen wechselseitig ebenbildlich seien, und dass die anderen Mitgeschöpfe nicht in unmittelbarer Lebensbeziehung zu Gott leben, keine lebendigen Seelen seien und nicht zu der Einen Wirklichkeit gehören, in der Gott und alle Geschöpfe miteinander verbunden sind;

– dass die Sterblichkeit der irdischen Geschöpfe und der Gestirne Folge von menschlichen Versündigungen und also nicht Teil göttlicher Lebensordnung sei;

– dass der gewaltsame Tod einzelner Menschen Mittel heilvollen göttlichen Handelns sein und als stellvertretendes Opfer etwas in das Leben einbringen könne, was andere im Leben Gott und Menschen schuldig geblieben sind.

2. Heilsame theologische Aufbrüche

Allgemeines: Es hat keinen Sinn mehr, eine Mission zu praktizieren, die auf die Verdrängung anderer Religionen zielt. Es hätte auch keinen Sinn, eine Weltreligion anstreben zu wollen. In ihr gingen die meisten spirituellen Schätze verloren, die die unterschiedlichen Religionen in sich bewahrt haben. Sinnvoll und notwendig ist dagegen, sich gegenseitig als gleichrangig und gleich unmittelbar zu Gott anzuerkennen. Dann können auch Übergänge zwischen den Religionen offengehalten werden für Menschen, die sich in einer anderen Spiritualität als der bisher erlebten religiös zuhause fühlen. Das Gebot der Stunde ist, das Fremde kennenzulernen, ehe man irgendwelche Urteile abgibt. Dabei muss begriffen werden, dass Religion immer mit Kultur in spezifischer Weise zusammenhängt. Das ist wichtig angesichts der Veränderungen, die auch traditionelle Kulturen

Medienschaffende sind aufmerksame Begleiter des Projekts ‹Haus der Religionen›: Samuel Geiser, ‹reformiert›; Jörg André, ‹Radio DRS›; Peter Abelin, ‹Tachles›; Hannah Einhaus, ‹Berner Zeitung›; Markus Dütschler, ‹Der Bund›. Immer nah dran ist auch das Tamilische Fernsehen, hier im Gespräch mit Stiftungsrätin Regula Mader. Anlass ist der Antrag auf Baubewilligung, April 2010.

Bilder: Stefan Maurer

wie die sogenannte abendländische zurzeit durchmachen. Es ist durchaus denkbar, dass sich Gläubige, gleich welcher Religionszugehörigkeit, in einer sie umgebenden gottvergessenen Kultur als Fremde erleben und den Zusammenhalt suchen werden.

Zum Kennenlernen gehört das Lesen der heiligen Schriften und sonstigen Überlieferungen anderer Religionen. Mein Vater hat mir zur Konfirmation eine Textsammlung aus unterschiedlichsten Religionen geschenkt. Dafür bin ich ihm heute noch dankbar. Wenn wir einmal begriffen haben, dass alle Religionen eine gemeinsame Herkunft haben, lassen sich solche Texte auch angstfrei lesen. Sie bewahren uns davor, die gewisse – kulturell bedingte – Provinzialität jeder Religion zu überwinden. Zum Kennenlernen der anderen und dazu, dass andere uns kennenlernen, gehört aber auch, dass sich Gläubige gegenseitig von ihren spirituellen Erfahrungen und Praktiken erzählen. Nur so können Menschen wirklich wahrnehmen, dass Andersgläubige auch in einer lebendigen Gottesbeziehung leben.

2.1 Theologische Aufbrüche
In der Opferproblematik

Durch solches Kennenlernen wächst nach meiner Erfahrung nicht nur eine Kritikfähigkeit gegenüber anderen Religionen, sondern interessanterweise gerade auch die Fähigkeit zur Kritik der eigenen Überlieferungen. Denn durch die Erweiterung des religiösen Horizontes lassen sich die heiligen Texte vor dem Hintergrund der Geschichte der Religionen und Kulturen und ihrer zum Teil mörderischen Auseinandersetzungen sehen. Und dann stehen Texte nicht mehr für sich da, sondern geben sich als Auslöser einer Wirkungsgeschichte zu erkennen, in der sie neben vielen guten oft auch verheerende Wirkungen ausgelöst haben – wie nicht zuletzt die Kriegsgeschichte zeigt. Erst vor einem solchen, interreligiös erweiterten Horizont wird dann auch innerhalb der eigenen Religion eine theologische Kritik überlieferter Glaubensvorstellungen möglich.

Als Beispiel aus meiner eigenen Arbeit nenne ich vor allem die Kritik an einer Theologie, die die Hinrichtung Jesu als Sühnopfer gedeutet hat – und berufe mich dafür auf jüdische Propheten wie auf Jesus selbst. Denn wenn Versöhnung, Vergebung und Erlösung an ein Menschenopfer gebunden sind, wird die unbedingte, also wirklich bedingungslose Liebe Gottes, von der und für die Jesus gelebt hat und gestorben ist, wieder zu etwas Bedingtem, von einem Blutopfer Abhängigen. Und indem auch in der christlichen Mahlfeier immer noch ein Akt angeblich heiliger Ge-

Zur Eröffnung der neuen Tramlinien nach Bern-Bethlehem und Bern-Bümpliz verbinden Botschaften aus acht Religionen die Linien und die Stadtteile am Europaplatz. Die Mitte bildet die Bundesverfassung: In Verantwortung gegenüber der Schöpfung, in Achtung der Vielfalt, in Offenheit gegenüber der Welt...

walt im Mittelpunkt steht, wird die Verkündigung Jesu auf den Kopf gestellt und tödliche Gewalt als Mittel zum Heil gerechtfertigt. Als das Christentum entstand, war in der hellenistischen Kultur das Opfer in allen Religionen noch gang und gäbe. Doch das hat sich bis heute gründlich gewandelt. Nicht nur der Rekurs auf die Verkündigung Jesu, sondern auch die kulturelle Differenz zur hellenistischen Kultur erfordern also meiner Einsicht nach einen heilsamen Aufbruch in eine andere – auch gottesdienstliche – Zukunft.

Im Blick auf eine Theologie der Religionen

Die bislang unüberwindbaren Differenzen in der Gottesfrage zwischen Juden und Muslimen auf der einen Seite und Christen auf der anderen hängen nicht zuletzt mit der christlichen dogmatischen Konstruktion einer göttlichen Trinität zusammen. Sie verbindet den jüdischen Vatergott, Jesus aus Nazareth – den geglaubten Gottessohn, und den heiligen Geist. Diese trinitarische Gottesvorstellung sprengt aber für Juden wie für Muslime den für sie unaufgebbaren Monotheismus. Diese Argumente sind ernst zu nehmen.

Trotzdem mache ich den Vorschlag, den Gedanken einer Trias auch in einer interreligiösen Ökumene darauf hin zu prüfen, ob eine solche Trias nicht geeignet sein könnte, allen Religionen als Brücke zum gegenseitigen Verstehen zu dienen. Dabei geht es mir allerdings nicht um drei Personen einer Gottheit, sondern ich nehme die Trias erst einmal als Symbol einer Ganzheit. Die drei im Lebensganzen miteinander verbundenen Ebenen oder Dimensionen beschreibe ich so:

– Die erste redet von Gott beziehungsweise dem Absoluten selbst. Hierhin gehören die Gottesvorstellungen der Religionen in der Fülle ihrer Wahrnehmungsgestalten und Namen, wie sie uns überliefert sind. In einer interreligiösen Ökumene hat Gott beziehungsweise das Absolute diese Vielfalt in sich.

– Die zweite redet von der Hinwendung Gottes zu den Menschen und der göttlichen Verbindung Gottes mit ‹seinen› Geschöpfen, also die Offenbarung unter den Menschen oder Inkarnationen in geschöpflicher Gestalt. Dazu gehören Wahrnehmungen der Weltordnung genauso wie Vermittler zwischen Gott und Menschen, Gott und Welt, dem Absoluten und der Welt – also Mose, Buddha, Propheten, Asklepios, Jesus, Muhamad und Bahá'u'lláh – und zwar unbeschadet ihres jeweiligen Status in der eigenen Religion.

– Die dritte Ebene oder Dimension redet von der von allen erfahrbaren Lebensenergie Geist und der Geistesgegenwart Gottes beziehungsweise des Absoluten. Geist verstehe ich als das, was ursprünglich und gegenwärtig alles miteinander

2011

Swissinfo besucht das Frauenprojekt im ‹Haus der Religionen›, beobachtet die Ernte im Familiengarten und die Entstehung von Konfitüre im kleinen Küchenbetrieb und stellt die Bilder zusammen mit einem Portrait der Frauen und der Arbeit auf ihre Homepage.
Bilder: Christoph Balsiger

verbindet und im Leben hält und in der Physik als «das Eigentliche des Wirklichen, das uns begegnet» bezeichnet werden kann. Geist ist also zugleich die im Abendland verlorene Brücke zwischen Geistes- und Naturwissenschaften.

Von diesem theologischen Ausbruch aus kann ich auch Aufbrüche im Bereich des Gottesdienstes beschreiben, die ich für heilsam halte.

2.2 Im Bereich des Gottesdienstes

Nach allem, was uns vom Selbstverständnis der Religionen her geläufig ist, scheidet die Möglichkeit, Andersgläubige zur aktiven Teilnahme an irgendwelchen Liturgien der eigenen Religion einzuladen, aus. Möglich aber sollte es sein, Andersgläubige dem eigenen Gottesdienst beiwohnen zu lassen, damit sie ihn kennenlernen können. Die spirituelle Sprache eines fremden Gottesdienstes zu erleben, kann einen Zugang eröffnen, der durch das Studium von Schriften nicht zu gewinnen ist. Dabei steht es den Miterlebenden frei, sich an den Stellen der Liturgie (still) zu beteiligen, die sich ihnen – möglicherweise nach vorheriger Einweisung – öffnen.

Wenn akzeptiert wird, dass alle Religionen – auf dem Weg über die kulturbedingt differenten Wahrnehmungen – eine gemeinsame Herkunft haben, lassen sich in die überlieferten Liturgien der einzelnen Religionen Elemente einfügen, die die Teilhabe an einer interreligiösen Ökumene ausdrücken und, auf einer nächsten Stufe, auch interreligiöse Gottesdienste feiern.

2.3 Einfügungen in die eigene Liturgie

– Eine wichtige Einfügung kann der Hinweis darauf sein, welchen Punkt im jeweiligen Festkalender anderer Religionen die eigenen Festtage markieren. Damit wird die Wahrnehmung der anderen ausgedrückt und ein Zeichen gegeben, dass die Vielfalt akzeptiert wird.

– Bedeutender noch ist, wenn zu den Lesungen aus den eigenen heiligen Schriften auch aus Schriften anderer Religionen gelesen wird, wie es bei den Baha'i üblich ist und wie ich es auch oft praktiziere. Damit können Übereinstimmungen, aber auch unterschiedliche Perspektiven beschrieben werden, die den Horizont erweitern und oft auch deutlich machen können, dass es für uns die Wahrheit nicht gibt, sondern nur perspektivische Zugänge zu ihr. Die einzelnen Religionen sollten Textzusammenstellungen anbieten, die diesem Zweck dienen. In meinem Buch ‹Lebensgaben Gottes feiern› habe ich eine kleine Auswahl zusammengestellt. Langfristig sollte in gemeinsamer Verantwortung interessierter Religionen ein ‹Kanon aus den Kanons› gefunden werden. Er sollte nicht die bisherigen Kanons er-

setzen, sondern als interreligiöses Lesebuch die Begegnung mit den Überlieferungen der Religionen möglich machen.

– Aufgabe der Predigt der Zukunft wird es sein, dieses Nebeneinander der Festkalender und Überlieferungen auszulegen.

– Auch Gebete aus anderen Religionen können eingefügt werden, und zwar ohne dass die Namen der Angeredeten geändert würden. Denn auch dabei geht es zuerst darum, den Respekt vor der fremden Spiritualität und Gottesbeziehung auszudrücken.

– Die Fürbitte lässt sehr viel Platz, Menschen und Anliegen der andersgläubigen Gemeinden ins Gebet einzuschliessen.

2.4 Interreligiös gefeierte Gottesdienste

– Gelegenheit zu gemeinsamen Gottesdiensten bieten gemeinsame Lebenserfahrungen, die am selben Ort, in der selben Stadt gemacht werden, und gute wie böse Ereignisse, die Angehörige unterschiedlicher Religionen, auch ohne miteinander bekannt zu sein, zusammenführen. Die Grundform dafür ist, dass die gemeinsamen Erfahrungen beziehungsweise die Ereignisse, um die es geht, authentisch in der eigenen religiösen Sprache auch gottesdienstlich zur Sprache kommen – nebeneinander zwar, aber in dem Glauben, dass der/die Eine beziehungsweise das Absolute angeredet werden. Entscheidend ist das gemeinsame Dach, unter dem zu Gott gesprochen wird.

– Im ‹Haus der Religionen› könnte darüber nachgedacht werden, ob es einen gemeinsam verantworteten Festtag der Religionen geben kann. Thematisch könnte er zum Beispiel mit der Schöpfung und dass sich mit dieser Vielfalt ein reiches religiöses Gedächtnis der Menschheit verbindet.

– Die Vielfalt könnte aber auch in dem Sinn Thema und Gestaltungshilfe gemeinsamer interreligiöser Gottesdienste sein, dass die Bitte um Verständigung, um den damit verbundenen und notwendigen Beitrag zum Weltfrieden, von allen gemeinsam ausgesprochen wird.

– Dabei sollte die kritische Sichtung der jeweils eigenen Überlieferungen von der Frage her möglich werden, ob diese Überlieferungen und ihre Wirkungsgeschichte dem Leben – einschliesslich dem Zusammenleben der Religionen und Kulturen – gedient haben oder nicht.

– Gemeinsame karitative oder diakonische Projekte können gemeinsam gottesdienstlich vorbereitet werden.

Vermieden werden muss alles, was den Eindruck erweckt, als ginge es darum, eine Einheitsreligion anzustreben. Mein Ziel ist das nicht.

Frauenreise in die Türkei. Die Begegnungen mit Frauen auf der asiatischen Seite, auch mit ihren Erfahrungen als kurdische oder alevitische Minderheit, stehen im Zentrum der Reise. Die herzliche Gastfreundschaft bildet den Grundton an allen Orten.

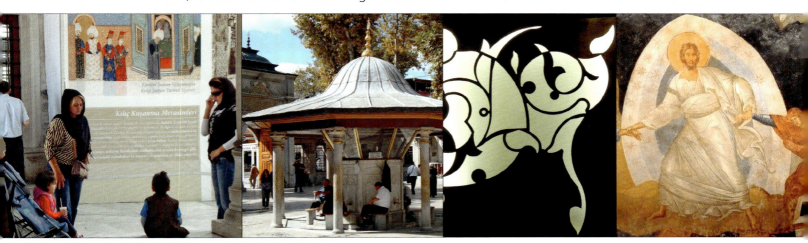

Fliehend, bleibend, am Horizont

Hartmut Haas

*Man bedenke: In der Zukunft,
in der ewig urfernen, ewig urnahen Sphäre,
fliehend und bleibend wie der Horizont,
in dem Reich der Zukunft,
in das sich sonst nur spielende, schwankende,
bestandlose Träume wagen,
hat (jüdischer Glaube) sich unterfangen,
ein Haus der Menschheit zu bauen,
das Haus des wahren Lebens.*
Karl Rahner

Zugang gemeinsam hoffen?

Im Titel dieses Referates kommt der katholische Theologe Karl Rahner zu Wort. Entnommen ist das Zitat einem Werk des evangelischen Theologen Jürgen Moltmann, der über christliche Messiashoffnung nachdenkt und dazu jüdische Vorstellungen reflektiert, wie sie Martin Buber formulierte. Es ist ein ökumenischer wie interreligiöser Reigen, der im Titel steckt und sich verbindet mit der Frage, was wir in der Zukunft unserer Welt, am Horizont unseres Glaubens erwarten.

Ob nun fliehend, bleibend an einem immer neu unerreichbaren Horizont, oder gleich jenseits unserer Vorstellungen von Raum, Zeit und unserer begrenzten Existenz, in dem einen wie dem anderen Fall erscheint es bei einem realistischen Blick in unsere Welt nicht so, als würde sich die Menschheit auf goldene Zeiten zubewegen, als seien wir in den Zeitdimensionen jüdischer wie christlicher Erwartung dem gemeinsamen Haus des wahren Lebens auch nur ein Stück näher gekommen. Wir sind uns noch nicht einmal einig, wie dieses Haus aussehen könnte.

Zwar zeigt das Zitat, dass man darüber ökumenisch und interreligiös nachdenken kann, auch über die Verwerfungen zweier Jahrtausende hinweg, zwar zeigen es die vielen Bemühungen um die interreligiöse Verständigung, dass es in den Konfessionen und Religionen Frauen und Männer gibt, die mit ihrem Horizont von Glaube, Hoffnung und Liebe Gemeinsames jetzt und für die Zukunft erwarten, aber daneben stehen ausser den vielen sozialen, politischen und ökonomischen Konflikten auf unserer Erde auch die alten Ansprüche auf Exklusivität von Wahrheit, Erlösung und Heil.

Umgang mit exklusiven Ansprüchen auf Wahrheit

Es ist schon merkwürdig, dass wir uns sehr schwer tun, wenn es um Religionen geht, Vielfalt als etwas Grossartiges zu verstehen oder sie wenigstens gelassen anzunehmen. Zwar haben wir dies für die christliche Ökumene inzwischen eini-

Das Team (Antje Kirchhofer, Judith Pörksen, Hartmut Haas, Naci Öeztürk, Ludwig Spirig) und die Gäste bei der ‹Nacht der Religionen› 2011. Regierungspräsident Bernhard Pulver entzündet das Feuer und hält eine Ansprache.
Bilder: Christoph Knoch

germassen gelernt, aber nicht einmal das ist ein sicherer Wert, auf den sich die Christen beziehen könnten, um sich untereinander zu verständigen. Einzelne fundamentalistische Haltungen sind dabei gar nicht die eigentliche Schwierigkeit. Schwerer wiegt, dass die Angriffe auf Vielfalt und Gleichwertigkeit zwischen den Kirchen und den Religionen aus ihrer Mitte, ja bis heute auch aus ihren leitenden Gremien kommen. Ohne dies genau zu wissen, nehme ich einmal an, ist dies einer der weiteren Wesenszüge, welche die allermeisten Religionen gemeinsam haben.

Innerhalb der Christenheit wurden wir in den vergangenen Jahren zweimal mit Dokumenten von kirchenoffiziellen Stellen versehen, welche die Bemühungen um die interreligiöse Verständigung belastet haben oder ihr scharfe Grenzen setzen wollen, sicher auch einer Idee wie der eines ‹Hauses der Religionen›. Eines dieser Dokumente, «Dominus Iesus», kann der evangelische Christ dankbar annehmen, es schenkt ihm volle Freiheit, die Begegnung mit allen anderen zu suchen, die sich in dieses Wahrheitsverständnis nicht einschliessen lassen oder daraus ausgeschlossen sind.

Dies ist eigentlich aus der Sicht der interreligiösen Begegnung erfreulich: Wir alle, die wir nicht eingeladen wurden oder nicht eingeladen sein wollen, am Tisch der Glaubenskongregation um Kardinal Ratzinger teilzunehmen, wir alle finden uns eben ausserhalb seiner Kirche und seiner Wahrheit wieder, draussen vor dem Heiligtum, vor der Tür. Befreit davon, diese Wahrheit repräsentieren zu müssen, können wir uns erkennen in der bunten Schar aller anderen ausgeschlossenen Menschenbrüder und -schwestern und lernen das Teilen unserer und ihrer Hoffnung, unseres und ihres Glaubens, unserer und ihrer Liebe. Wir stärken uns mit der Speise, die uns bleibt, und reichen einander aus unseren Quellen höchst irdisches Wasser, um unseren Durst nach Himmel zu stillen. Möglich schliesslich, dass in all den Gesichtern von Männern und Frauen auch jener zu erkennen ist, von dem es heisst, er habe gelitten draussen vor dem Tor, weil ihm dieses ausgeschlossene Volk ans Herz gelegt und heilig war (Heb. 13,12f).

Mit dem zweiten Dokument wurde mir plötzlich verständlich, weshalb katholische Kollegen und Kolleginnen so empört auf «Dominus Iesus» reagierten:

Ende August 2003 veröffentlichte die Evangelische Kirche in Deutschland (EKD) ein ähnliches Dokument ihrer theologischen Kammer. Wäh-

Wärme und Licht oder Zerstörung und Gewalt – viele Eigenschaften des Feuers stecken auch in den Religionen. Die guten Eigenschaften gilt es zu entfachen, zu behüten und am Glühen zu halten.
Bilder: Christoph Knoch

rend «Dominus Iesus» den trennenden Graben zwischen der Römisch-katholischen Kirche und allen anderen Konfessionen und Religionen zieht, schneiden die Leitlinien der EKD-Kommission in gleicher dogmatischer Angestrengtheit auf andere Weise hinein in den gemeinsamen Horizont jüdischer und christlicher Hoffnung. Die auch für die interreligiösen Begegnungen bahnbrechenden Bemühungen um ein neues Verständnis zwischen Christen und Juden scheitern an einem Wahrheitsanspruch, der laut Verfasser nur in dem von Christen geglaubten Offenbarungshorizont existieren kann.

Bei mancher durchaus erfreulichen Differenziertheit ist auch dieses Dokument gefüllt mit Gedanken der Anmassung und Angst. Besonders interessant ist dabei, dass der trennende Graben, den die EKD-Kommission zu ziehen versucht, nicht zwischen einer immer wieder beschriebenen jüdisch-christlichen Tradition auf der einen Seite und dem Islam samt allen anderen Religionen auf der anderen Seite verläuft, sondern mitten durch den eingangs beschriebenen Dreiklang führt. Das Dokument unterstreicht die «bleibend schmerzende Urform des Gegensatzes» zwischen Christen und Juden, stellt zwar jüdisches Denken sehr nahe neben die Erfindung der Menschenrechte, beansprucht diese aber doch für sich als eine christliche Erfindung und äussert Zweifel, ob die anderen Religionen diesem Anspruch folgen können. In der Frage nach letztgültiger Wahrheit ist das Dokument noch eindeutiger: «Ein bisschen Wahrheit ist gar keine Wahrheit, (denn) sie unterscheidet sich durch ihre geschichtliche Grundsituation, in der das Ereignis der Wahrheit mit der Geschichte Jesu Christi identisch ist.» Dieser Wahrheit dürfe der Christ «nicht in den Rücken fallen», wie etwa durch das gemeinsame Gebet mit einer anderen Religion, obwohl das Dokument gleichzeitig zu interreligiösen Begegnungen einlädt. Wenn Christen dies tun, sei es eine ihrer Aufgaben, nicht drängend, nicht fordernd, aber doch Zeugnis dieser Wahrheit abzulegen. «Ja, sie begegnen anderen Religionen in der Erwartung, dass sich dort ebenfalls in irgendeiner Weise Erfahrungen mit dieser Wahrheit finden.» Hier also, im Bezug auf andere Religionen, gilt dann eben doch Wahrheit in «irgendeiner Weise», also ein bisschen.

Ein Haus der Religionen – eine doppelte Anmassung?

Wenn wir am Horizont dieser Wirklichkeit im Kanton Bern ein Haus der Religionen entstehen sehen, was behaupten wir da eigentlich? Steckt darin nicht angesichts der Erkenntnis dessen, wie es auf unserer Welt und zwischen den Religionen

In der Aula der Gewerblich-industriellen Berufsschule, gibb, der Cem der Aleviten. Der Tanz ist ein Gebet und verbindet Mann und Frau, Mensch und Schöpfung, Gott und Mensch.
Bilder: Christoph Knoch

nach wie vor zugeht, gleich eine doppelte Anmassung? Wir sagen erstens, es sei denkbar, an einem einzigen, gemeinsamen Ort gleich vielfache Ansprüche auf Wahrheit nebeneinander Bestand haben zu lassen. Wir sagen zweitens, es sei möglich, einen Komplex zu finanzieren und zu materialisieren, der in sich Räume für Tempel, Synagoge, Kirche und Moschee vereinigen kann. Wer theologisch denkt, dem muss dieses Vorhaben wie die Vorwegnahme allerletzter Fragen klingen, als hätten wir den Schlüssel zu dem, was doch selbst in der Diesseitsbezogenheit jüdischer Hoffnung noch schwankend in ferner Zukunft bleibt. Wer praktisch denkt, der sieht eine Baustelle von Türmen, Altären und Schreinen, heiligen Bezirken, geografischen Orientierungen, bevor dann auch noch Leben einzieht mit neuen Fragen unterschiedlichster religiöser Riten, Speise-, Kleidungs- und sonstiger Vorschriften.

Ansätze für eine Theologie der Begegnung

Es braucht selbstverständlich Grundlagen für die interreligiöse Begegnung, auch für das Zusammenleben in einem Haus der Religionen. Sie müssen nicht alle Fragen durchdringen, die im interreligiösen Gespräch von Bedeutung sind, aber eben eine Basis liefern, die ein Nebeneinander der verschiedenen Überzeugungen und Praktiken möglich macht.

Dies ist eine Aufgabe, der sich alle beteiligten Partner zu stellen haben. Aus christlicher Sicht wäre eine Theologie der Begegnung zu entwerfen, die den Mut hat, eigene Erkenntnisse von Wahrheit und Heil in der klaren Begrenzung ihres Horizontes als Binnensicht christlichen Glaubens zu bedenken und darzustellen. Dem steht die Lust und Freude gegenüber, andere Sichtweisen zu verstehen suchen, diese als Binnensicht im Horizont einer anderen Religion zu erfassen und ihr gleiche Wertschätzung entgegenzubringen wie der eigenen. Dies schliesst gegenseitiges kritisches Fragen und freundschaftliches Streiten mit ein, ist verbunden mit neuem Erkennen und der Bereitschaft zur Veränderung eigener Sichtweisen, auch jener auf Wahrheit und Heil. Die Grundlagen einer Theologie der Begegnung zu erarbeiten, ist Auftrag der religiösen Ausbildungsstätten wie zum Beispiel der Theologischen Fakultäten.

Erstes Beispiel: Runder Tisch und Reformierte Kirche im Kanton Bern

Der Verein ‹Haus der Religionen› ist aus der zehnjährigen Tätigkeit des Runden Tischs der Religionen im Kanton erwachsen und mit ihm weiterhin kräftig verbunden. Der Runde Tisch entstand auf Anregung des damaligen Berner Rabbiners. Neben dem gegenseitigen Kennenlernen standen

Für Speis und Trank ist an vielen Orten während der ‹Nacht der Religionen› gesorgt. Im ‹Haus der Religionen› diskutieren Jugendliche, in der Synagoge und in der ‹Offenen Kirche› spielt Musik.
Bilder: Christoph Knoch

ganz praktische Fragen der beteiligten Religionen im Mittelpunkt. Dazu gehörten zum Beispiel die Regelungen und Vereinbarungen mit der Stadt Bern für ein muslimisches Gräberfeld, die Herausgabe von Grundlageninformationen über einzelne Religionen oder die Gestaltung eines gemeinsamen Raumes der Stille im dem Inselspital zugeordneten Anna-Seiler-Haus. Die hierfür erhobene Kollekte löste innerhalb der Reformierten Kantonalkirche eine Debatte aus, ob ein Dialog der Religionen nicht dem Missionsauftrag widerspreche und ein gemeinsamer Raum, der allen Religionen gleichermassen diene, nicht die Grenzen zwischen den Religionen verwische und somit das Evangelium verletzen würde. Dies forderte den Synodalrat der Reformierten Kirche heraus, Grundsätze für das Zusammenleben der Religionen und für den interreligiösen Dialog zu präsentieren. In drei gebündelten Abschnitten wird darin unter anderem gesagt:

«Wir haben in den letzten Jahrzehnten positive Erfahrungen gemacht im Zusammenleben und in der Zusammenarbeit der Konfessionen. Was unter den Konfessionen gilt, streben wir auch unter den Religionen an. Das Zusammenleben in der Vielfalt ist freilich nicht leicht. Wir erkennen die Spannung, die daraus entsteht, dass das Vertraute geschützt und das Fremde anerkannt werden will. Es ist unsere prophetische Pflicht, dafür zu sorgen, dass niemandem Unrecht widerfährt, und es ist unsere seelsorgerische Aufgabe, dazu beizutragen, dass niemand sich vor anderen zu fürchten braucht.

Wir bekennen uns zu Jesus Christus, in dessen Dienst wir stehen. Die Art, wie Jesus Angehörigen anderer Religionen begegnete, verpflichtet uns zum Bekenntnis und zum Dialog. Wir verzichten auf die Bemühungen, andere ihrer Religion zu entfremden.»

Der Synodalrat vertritt seine Haltung öffentlich. Er fördert eine Toleranz und setzt sich dafür ein, dass Religionen in unserer Gesellschaft Raum erhalten, um ihren Glauben ungehindert zu praktizieren (Öffnung von Kirchen, Gebäuden, Räumen, Institutionen). Der Synodalrat unterstützt Bildungsangebote, Begegnungen, Sensibilisierungsmassnahmen für kirchliche Mitarbeitende. Ebenso hat der Synodalrat die Erwartung, dass die theologische Arbeit sowohl ökumenisch als auch interreligiös betrieben und vertieft wird.

Zweifellos haben hier die Reformierten Kirchen Bern–Jura–Solothurn ein sehr ermutigendes Dokument für die Prozesse des interreligiösen Lernens erstellt. So verwundert es wohl kaum,

2012

Der ‹Verein Haus der Religionen› feiert sein zehnjähriges Bestehen und kann dabei endlich die sich abzeichnende erfolgreiche Finanzierung des Bauvorhabens durch die Stiftungsräte Guido Albisetti und Regula Mader ankündigen, während andere sich über die Ausgestaltung des Dialogbereichs bereits wieder die Köpfe zerbrechen (rechts).
Bilder 1+3: Silvia Pfenniger

dass die Idee eines Hauses der Religionen im Kanton Bern Fuss fassen konnte.

Zweites Beispiel: Herrnhuter Geschichte und Theologie

Ich selbst gehöre zwar auch der Reformierten Kirche an, lebe aber eine konfessionelle Doppelexistenz, bin vor allem Mitglied und Pfarrer meiner Herrnhuter Kirche, die hier in der Schweiz immer noch in der Sonderform der Sozietäten, einer Idee des 18. Jahrhunderts, als Kirchlein für die Kirche (N. L. von Zinzendorf 1700–1760) existiert. So klein wir sind, bestehen wir doch in einem weltweiten Verbund und sind darum an vielen Orten von den gleichen Fragen betroffen wie alle anderen Kirchen und Gruppen auch. Dazu gehört, welchen Friedensbeitrag die Religionen leisten können, damit die im 20. Jahrhundert masslos gewordene Gewalt wenigstens gezähmt und eingedämmt werden kann. Hier einige Überlegungen, die für uns Herrnhuter Grundlagen für einen Dialog der Religionen sein können:

Die Böhmischen Brüder

Für eine Neubesinnung christlicher Theologie knüpft Friedrich Wilhelm Marquardt, der sich vehement für eine Theologie nach Auschwitz einsetzte, überraschend bei der ersten Reformation vor Luther und Zwingli, bei Jan Huss († 1415), Michael Weisse (1488–1534) und Johann Amos Comenius (1592–1670) an. Also in der Tradition der Böhmischen Brüder, die wir in aller Bescheidenheit und in Verbindung zur Geschichte der Herrnhuter Kirche auch hier in der Schweiz einzubringen versuchen. «Sowohl sozial wie theologisch gesehen dürfte sich heute die Kirche der Ökumene in der Welt der ersten Reformation besser wiederfinden und das Verständnis dessen, was Theologie ist und wozu sie allenfalls gut ist, dürfte sich aktueller in der Böhmischen Brüderkirche finden», so Marquardt.

Als Kriterien kennzeichnet er die Böhmischen Brüder als Armen-, Laien- und Leutekirche; den ökumenischen, überkonfessionellen wie übernationalen, forschenden, nach allen Seiten offenen Geist, der alles Eigene relativieren könne auf Christus, den Lehrer über alle; die Theologie dieser Kirche, die «Wahrheit im Staube» sein wolle und darum an die Stelle sektiererischer Selbstbehauptung das Sterben als kirchliche Bewegung mit einschloss, um Christus allein die Ehre zu geben.

Dabei rückt eine möglicherweise gerade für das interreligiöse Gespräch wichtige Gestalt in den Mittelpunkt: Johann Amos Comenius, der bis heute von den Tschechen verehrte und bei den

Pädagogen noch nicht ganz vergessene ‹Lehrer der Völker›. Es würde sich lohnen, wenn ihn auch die Theologen neu entdeckten. Geboren 1592, hundert Jahre nach jenem einschneidenden Ereignis in der Weltgeschichte, das uns die ganze Erde erkennen liess, um sie fortan zu zerstückeln und zu zerteilen; geboren auch in die Zeit des Dreissigjährigen Krieges, der ganz Europa in Flammen legte und der nur mit der Opferung von Comenius' Glaubensgeschwistern in Böhmen und Mähren zu befrieden war. Comenius entwirft eine umfassende Schrift, die ‹Allgemeine Beratung über die Verbesserung der menschlichen Dinge›, und lädt darin die Welt, die Völker, die Religionen, Christen, Juden und Muslime zu einem Konzil des Lernens ein, ohne Vorbedingung, ohne Vorbehalt, dort beginnend, «wo uns kein Widerspruch verueinet». – «So kommt denn alle, denen das eigene Wohl und das des Menschengeschlechts am Herzen liegt, alle, aus jedem Volk, jeder Sprache und Religion, die ihr Gott fürchtet. Kommt! Wir wollen ergründen, ob es vielleicht irgendwo Wahrheit ohne Irrtum, Frömmigkeit ohne Aberglaube und Ordnung ohne Verwirrung gibt. Wenn es dies irgendwo gibt, dann zeigt, bei wem! Bewirkt, dass euer Gutes das allgemein Gute werde!»

Christologischer Ansatz

Die Böhmischen Brüder wie auch die daraus hervorgegangene Herrnhuter Brüdergemeine kennzeichnen sich durch einen ausgesprochen christozentrischen Ansatz christlichen Selbstverständnisses. Dass Gott, als der Schöpfer aller Dinge, auch ausserhalb unserer eigenen Religion am Werk ist, Gott uns in anderen Religionen, Kulturen und Bewegungen begegnen könnte, ist für uns eigentlich ein uralter Hut. Wer der Schöpfer ist, so konnte ungefähr Zinzendorf seinen Sendboten vor mehr als 250 Jahren sagen, wüssten die fremden Völker schon längst, wer der Heiland sei, das müsste ihnen noch gesagt werden. Nicht, ob wir mit Gott, sondern ob wir uns mit Jesus von Nazareth auf ein Gespräch einlassen können, auch auf Gebet und Gemeinschaft mit anderen Religionen, das ist die Frage, die sich unter christologischen Gesichtspunkten stellt.

Henning Schlimm, Bischof unserer Kirche, porträtierte die für unsere Gemeinschaft prägende Gestalt in diesem Zusammenhang so: «Zinzendorf hat nicht im strengen Sinn vom Dialog zwischen den Religionen gesprochen, aber er hat eine Vorform des Dialogs praktiziert und uns Impulse für den Dialog heute vermittelt.» So sagte er im 18. Jahrhundert zum Verhältnis mit dem Judentum: «Tragen sie uns und nicht wir sie, kann sie Gott

Die Mitarbeitenden und der Vorstand ‹Verein Haus der Religionen› besucht das Kloster und Abt Martin Werlen in Einsiedeln.
Olav Fykse Tveit, Generalsekretär des Ökumenischen Rates der Kirchen, besucht das ‹Haus der Religionen› und die Berner Ökumene.
Grosses Bild:
Fabian von Unwerth

wieder einpfropfen und uns abhauen» (Römer 11, 22–25), und gegenüber dem Islam: «Es ist keine Religion, die die Sache mit Gott so ernstlich und gewiss zur Beschämung aller Christen nimmt, als die Mahomedanische [sic]». Er wollte, und er hat das den Botinnen und Boten mitgegeben, den Glauben des anderen achten, ihn kennenlernen, mit ihm reden, nicht unter Aufgabe der eigenen Identität, auch nicht unter dem Zwang der Bestreitung der Identität des anderen, aber in der liebevollen Begegnung.

Tatsächlich gibt es eine Fülle von Ansätzen, die helfen könnten, eine Herrnhuter Theologie der Begegnung zu formulieren. Dazu gehört zum Beispiel der etwas merkwürdige Begriff der «Tropenlehre», die bis heute bei uns lebendig ist. In einem Dokument von 1757 steht: «Tropus heisst, die besondere Art und Weise, die göttliche Wahrheit vorzutragen und zu begreifen. Die Tropoi verhüten den Schein eines Abfalls von der Religion darin man geboren und erzogen ist und den darin entstehenden Hass gegen die vorige Parthey.» Dies ist die eigentliche Grundlage der Herrnhuter Ökumene. Denn in den Konfessionen wollte man nicht länger Welten trennende Gegensätze sehen, sondern «unterschiedliche Erziehungsweisen», mit denen Gott sich seinen Menschen nähert.

Ein leider nur noch bei uns gesungenes Zinzendorflied enthält folgenden Vers: «Auch denken wir in Wahrheit nicht, Gott sei bei uns allein. Wir sehen, wie so manches Licht auch andrer Orte scheine.» Es geht dann weiter mit der Aussage: «Da pflegen wir dann froh zu sein.» Das Anderssein wird also nicht als Bedrohung, sondern als eine begierig und freudig aufgenommene Ergänzung verstanden. In diesem Sinn sagt Zinzendorf auch: «Keine einzige Religion hat die Sache (Gottes) ganz, sondern muss allezeit einer anderen Religion ihre Einsicht und Gnade und das Beste von ihr zur Hilfe nehmen, wenn sie will ein Ganzes haben.»

Die Christologie in unserer Kirche führte nicht zu einer dogmatischen Überhöhung des Auferstandenen. Selbstverständlich ist das Bekenntnis vom leeren Grab auch in unserer Kirche grundlegend. Unser Totensonntag ist der Ostermorgen, an dem wir über den Gräbern der Verstorbenen den Osterruf erklingen lassen. Aber immer bleibt der verkündigte Christus gebunden an seine irdische Existenz, immer ist er auch der Jesus von Nazareth, des Zimmermanns Sohn, der unser Dasein, unsere Ängste und unsere Hoffnung teilte. Bis heute gibt es die immer wieder auch liturgisch praktizierte Form der Besinnung und des Gebets, in der es darum geht, sich Jesus vor Augen zu

Auf den Spuren von Anne-Marie Im Hof-Piguet. Das Haus Cordier, das Hochmoor und die weiten Wege im Französischen Jura.

malen. In dieser Vergegenwärtigung wird dann auch lebendig, wie Jesus Nichtjüdischem und Fremdem begegnet ist. Sich so vor Augen führend, wird es zu einer Anleitung, wie wir selbst den sorgsamen Umgang mit Menschen leben und pflegen können, die vor einem anderen Horizont von Erkenntnis und Wahrheit mit uns auf dem Weg sind.

Forschungsauftrag Kultur der Begegnung

Vielleicht ist es an der Zeit, dass wir noch einen Schritt weiter gehen. Die vielfältigen Fragen des interreligiösen Gesprächs, die vielschichtigen Zugänge zu den einzelnen Religionen einschliesslich ihrer jeweiligen konfessionellen Auffächerung, die notwendige Begegnung nicht nur zwischen den Religionen, sondern auch mit anderen Weltanschauungen und in Vorbeugung eines Kampfs der Kulturen zwischen religiös und nicht religiös geprägten Menschen erfordern die umfassende Erarbeitung geeigneter Grundlagen, die Eingang finden in das Selbstverständnis der Religionen und die Rahmenordnung einer durch Vielfalt geprägten Gesellschaft. Wäre es denkbar, dass ein Forschungsauftrag für eine Kultur der Begegnung an ein Team erteilt werden könnte, gestützt von runden Tischen und interreligiösen Initiativen der Sozial- und Geisteswissenschaften, Theologie eingeschlossen, der diesen Fragen auf den Grund geht? Heute bietet sich vielleicht eine besondere Chance, da der Schweizerische Nationalfonds jetzt Mittel für neue Projekte in Aussicht stellt.

Der Traum vom Haus der Religionen

Für die Überlegungen, Diskussionen und Fragen innerhalb des Vereinsvorstands, in dem Muslime, Hindus, Juden, Baha'i, Buddhisten und Christen vertreten sind, gibt es diesen doppelten Ansatzpunkt: Ein Haus der Religionen soll entstehen, weil die hier lebenden Buddhisten, Hindus, Muslime oder Christen aus Afrika in der Regel nur unfreundliche und unwirtliche Räume zu oft überrissenen Mietpreisen in Tiefgaragen, Kellern oder verlassenen Industrieanlagen finden.
Was Christen hier ganz selbstverständlich und in vielfacher Ausgabe über die ganze Stadt verteilt antreffen, Kirchen, Gemeindezentren, Kinder-, Jugend- und Erwachsenenbildungsstätten fehlt beispielsweise den Muslimen praktisch ganz.

Der andere Ansatz ist der des Dialogs. Die Bemühungen darum, die Begegnungen zwischen Christen, Juden, Muslimen oder Hindus geschehen immer noch im kleinen Kreis, bei akademischen Studien und vereinzelten Anlässen. Mit einem Haus der Religionen könnte ein Kompetenzzentrum für den Dialog auch mit nicht religiös geprägten Menschen entstehen. Mit unserem

Auf den Spuren von Anne-Marie Im Hof-Piguet. Das ‹Mäuerchen›, die schroffe Felswand bei Chapelle-des-Bois, der Aufstieg und der Blick in Richtung Pyrenäen – ein Fluchtweg für jüdische Jugendliche während des Zweiten Weltkriegs und ein Aufruf, Menschenrechte einzufordern.

lokal verankerten Projekt beteiligen wir uns an der globalen Anstrengung, einem «Clash of Civilizations», wie ihn der bekannte amerikanische Philosoph Samuel Huntington voraussagt, entgegenzuwirken.

So sagt der doppelte Titel: Wir wollen ein festes Haus, in dem unterschiedliche Religionsgemeinschaften ihren Platz finden, mit der ganz wesentlichen Funktion, besonders jenen Gruppen offen zu stehen, die von Raumsorgen geplagt sind. Doch wir sagen auch: Die verschiedenen Gruppierungen sollen nicht beziehungslos nebeneinander existieren, schon gar nicht soll es eine Sache sein, die nur ‹die anderen› betrifft, Buddhisten, Hindus oder Muslime, sondern auch die etablierten christlichen Gemeinschaften und die Jüdische Gemeinde sollen einbezogen werden. Alle haben nicht nur Besonderes einzubringen, sondern auch viel zu lernen.

Den Beteiligten des Projekts erscheint ein Haus der Religionen schon als ein Teil ihrer Wirklichkeit. Eine Fülle von Begegnungen in Tempel, Kirche, Moschee oder Synagoge haben eine grundlegende Atmosphäre des Vertrauens und der Freundschaft geschaffen. In gemeinsamen Beratungen über wichtige Aspekte eines gemeinsamen Hauses wurden die ganz praktischen Fragen einer Umsetzung behandelt. Wesentliches dazu ist in Studien eines Architekturbüros durchdacht. Ein Träger- und Betriebsmodell wurde entworfen, eine Kommission eingesetzt, welche sich besonders um die Mittelbeschaffung bemüht. Die Frage der Finanzierbarkeit wird auf dieser Ebene entscheiden, ob ein Haus der Religionen in der Bundeshauptstadt realisiert werden kann – oder nur fliehend, schwankend an einem fernen Horizont utopischer Hoffnung verbleibt.

Vielseitige Kompetenzen: Marco Röss und Dinusha Attapatu kennen den Buddhismus, Nika Spalinger ist Professorin für Design und Kunst, Mala Jeyakumar lebt den Hinduismus, Marlise Schweizer ist Christin, Nuran Serifi Muslima sie sind in ihrer Religion zuhause. Mitglieder der Jüdischen Gemeinde, Peter Abelin und Hannah Einhaus, die Katholiken Franz Rosenberg und Bruno Milani planen mit dem reformierten David Leutwyler den Bildungsbereich im ‹Haus der Religionen›.

Auf gute Nachbarschaft – Lokale und globale Herausforderungen

Konrad Specker

Der Autor ist Leiter der Abteilung Institutionelle Partnerschaften der DEZA.

Das Yehudi-Menuhin-Forum in Bern lädt zu einem Benefiz-Konzert ein. Viele Gönnerinnen und Freunde des Projektes ‹Haus der Religionen – Dialog der Kulturen› feierten bei dieser Gelegenheit auch die erfolgreiche Grundfinanzierung des Hauses am Europaplatz Bern.
Bilder: David Leutwyler

Einleitung

Das künftige ‹Haus der Religionen› und die Direktion für Entwicklung und Zusammenarbeit des Eidgenössischen Departementes für auswärtige Angelegenheiten werden Nachbarn. Die Grundsteinlegung ist diesen Sommer erfolgt.

Auf den ersten Blick fallen uns die grossen Unterschiede auf: Das ‹Haus der Religionen› ist Teil eines Gebäudekomplexes mit einem Einkaufszentrum und Wohnungen. Es versteht sich als offenes Haus, in dem ein religiös und kulturell vielfältiges Publikum ein- und ausgehen wird. Menschen aus verschiedenen Religionen werden dort ihre religiösen Riten feiern, diskutieren, miteinander kochen und essen. Im ‹Haus der Religionen› soll sichtbar und erfahrbar werden, dass Kulturen und Religionen vitale Teile unserer gesellschaftlichen Realität sind. Das ‹Haus der Religionen› schafft einen Raum, in dem der Umgang mit dem Multireligiösen geübt und erlebt wird. Globale Realitäten hier und jetzt in Bern!

Der konstruktive Umgang mit religiös-kulturellen Realitäten ist ebenfalls von grosser Bedeutung im Rahmen der Entwicklungszusammenarbeit und der Humanitären Hilfe. Das Thema Entwicklung und Religion ist auch Gegenstand von Reflexion und Dialog in der Zusammenarbeit der DEZA mit Schweizer Nichtregierungsorganisationen der internationalen Zusammenarbeit.

Es gibt also in der Substanz Verbindendes zwischen dem ‹Haus der Religionen› und der DEZA, obwohl rein äusserlich gesehen die Unterschiede gross sind. Das Haus der DEZA ist ein nüchternes Bürogebäude. Man geht dorthin, um zu arbeiten, und hinein kommt man nur durch eine Sicherheitsschleuse.

Wo liegt also das Verbindende zwischen den beiden so verschiedenen Häusern? In der Empfangsloge der DEZA machen kurze und abwechselnde Videos die Vielfalt der Kulturen bewusst, in denen wir arbeiten. Die Religionen sind ein vitales Element dieser Vielfalt. Das ist eine ganz selbstverständliche, fast schon banale Feststellung. In der Praxis der Entwicklungszusammenarbeit erweist sich die bewusste Wahrnehmung religiöser Realitäten und der kreative Umgang damit jedoch als eine komplexe Frage. Wir haben festgestellt, dass Entwicklungsorganisationen und ihre Mitarbeiter vielfach den Dimensionen, die mit Religion zusammenhängen, ausweichen. Religionsskepsis und Misstrauen gegenüber oft entwicklungshemmenden Aspekten von Religion sind Gründe dafür. Wir haben auch festgestellt, dass Religionen und Glaubensüberzeugungen eine grundsätzliche

Ambivalenz zwischen Potenzialen und Risiken innewohnt. Es ist daher wichtig, die Zusammenhänge zwischen Gesellschaft, Politik, Kultur und Religionen sowie deren Implikationen für Entwicklungsprogramme zu verstehen.

Was zu den Grundsätzen des ‹Hauses der Religionen› gehört – nämlich Respekt statt Misstrauen, Interesse statt Abgrenzung von Andersartigen, Verstehen statt Ignoranz –, gehört auch zu den Prinzipien der Internationalen Zusammenarbeit. Sie soll zu einem friedlichen Miteinander der Kulturen und Religionen in freiheitlichen Gesellschaften beitragen. So gesehen sind die Herausforderungen in unserem eigenen schweizerischen Umfeld gar nicht so verschieden von jenen in der Entwicklungspolitik.

Zur Bedeutung von Religion und Kultur

Wir feiern hier die ‹Fête KultuRel›. ‹KultuRel›: Kultur und Religion sind in einem Wort zusammengezogen. Das ist mehr als ein Wortspiel: Kulturen und Religionen sind immer unlösbar ineinander verflochten. Religionen existieren nie isoliert. Sie prägen die jeweiligen Kulturen mit und werden von den kulturellen Umfeldern geprägt. Dementsprechend verschieden feiern zum Beispiel Christen ihre Gottesdienste hier in der Nydeggkirche und in Afrika oder Brasilien!

Sei es als Politiker, als Theologen, als Entwicklungsexperten, als Verantwortliche und Mitträger des ‹Hauses der Religionen› – wir alle müssen zu verstehen suchen, wie Kulturen und Religionen politisch-gesellschaftliche Realitäten prägen. Einflüsse lassen sich auf drei Ebenen beobachten:

– Weltanschauungen, seien sie nun religiös oder säkular, geben Antworten auf existenzielle Sinnfragen, die über den eigenen Lebenshorizont hinausweisen.

– Kulturen und religiöse Vorstellungen beeinflussen das Zusammenleben im Alltag. Arbeits- und Produktionsmethoden, Konsumgewohnheiten und Ernährung, Männer- und Frauenrollen sind von ihnen geprägt.

– Religiöse Vorstellungen wirken ein auf die sozialen und politischen Grundwerte des Zusammenlebens mit anderen in Gesellschaft und Staat.

Es ist eine verhängnisvolle Fehleinschätzung, sich Religionen als statische Grössen vorzustellen. Religionen und Kulturen sind in dauernder Veränderung und oft in sich widersprüchlich. Ob hier in der Schweiz, ob in der Entwicklungszusammenarbeit in Peru, Nepal oder Mali: Immer muss es darum gehen, besser zu verstehen, *wie* religiöse Vorstellungen und Institutionen die Gesellschaften beeinflussen und wie sie als Macht-

Neun Personen stellen für sie wichtige Lebensfragen und führen miteinander darüber den Dialog. Daraus entstehen neun Antworten und neun Stühle, die im öffentlichen Raum zwischen Nydeggkirche und Rosengarten zum Verweilen und Nachdenken einladen.
Grosses Bild:
Benefiz-Konzert im Yehudi-Menuhin-Forum Bern.

faktoren wirken, aber auch wie sie selber durch die gesellschaftliche Entwicklung beeinflusst werden. In allen Gesellschaften sind Religionen Quellen von Welt- und Lebensbildern; sie wirken als politische und gesellschaftliche Gestaltungskräfte. Sie generieren gesellschafts- und entwicklungspolitische Impulse. Sie dienen als Instrumente politischer Referenz und Legitimation. Sie können sowohl Kräfte von Kohäsion wie von Polarisierung sein.

Wir können es uns nicht leisten, Religion unter dem Vorwand des säkularen Gesellschafts- und Staatsverständnisses auszublenden. Religion ist eine gesellschaftliche Realität. Sie kann menschliche und gesellschaftliche Entwicklung fördern, aber auch hemmen oder gar bedrohen. Wir sind mit Fragen konfrontiert, wie mit der Ambivalenz des Religiösen in Politik und Gesellschaft umzugehen ist. Ich möchte darum nun sowohl Potenziale wie Risiken beleuchten. Ich beginne mit einem Blick auf unsere eigene Realität und gehe dann über zu Erfahrungen aus der Praxis der Entwicklungszusammenarbeit.

Staat, Gesellschaft und Religionsgemeinschaften in der Schweiz

Die Globalisierung mischt auch bei uns Menschen aus allen Erdteilen mit ihren unterschiedlichen Kulturen und Religionen durcheinander. Schulhäuser mit Kindern aus 40 Nationen sind keine Seltenheit mehr, und sie sind auch keine vorübergehende Ausnahme. Während bis vor noch nicht allzu langer Zeit im Wesentlichen die katholischen und reformierten Landeskirchen die religiöse Landschaft prägten, gibt es heute eine Vielfalt von Moscheen, hinduistische und buddhistische Tempel und Versammlungsorte afrikanischer Christengemeinden. Auch die christliche Landschaft hat sich mit der Stärkung evangelikaler Kirchen verändert. Religion hat für die staatlichen Institutionen und für viele Menschen an Bedeutung verloren. Trotzdem ist Religion in unserer Gesellschaft sehr präsent, und zwar in einer noch nie gekannten Vielfalt. Die kürzlich veröffentlichten Ergebnisse des Nationalen Forschungsprogrammes 58 zum Thema Religionen, Staat und Gesellschaft in der Schweiz, bieten dazu sehr interessante Erkenntnisse.

Oft entdecken Zugewanderte in der Fremde ihre Traditionen als Orientierungshilfe und Zuflucht. Sie stellen sich Fragen nach ihrer kulturellen und religiösen Identität, die sie sich in der alten Heimat nie gestellt hatten. Oft schwanken sie zwischen Rückzug in ihre Traditionen und Integration in das neue Umfeld. Unsere Demokratie, die Politik und auch die Religionsgemeinschaften sind durch diese Realität herausgefordert. Die

Mit dem Projekt ‹Haus der Religionen – Dialog der Kulturen› finden Menschen zusammen. Die mutige Donatorin Ursula Streit im Gespräch mit Hartmut Haas. Architekt Georges Dietisheim und Theologe Philipp König führen einen jüdisch-christlichen Dialog, während die Alphornbläser aus dem Oberland zum ‹Fest der Kulturen› in der Nydeggkirche aufspielen. *Grosses Bild:* die Festgemeinde beim Spatenstich am 27. Juni 2012.

Zugewanderten haben das in der Verfassung garantierte Recht, ihre Kultur und Religion privat und öffentlich zu leben.

Diese Prozesse provozieren Abwehrreaktionen bei vielen Einheimischen. Bosnier, die schon lange in der Schweiz gut integriert sind, stellen fest, dass man sie jetzt als Muslime etikettiert. Und Schweizer, die längst keine Kirchgänger mehr sind, betonen nun als Abgrenzungskriterium ihre ‹christliche Kultur›. Rückbesinnung auf Identitäten gewinnt an Bedeutung.

Diese Entwicklung fordert uns, über grundlegende Prinzipien unseres Rechtsstaates vertieft nachzudenken. Die Schweiz ist stolz auf ihre historisch gewachsene Viersprachigkeit. Und weil dieser kulturelle Zusammenhalt recht gut funktioniert, wird sie auch als Willensnation bezeichnet. Nun sind wir damit konfrontiert, mit einer viel grösseren kulturellen und religiösen Vielfalt zurechtzukommen und dafür zu sorgen, dass sich die demokratischen Traditionen und die Prinzipien unseres liberalen Rechtsstaates auch im Zusammenleben mit vielen Minderheiten bewähren.

Unsere Verfassung gewährt allen Religionsgemeinschaften den gleichen Freiraum. Sie schirmt aber gleichzeitig auch die staatlichen Institutionen gegen die Einflussnahme durch mächtige Religionsgemeinschaften ab. Jeder Mensch darf in diesem Land ein religiöses Leben führen, sich in der Öffentlichkeit religiös äussern und religiöse Argumente benützen – aber gleichzeitig ist auch die Loyalität zu den Grundsätzen unserer Verfassung gefordert. Das ist ein heikles Terrain für Einzelne und Gruppen mit unverrückbaren oder fundamentalistischen Glaubensüberzeugungen, denn der liberale Staat ist mit religiösem Fundamentalismus unvereinbar.

Dasselbe gilt für Vertreter festgefahrener Vorstellungen von einer ‹christlichen Leitkultur›, die sich damit die Definitionsmacht über die politisch-gesellschaftliche Kultur dieses Landes anmassen.

Mitten in diesen Spannungsfeldern steht das ‹Haus der Religionen›. Es versteht sich als Ort, wo Menschen ihre Traditionen leben können und wo es ihnen gleichzeitig ermöglicht wird, ihre Werte und Bräuche zu hinterfragen, an veränderte Gegebenheiten anzupassen und im Austausch mit Anderen neu zu verstehen. Das soll im Miteinander und Nebeneinander von jenen, die schon lange da waren, mit jenen, die neu dazukommen, möglich werden.

Das ‹Haus der Religionen› soll auch ein Ort sein, wo Menschen die Vielfalt ihrer Identitäten erfahren – eben nicht in der Reduktion auf ihre Identität als Muslim, Protestant oder Budhist, sondern auf dem Hintergrund ihrer vielen persönlichen Eigenschaften sowie gesellschaftlichen

Der Hindutempel, das Zentrum für Aleviten, Buddhisten, Christen und der ‹Dialog der Kulturen› sowie die Moschee – wie wird die Fassade für das gemeinsame Projekt einmal aussehen? Modelle und Studien sind Etappen auf dem Weg.
Modell und Bild: Madir Shah

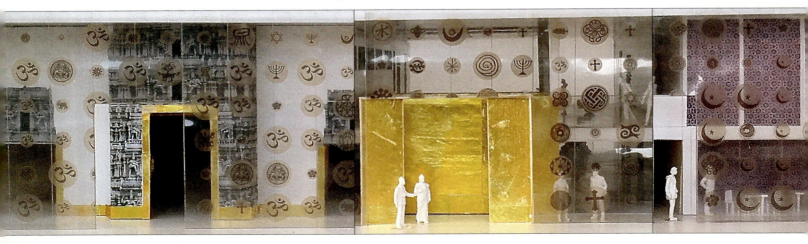

und kulturellen Prägungen, die jede Frau und jeder Mann aufzählen kann, wenn man sie fragt, wer sie denn eigentlich seien.

Damit kann das ‹Haus der Religionen› zu einem Raum für den öffentlichen Diskurs werden, dessen Bedeutung über die Stadt und den Kanton Bern hinausgeht und hoffentlich auf die ganze Schweiz ausstrahlen wird.

Einsichten aus der Geschichte und der heutigen Praxis der Entwicklungszusammenarbeit

Meine Überlegungen zum Umgang mit Potenzialen und Risiken religiöser Einflüsse möchte ich nun mit Illustrationen aus der Geschichte und der heutigen Praxis der Entwicklungszusammenarbeit weiterführen.

Ich beginne mit den ambivalenten Einflüssen der christlichen Missionen. Ihre zerstörerische Rolle in der Ära der kolonialen Eroberungen und ihre instrumentelle Kraft in der Etablierung der Idee einer westlichen und christlichen Überlegenheit sind historische Tatsachen. Die Konsequenzen sind weit in die postkolonialen Gesellschaften und Globalisierungsentwicklungen hinein spürbar. Umgekehrt haben Missionare Entwicklungsarbeit geleistet, lange bevor Präsident Truman 1949 mit weltpolitischen Absichten die internationale Entwicklungshilfe lancierte. Missionare bauten Schulen, Spitäler und Handwerksbetriebe auf und gaben ihr Wissen an die einheimische Bevölkerung weiter. Missionare betätigten sich als ethnologische und anthropologische Forscher und sie verhalfen zahlreichen marginalisierten Minderheiten zu identitärem Bewusstsein und zu gesellschaftlicher und politischer Handlungsfähigkeit. Missionsschulen wurden auch zu Brutstätten von Kräften der antikolonialen Emanzipation.

Als die Schweiz anfangs der 60er-Jahre mit dem ‹Dienst für technische Zusammenarbeit› die staatliche Entwicklungszusammenarbeit gründete, gehörten Missionsgesellschaften mit ihrer Praxiserfahrung und lokalen Verankerung zu den ersten Partnern. In dieser Phase waren einige reformierte und katholische Missionsgesellschaften auch massgeblich daran beteiligt, in der Schweiz ein neues Verständnis von Entwicklungspolitik zu schaffen. Neue Organisationen wie Brot für alle, das Fastenopfer und die säkulare Erklärung von Bern verdanken diesen Impulsen ihre Entstehung. Von Kirchen und Politik forderten progressive Christen politisches, soziales und ökologisches Engagement für die Entwicklungsländer. Konfessionelle Entwicklungsorganisationen sind bis heute wichtige Akteure in der schweizerischen Entwicklungspolitik.

Wesentlich später hat die internationale Entwicklungspolitik die Potenziale religiöser Organisationen thematisiert. Eine wichtige Rolle spielte die

Spatenstich – alle am Tisch der Medienkonferenz: Balz Halter informiert über Kommunikation nach dem Turmbau zu Babel, Stiftungspräsident Guido Albisetti sieht grosse Aufgaben in der Zukunft, Andreas Campi, Projektleiter bei Halter Entwicklungen, dankt Architekt Stefan Graf. Vereinspräsidentin Gerda Hauck und Geschäftsleiter Hartmut Haas sind gespannte Zuhörer.
Bilder: Stefan Maurer

Weltbank in den 90er-Jahren. Der damalige Weltbankpräsident Wolfensohn erkannte die grossen materiellen und spirituellen Potenziale religiöser Institutionen und derer Führer. Die Publikation der Weltbank ‹Mind, Heart and Soul in the Fight against Poverty› hatte Signalwirkung. Anhand von Fallbeispielen belegte sie die besonderen Qualitäten religiöser Organisationen mit ihrer Nähe zu den Ärmsten, mit der Motivation des Personals für Nächstenliebe und ihrer ganzheitlichen Sicht von Entwicklung für Leib und Seele, für ‹Mind, Heart and Soul›. Es wurde auch anerkannt, dass sie oft in Umfeldern tätig sind, wo staatliche Strukturen kaum funktionieren. Ein neuer Begriff tauchte auf, die sogenannten Faith Based Organisations, abgekürzt FBOs. Aber auch hier muss die Ambivalenz des Religiösen ins Zentrum der Analyse gestellt werden. Religiöse Organisationen, die sich in Entwicklungsprogrammen engagieren, bleiben ihren religiösen Zielen verbunden. Es wird auch deutlich, dass religiöse Organisationen und ihre Führer Entwicklungsarbeit für religiöse, konfessionelle, proselytische, soziale und politische Absichten instrumentalisieren können.

Wie soll also in der Entwicklungszusammenarbeit mit diesen ‹faith based› Organisationen umgegangen werden? Die Kooperationsbeziehungen müssen dieselben sein wie mit anderen Organisationen. Der Referenzrahmen in der Entwicklungszusammenarbeit muss unterschiedslos für säkulare und religiöse Organisationen gelten. Zentral sind die folgenden Prinzipien:
– Achtung der demokratischen Grundsätze und der Menschenrechte
– Anerkennung und Respektierung kultureller und religiöser Vielfalt
– Methoden des Qualitätsmanagements
Ambivalenzen und Interessen müssen offen angegangen und thematisiert werden. Potenziale dürfen den Blick für die Risiken nicht blenden und umgekehrt.

Risiken der Instrumentalisierung von Religion

Religiöse Überzeugungen können wichtige Ressourcen für gesellschaftliche und politische Entwicklungsprozesse sein – bei uns in der Schweiz ebenso wie in der Entwicklungszusammenarbeit. Diese Potenziale sind auch Machtfaktoren. Das ist nicht grundsätzlich negativ zu bewerten, denn um etwas zu bewirken, braucht es Durchsetzungsmacht. Aber auch gläubige Individuen wie religiöse Institutionen und deren Führer sind von der Versuchung des Machtmissbrauchs nicht ausgenommen.

Der Philosoph Emanuel Kant hat festgestellt, auf jeder religiösen Institution laste «eine Art von Erb-

Spatenstich ‹Haus der Religionen› – alle auf einer Bühne: Hindus, Buddhisten, Aleviten, Muslime und Christen. Sie werden über eigene sakrale Räume am Europaplatz verfügen. Baha'i, Juden und Sikhs beteiligen sich am Dialog.
Grosses Bild: Ein Landwirt aus dem Wangental begleitet das Hindu-Ritual zum Spatenstich.
Bilder: Stefan Maurer, Christoph Knoch

schuld, nämlich der Hang zur eigenen Verabsolutierung».

Von den Folgen verfestigter Glaubensüberzeugungen, die sich im alleinigen Besitz des richtigen Glaubens wähnen, und von Interessen religiöser Institutionen und ihrer Exponenten ist die Entwicklungszusammenarbeit in vielen ihrer Tätigkeitsfelder mit betroffen.

Vor diesem Hintergrund muss auch die Religionsfreiheit kritisch beleuchtet werden. Die Religionsfreiheit ist ein Menschenrecht und sie ist in Artikel 15 unserer Bundesverfassung garantiert. Sie impliziert die Freiheit jeder Person, ihre Religion frei zu wählen und allein oder in Gemeinschaft mit anderen zu bekennen. Erlaubt ist auch das öffentliche Bekenntnis, die öffentliche Lehre und das sozialdiakonische Handeln. Somit schliesst das Konzept der Religionsfreiheit Missionstätigkeit nicht aus. Aber – und das kann nicht eindringlich genug betont werden – als oberstes Prinzip muss dabei gewährt bleiben, dass Menschen ihren Glauben frei wählen können. Das Recht zur Ausübung der eigenen Religion erlaubt nicht den kleinsten Eingriff in die Rechte und die Freiheit anderer.

In der Entwicklungszusammenarbeit geht es auch um die Würde und die Rechte von Menschen, die arm und darum in ihren Rechtsansprüchen verletzlich sind. Das Recht, ihre Religion frei wählen zu können, ist in Armutsverhältnissen stark eingeschränkt oder inexistent. Arme sind missionierenden Organisationen ausgeliefert, die humanitäre und Entwicklungshilfe für Bekehrungsmission instrumentalisieren. Entwicklungszusammenarbeit und Bekehrungsmission dürfen aber nicht vermischt werden. Nicht immer ist es einfach, die wahren Motivationen zu identifizieren. Die Berufung auf die Religionsfreiheit kann dort problematisch werden, wo Abhängigkeitsverhältnisse bestehen. Von Armut betroffene und andere in Abhängigkeitsverhältnissen lebende Menschen sind missionierenden Kräften gegenüber, die sich durchaus auf Religionsfreiheit berufen können, ausgeliefert und damit in ihrer Wahlfreiheit eingeschränkt.

Ein weiteres Problem ist die Konkurrenz zwischen christlichen Konfessionen in den Entwicklungsländern. Mit dem Boom der charismatischen Frömmigkeitsbewegungen geht oft aggressive Mitgliederwerbung einher. Entwicklungsorganisationen müssen darüber wachen, dass ihre Projekte nicht für Religionspolitik instrumentalisiert werden. Von religiösen Entwicklungsorganisationen ist verlässliche Auskunft einzufordern, ob ihre

Spatenstich ‹Haus der Religionen› – alle wirken mit: die Erwachsenen, die Kinder, die Rudolf und Ursula Streit-Stiftung (mit Präsident Mark Ineichen), Kanton, Kirchen und Gemeinde (mit Hans-Jörg Käser, Josef Wäckerle, Ignaz Caminada, Alexander Tschäppät).
Bilder: Stefan Maurer, Christoph Knoch

Partner vor Ort für ökumenische Zusammenarbeit offen sind: Setzen sich lokale Kirchen über ihre Eigeninteressen hinaus für soziale Veränderungen in den jeweiligen Gesellschaften ein? Arbeiten sie vernetzt mit anderen, auch säkularen und staatlichen Institutionen mit Blick auf das gesellschaftliche Gemeinwesen zusammen, oder pflegen sie primär die Gruppensolidarität innerhalb der eigenen Glaubensgemeinschaft? Verstärken sie dadurch Spannungen, die Entwicklung lähmen? ‹Bridging› oder ‹Bonding› – verbinden oder vereinnahmen, das ist die entscheidende Frage.

Die von Kant diagnostizierte Erblast religiöser Gemeinschaften und ihrer Institutionen, ihren Glauben als den einzig wahren zu verabsolutieren, kann dazu führen, dass sogar die Anwendung von Gewalt im Namen des Glaubens gerechtfertigt wird. Belege finden sich in Geschichte und Gegenwart. Gleichzeitig gibt es aber in allen Religionen auch Quellen und Kräfte, die verkünden, dass Gewalt und Glauben einander ausschliessen, und die Respekt vor Andersgläubigen verlangen. Glaubensgemeinschaften können darum als ‹Friedensengel› wie als ‹Kriegstreiber› wirken. Im Umgang mit Religionen ist daher von dieser unaufhebbaren Ambivalenz auszugehen. Statt anzuerkennen, dass diese Ambivalenz in allen Religionen angelegt ist, besteht leider gegenwärtig die verhängnisvolle Tendenz, mit Pauschalurteilen die Religionen in Kategorien von ‹friedlich› und ‹kriegerisch› einzuteilen.

Nachweisbar gab und gibt es in allen Religionen radikale Gruppen, die Religion instrumentalisieren und Gewaltanwendung im Namen des Glaubens legitimieren. Damit machen sie Religion zu einem hochwirksamen politischen Werkzeug.

Wo immer Religion für Konflikte und Kriege instrumentalisiert wird, muss hartnäckig gefragt werden, was die Ursachen dieses Konflikts mit Religion überhaupt zu tun haben. Aus Fallstudien geht hervor, dass Gewaltkonflikte in den meisten Fällen nicht durch religiöse Ideen ausgelöst werden. Die Ursachen sind vielmehr in gravierenden sozialen, politischen und geostrategischen Interessenskonflikten zu finden. An einem bestimmten Punkt eines Konflikts, und zwar in der Regel in Zeiten der Enttäuschung und Verzweiflung, wird politischer Kampf religiös verbrämt, gleichsam ‹religionisiert›. Was als weltlicher Kampf begann, bekommt nun die Aura eines heiligen Konflikts. Religion ist aber meistens nicht die Brandursache, sondern Religion wird mit machtpolitischen Absichten als Brandbeschleuniger benützt. Der konstruktive Umgang mit dem Religiösen und der damit verbundenen Ambivalenz verlangt eine

«Spatenstich Haus der Religionen – Nebst Politikerbotschaften gab es muslimische Gebete, buddhistische Lobgesänge, hinduistische Klänge, und obwohl die Zeremonie im Feierabendlärm zeitweise fast zu versinken drohte, lag über dem Platz unter der Autobahnbrücke eine ansteckende Freude.» (reformiert.info).
Bilder: Stefan Maurer

sorgfältige Analyse des jeweiligen Umfeldes in seinen gesellschaftlichen, wirtschaftlichen, politischen und kulturellen Dimensionen. In spannungs- und konfliktgeladenen Situationen ist dabei insbesondere auch eine sorgfältige Analyse der Kräfte- und Interessenlage notwendig. In der Entwicklungszusammenarbeit stehen dazu Methoden der Umfeldanalyse, der konfliktsensitiven Projektarbeit und der Mediation zur Verfügung. Von eminenter Bedeutung ist insbesondere auch der Dialog mit Partnern über Ambivalenzen, Spannungsfelder und Interessenkonflikte.

Schlussfolgerungen

Der entwicklungspolitische Umgang mit Potenzialen und Risiken religiöser Einstellungen, Institutionen und Kräften ist eine grosse Herausforderung. Gefordert sind alle Akteure – die säkularen ebenso wie die religiösen Organisationen, die staatlichen wie die privaten. Sie müssen sich darauf einlassen, die Ambivalenz des Religiösen als Tatsache anzuerkennen und in ihren Tätigkeitsfeldern dessen Potenziale ebenso wie die Risiken der Instrumentalisierung zu erkennen.

Einfache Rezepte gibt es nicht. Da hilft nur das genaue Hinschauen von Fall zu Fall. Es braucht Anstrengungen, Transparenz und damit Raum für öffentlichen Diskurs zu schaffen. Ein wichtiges Prinzip ist die Partizipation der verschiedenen Akteure und Interessenvertreter. Direkt Beteiligte erarbeiten zum Beispiel für ihr Umfeld die Kartographie der Akteure und ihrer unterschiedlichen Sichtweisen. Wo gibt es zwischen ihnen Unterstützung und Zusammenarbeit, wo Konkurrenz und Ablehnung? Welche Gruppierungen wirken entzweiend als ‹Divider›, wer sieht und unterstützt das Verbindende und wirkt als ‹Connector›? Müssen auch die ‹Divider› einbezogen werden, damit die Spannungen nicht eskalieren?

Es ist wichtig, dass ein Umfeld nie ausschliesslich durch die Brille namens ‹Religion› analysiert wird. Soziale und wirtschaftliche Fragen, Beziehungen zwischen den Geschlechtern, ethnische und politische Spannungen müssen ebenso Themen der Analyse sein. In der Entwicklungszusammenarbeit haben wir gelernt, dass es für die Verwirklichung von Demokratie, Rechtsstaatlichkeit und Menschenrechten keine Einheitsrezepte gibt. In jedem Land und Kontext braucht es dauernd den Dialog zwischen Partnern mit unterschiedlichen Interessen, um konstruktive Prozesse der gesellschaftlichen Entwicklung zu fördern.

Das Verständnis von Kontexten und ihrer Akteure, die Analyse von Ambivalenzen, Spannungsfeldern und Interessenkonflikten ebenso wie die

kritische Reflexion über die eigene Positionierung sind wichtige Voraussetzungen für Erfolg, in der Entwicklungszusammenarbeit wie in anderen gesellschaftlichen Politikbereichen.

Und damit sind wir wieder beim Verbindenden zwischen unseren beiden Häusern, dem ‹Haus der Religionen› und der DEZA. Kultur und Religion sind Teil der gesellschaftlichen Realität. Und sie werden von dieser gesellschaftlichen Realität geprägt. Bei der Frage nach dem Umgang mit Religion geht es also um die Auseinandersetzung mit der Gesellschaft und den ihr innewohnenden Dynamiken. Kultur und Religion stehen nicht isoliert, man kann daher auch nicht isoliert damit umgehen. Im Dialog der Kulturen und der Religionen muss es also auch um die Gesellschaft als Ganzes gehen.

Sehr wichtig ist es auch, dass sich dieser Dialog nicht nur auf das Verständnis für das ‹Andere› konzentriert, sondern auch der kritischen Auseinandersetzung mit sich selbst – der eigenen Kultur und Religion – dient. Die Verbindung des ‹inter› kulturellen und religiösen Dialoges mit dem ‹intra› kulturellen und religiösen Dialog ist eine zentrale Dimension zur Förderung positiver Dynamiken in einer multikulturellen Gesellschaft. Das ‹Haus der Religionen› kann dazu einen wichtigen Beitrag leisten.

Wir haben es mit komplexen gesellschaftlichen Fragen zu tun: das ‹Haus der Religionen› in der schweizerischen Gesellschaftspolitik, die DEZA in der internationalen Zusammenarbeit und Entwicklungspolitik.

Das ‹Haus der Religionen› ist ein wichtiger Lernort – zukünftig in der Nachbarschaft eines andern Lernorts namens DEZA. Die Autobahnbrücke zwischen den beiden Häusern mag einen grossen Schatten werfen. Dieser Schatten aber wird unbedeutend, wenn wir die Brückensymbolik dieses Bauwerkes – und nicht jene des kalten Betons – in den Vordergrund stellen. Das Brückenschlagen gehört zu den Kernaufgaben unserer beiden Häuser!

So viele haben die Idee vom ‹Haus der Religionen – Dialog der Kulturen› bereits mitgetragen und mit ihrer Unterschrift besiegelt. Unterschreiben Sie auch und machen Sie das Ihnen Mögliche, damit wir gemeinsam an einer erfreulichen Geschichte weiterschreiben.

Der Beitrag beruht auf den Erkenntnissen aus dem von Anne-Marie Holenstein im Auftrag der DEZA geleiteten Reflexions- und Analyseprozesses zwischen der DEZA und Schweizerischen NGO der Entwicklungszusammenarbeit zum Thema Religion und Entwicklung.
Der Referent dankt Anne-Marie Holenstein für die Unterstützung bei der Redaktion des Referates.
Siehe auch: Anne-Marie Holenstein ‹Religionen – Potential oder Gefahr? Religion und Spiritualität in Theorie und Praxis der Entwicklungszusammenarbeit›, LIT Verlag 2010.

Dank

Für die Begleitung und Unterstützung auf dem Weg zum Haus der Religionen – Dialog der Kulturen danken wir neben vielen Privatpersonen, Gemeinden und Gruppen besonders folgenden Institutionen

   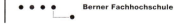